Das Buch

Beim BND war Gabriele Gast »Dr. Leinfelder«, bei der HV A »Gisela«. Der Auslandsnachrichtendienst der DDR warb sie 1968 an, 1973 trat sie in die Dienste des Bundesnachrichtendienstes. Dort schaffte sie es bis zur Regierungsdirektorin, und sie hätte vielleicht noch nach dem Untergang der DDR dort gearbeitet, wenn ein Verräter aus den eigenen Reihen sie 1990 nicht ans Messer geliefert hätte. Die wichtigste Quelle der HV A in der BND-Zentrale wurde zu einer Haftstrafe von sechs Jahren und neun Monaten verurteilt.

Klaus Eichner hat aus Selbstzeugnissen, eigenen Erinnerungen und Dokumenten das Bild einer der erfolgreichsten und wichtigsten Kundschafterinnen der DDR gezeichnet, die – trotz aller bitteren Enttäuschungen – unverändert zu ihrer früheren Tätigkeit steht.

Der Herausgeber

Klaus Eichner, Jahrgang 1939, Mitarbeiter des MfS von 1957 bis 1990. Letzter Dienstgrad Oberst. Zunächst in der Spionageabwehr, danach in der Hauptverwaltung Aufklärung tätig. Seit 1974 Analytiker im Bereich IX/C der HV A, spezialisiert auf Geheimdienste der USA. Von 1987 bis zur Auflösung der HV A Leiter des Bereichs C (Auswertung und Analyse) der Abt. IX (Gegenspionage). Von Klaus Eichner erschienen in der edition ost u. a. »Headquarters Germany«, »Angriff und Abwehr«, »Konterspionage« (beide gemeinsam mit Gotthold Schramm), »Deckname Topas« (zusammen mit Karl Rehbaum). In seinem 2014 erschienenen Bestseller »Imperium ohne Rätsel. Was bereits die DDR-Aufklärung über die NSA wusste« setzte er sich mit der Spionagetätigkeit der USA gegen ihre Verbündeten auseinander.

Klaus Eichner

Agentin in der BND-Zentrale

Gabriele Gast im westdeutschen Spionagezentrum

[handschriftliche Signatur: Klaus Eich...]
1.10.2015

[handschriftliche Signatur: Gabriele Gast]

edition ost

ISBN 978-3-360-01870-0

Die Bücher der edition ost und des Verlags Das Neue Berlin
erscheinen in der Eulenspiegel Verlagsgruppe.

www.edition-ost.de

Inhalt

Die glühende Kommunistin – die sie noch heute ist –
tritt 1986 sogar in die SED ein.
Verraten wurde die Agentin »Gisela« im September 1990
von einem frustrierten Stasi-Oberst, der sich sein Wissen
vom ehemaligen Gegner versilbern ließ.

Der Spiegel,
22. März 1999

Vorwort

Von Werner Großmann *

Die Arbeitsgruppe Aufklärer der Gesellschaft zur rechtlichen und humanitären Unterstützung (GRH e. V.) legt mit diesem Buch den fünften Band einer Porträtreihe über Kundschafter der DDR vor.

Darin wird die Kundschafterin des Friedens Gabriele Gast, die Quelle »Gisela« der HV A im BND, vorgestellt.

Der Autor Klaus Eichner, langjähriger Analytiker der Hauptverwaltung Aufklärung des MfS auf dem Gebiet der westlichen Geheimdienste, hat viele Jahre mit den Informationen der Quelle »Gisela« aus dem BND gearbeitet, ohne diese Quelle persönlich zu kennen. Dann erfuhr er 1990 durch die Medienberichte über die Enttarnung und Verurteilung der BND-Mitarbeiterin Dr. Gabriele Gast den Klarnamen jener Quelle, und kurz nach ihrer Haftentlassung lernten sie sich auch persönlich kennen. Es entwickelte sich eine langjährige, tiefe Freundschaft.

Daraus leitet Klaus Eichner die Berechtigung, vor allem aber die Verpflichtung ab, die Arbeit von Gabriele Gast als Spitzenquelle des HV A im Bundesnachrichtendienst der interessierten Öffentlichkeit vorzustellen.

Neben Dokumenten aus seinem persönlichen Archiv stützt sich Klaus Eichner in vielen Passagen auf die Erinnerungen, die Gabriele Gast 1999 unter dem Titel: »Kundschafterin des Friedens – 17 Jahre Topspionin der DDR beim BND« publizierte.

Gabriele Gast gehörte zu den markanten Persönlichkeiten unter den Quellen der HV A, die im besten Sinne des Wortes »Mitarbeiter« der Aufklärung waren. Mit ihrem herausragenden Intellekt und ihrer konsequent kritischen Position bestimmte sie immer wieder das Profil und die Inhalte der Zusammenarbeit der DDR-Auslandsaufklärung mit der Quelle »Gisela« maßgeblich mit.

Wie der bewusst gewählte Titel ihrer Erinnerungen aussagt, steht Gabriele Gast auch heute noch zu ihrer Zusammenarbeit mit der HV A und verteidigt ungebrochen diese Entscheidung in vielfältiger Form öffentlich.

Besonders unter diesem Gesichtspunkt bedrückt und beschämt es aufs Neue zu lesen, welche Irritationen und Enttäuschungen sie in der Zusammenarbeit mit der HV A erleben musste. Vor allem mit ihrer Enttarnung, während des Prozesses und in der Haftzeit machte sie Erfahrungen, die wahrlich verzichtbar gewesen wären. Dazu zählt beispielsweise der Umstand, dass man ihr, als sie Mitglied der SED werden wollte, eine einjährige »Bewährungszeit« als Kandidatin abverlangte – nachdem sie bereits vierzehn Jahre erfolgreich in der BND-Zentrale für uns gearbeitet hatte. Es handelte sich nicht um Umwissen, als ihr mein Vorgänger in der Funktion des HV A-Chefs die Kandidatenkarte überreichte. Und ähnlich gedanken- und instinktlos ihr gegenüber verhielten sich später linke Politiker.

Wir waren Gabriele Gast sehr dankbar, dass sie in ihrem Buch »Kundschafterin des Friedens« die Mitarbeiter der Bezirksverwaltung Karl-Marx-Stadt, die für die Zusammenarbeit mit ihr verantwortlich waren, dadurch schützte, dass sie sie nicht mit Klarnamen nannte. Jetzt scheint uns aber die Zeit gekommen, zum besseren Verständnis ihrer Ausführungen einige dieser Tarnnamen zu dechiffrieren.

Als Hans Fritsch firmiert in ihrem Buch der langjährige, verdienstvolle Leiter der Abteilung XV (Aufklärung) der BV Karl-Marx-Stadt, Oberst *Egon Lorenz*.

Werner Großmann (rechts) und Bernd Fischer, de facto sein Nachfolger. Er musste die HV A auflösen.
Hier bei der Vorstellung eines Buches am 4. März 2014 in der jW-Ladengalerie in Berlin

Ihr regelmäßiger Begleiter bei Aufenthalten außerhalb der BRD, besonders in der DDR, Gotthard Schiefer, war der stellvertretende Leiter der Abteilung XV, Oberst *Gotthard Schramm* (nicht identisch mit dem gleichnamigen Autor und Herausgeber von etlichen Büchern über die Aufklärung der DDR).

Ich hatte das Glück, durch meine Tätigkeit als Instrukteur der HV A für die Abteilung XV der Bezirksverwaltung Karl-Marx-Stadt des MfS die Kontaktierung, Werbung auf politischer Grundlage und schließlich die Einschleusung als Quelle in die Pullacher BND-Zentrale von Gabriele Gast miterleben und durch beratende Tätigkeit mitgestalten zu können. Bis 1984 behielt sich allerdings Markus Wolf die direkte Einflussnahme auf die Entwicklung des Vorgangs vor und nahm auch die Gelegenheit wahr, sich persönlich mit ihr in der DDR oder im Ausland zu treffen. Danach, insbesondere natürlich mit meinem Antritt als Leiter der HV A 1986, übernahm ich die volle Verantwortung auch für den Vorgang »Gisela« und die enge Zusammenarbeit mit den verantwortlichen Leitern Egon Lorenz und Gotthard Schramm. Leider war es mir nicht vergönnt, Gabriele Gast noch während ihrer aktiven Tätigkeit persönlich zu treffen. Unsere erste Begegnung erfolgte erst, nachdem sie aus der Haft entlassen worden war.

Entlassung aus dem BND, Verhaftung und nachfolgende Verurteilung zu sechs Jahren und neun Monaten Haft gingen auf den Verrat eines unserer ehemaligen Mitarbeiter zurück. Der vormalige stellvertretende Abteilungsleiter Karl-Christoph Großmann – trotz Namensgleichheit bin ich mit ihm nicht verwandt –, gab im Januar 1990 unter den Decknamen »Kardinal«, den ihm das Bundesamt für Verfassungsschutz gegeben hatte, die Klarnamen einiger unserer Spitzenquellen preis. In den Verfahren gegen unsere Genossen trat er als Belastungszeuge auf.

Trotz dieser für sie folgenschweren verbrecherischen Tat eines Einzelnen aus unserem Hause rechne ich ihr hoch an, dass Gabriele Gast die engen Beziehungen zu den treuen Weg- und Kampfgefährten aufrechterhielt. Und das angesichts der schweren Jahre und großen psychischen Belastungen hinter Gittern, wie auch aus den nachfolgenden Texten erkennbar wird. Für ihre moralische Stärke und menschliche Souveränität spricht auch die Tatsache, dass sie ihren Verräter zur Rede stellte und ihn ihre ganze Verachtung spüren ließ. Nicht ihretwegen, sondern weil er mehrere Mitstreiter ans Messer geliefert und ins Unglück gestoßen hatte.

Nachdem Gabriele Gast wieder frei war, engagierte sie sich ungebrochen weiter. Mit anderen streitet sie seither für die Rechte ehemaliger DDR-Kundschafter. Zu vielen einstigen hauptamtlichen und inoffiziellen Mitarbeiter der Hauptverwaltung Aufklärung des MfS unterhält sie freundschaftliche Kontakte.

Meine Frau und ich sind glücklich und dankbar, dass auch wir zu ihren Freunden gehören dürfen.

---

* Generaloberst a. D. Werner Großmann war von 1986 bis 1989 Chef der Hauptverwaltung Aufklärung und Stellvertreter des Ministers für Staatssicherheit. Ein vom Generalbundesanwalt gegen ihn angestrengtes Verfahren wegen Agententätigkeit und Landesverrat musste 1995 eingestellt werden.

Die hauptsächlichsten Aufgaben dieses Ministeriums werden sein, die volkseigenen Betriebe und Werke, das Verkehrswesen und die volkseigenen Güter vor Anschlägen verbrecherischer Elemente sowie gegen alle Angriffe zu schützen, einen entschiedenen Kampf gegen die Tätigkeit feindlicher Agenturen, Diversanten, Saboteure und Spione zu führen, unsere demokratische Entwicklung zu schützen und unserer demokratischen Friedenswirtschaft eine ungestörte Erfüllung der Wirtschaftspläne zu sichern.

Innenminister Carl Steinhoff
in der Volkskammer zur Begründung
der Bildung des MfS, 8. Februar 1950

Prolog
Der BND im Visier der Spionageabwehr der DDR

In der Spionageabwehr der DDR spielten von Anfang an offensive Maßnahmen gegen die Spionagetätigkeit der Organisation Gehlen (ORG) – ab 1956 offiziell Bundesnachrichtendienst – eine entscheidende Rolle.

Diese Nachfolgeeinrichtung der faschistischen deutschen Geheimdienste (vor allem Fremde Heere Ost; Amt Ausland/Abwehr, Reichssicherheitshauptamt) stellten von Anbeginn eine akute Bedrohung der Sowjetunion und der volksdemokratischen Entwicklungen in Osteuropa dar, vor allem jener in der damaligen Sowjetischen Besatzungszone, aus der 1949 die DDR hervorging. Nicht zuletzt jedoch war diese Institution mit den dort untergetauchten Nazis ein Hindernis für eine auch in den Westzonen notwendige und mögliche antifaschistisch-demokratische Erneuerung. Bereits in einem ersten Überprüfungsbericht der US-Geheimdienste vom 29. Mai 1947, dem sogenannten Bossard-Bericht, hieß es, die Organisation Gehlen habe »in der Gründungsperiode um die 3.000 Leute von antisowjetischen Bewegungen in Zentraleuropa rekrutiert, die während des Krieges Deutschland unterstützt hatten«.

Allerdings interessierte die Amerikaner im beginnenden Kalten Krieg die Herkunft ihrer potentiellen Verbündeten nicht. Alsbald lotete die CIA eine mögliche Kooperation mit der Organisationen Gehlen – vom amerikanischen Auslandsachrichtendienst unter dem Namen »Rusty« geführt – mit der Maßgabe aus, den Nazispionage- und Spitzelverein unter seine Fittiche zu nehmen. Am 17. Dezember 1947 berichtete der Verbindungsoffizier der CIA in Pullach, James Critchfield, über seine Kontaktaufnahme zur Organisation Gehlen. Dabei hob er hervor, dass »Rusty« gegenwärtig 600 Agenten in Ostdeutschland führe. Critchfield zeigte sich in seinem Bericht an die Vorgesetzten beeindruckt von Gehlen und dem Spionagepotential seiner Organisation, von deren Engagement für die USA und die westeuropäisch-atlantische Einheit. Ehemalige SS-Leute wollte er nicht gesehen haben.

Am 1. Juli 1949 nahm die CIA offiziell die Organisation Gehlen in ihre Obhut. In der größten Villa des weiträumigen Pullacher Komplexes (vormals »Reichssiedlung Rudolf Heß«), dem »Bormann-Haus«, richtete sich ein CIA-Stab ein. Er sollte jahrelang alles beaufsich-

Zwei von 30 Einzelgebäuden der »Reichssiedlung Rudolf Heß« in Pullach, die seit 1947 von der Organisation Gehlen, nach 1956 vom Bundesnachrichtendienst genutzt wird

tigen – was nur bedingt gelang. Gehlen ließ sich nicht immer in die Karten schauen. Das war der Beginn einer spannungsreichen Geschichte zweier Partnerdienste, der, wie wir erst jüngst wieder erfuhren, bis in die Gegenwart reicht: Der BND spioniert gemeinsam mit US-Diensten seine deutschen Landsleute, Politiker und Wirtschaftsunternehmen aus.

Inzwischen zugängliche CIA-Akten aus den 40er Jahren zwangen dazu, die Schätzungen, wie viele ehemalige aktive und belastete Nazis in der Organisation Gehlen arbeiteten, deutlich nach oben zu korrigieren. Es waren erheblich mehr, als bis dahin angenommen: Im Sommer 1949 kamen etwa 400 (der 4.000 Mitarbeiter) in der Organisation Gehlen aus der SS, dem SD oder der Gestapo. Die Schutzbehauptung, die Amerikaner hätten darauf geachtet, dass keine belasteten Nazis von der Organisation Gehlen beschäftigt worden wären, ist also nachweislich eine Lüge. Diese Leute machten somit dort bruchlos weiter, wo sie 1945 mit der Zerschlagung des Nazireiches durch die Antihitlerkoalition kurzzeitig hatten aufhören müssen. Es ging wie gewohnt weiter gegen die traditionellen Feinde: Kommunisten, Sozialisten, radikale Demokraten und Antifaschisten. Die Anstrengungen nahmen zu, als sich – als Reaktion auf die Gründung einer separaten westdeutschen Bundesrepublik – in der sowjetischen Besatzungszone die Deutsche Demokratische Republik konstituierte. Nicht nur, dass Terror- und Sabotageorganisationen aktiv wurden. In den neuen Strukturen wurde auch Personal eingeschleust oder angeworben, um die antifaschistisch-demokratische, später sozialistische Entwicklung auszuspionieren und zu verhindern.

Das zwang zu Reaktionen.

Aus der Deutschen Verwaltung des Innern (DVdI) war das Ministerium des Innern (MdI) geworden, dessen

Leitung Carl Steinhoff, bis dahin Ministerpräsident des Landes Brandenburg, übernahm. In diesem MdI existierte eine Hauptverwaltung zum Schutz der Volkswirtschaft. Aufgrund der Zunahme der Attacken wurde entschieden, aus dieser Hauptverwaltung ein eigenständiges Schutz- und Sicherheitsorgan zu formieren. Auf der 10. Sitzung der Provisorischen Volkskammer – die DDR glaubte noch nicht an die Endgültigkeit der deutschen Teilung – erklärte Minister Steinhoff: »Die hauptsächlichsten Aufgaben dieses Ministeriums werden sein, die volkseigenen Betriebe und Werke, das Verkehrswesen und die volkseigenen Güter vor Anschlägen verbrecherischer Elemente sowie gegen alle Angriffe zu schützen, einen entschiedenen Kampf gegen die Tätigkeit feindlicher Agenturen, Diversanten, Saboteure und Spione zu führen, unsere demokratische Entwicklung zu schützen und unserer demokratischen Friedenswirtschaft eine ungestörte Erfüllung der Wirtschaftspläne zu sichern. Zur Durchführung dieser Aufgaben bildet das Ministerium in den Ländern Verwaltungen für Staatssicherheit, die dem Ministerium unmittelbar unterstellt sein werden.«

Das von Steinhoff, dem ehemaligen Sozialdemokraten eingebrachte und von ihm begründete Gesetz wurde am 8. Februar 1950 vom Parlament verabschiedet, Wilhelm Zaisser zum Minister für Staatssicherheit berufen.

Vierzehn Tage zuvor, am 26. Januar 1950, hatten der Vorsitzende der Zentralen Kommission für Staatliche Kontrolle und die Chefs der Hauptverwaltungen »Kriminalpolizei« und »Schutz der Volkswirtschaft« im Innenministerium über die »Tätigkeit feindlicher Elemente auf dem Gebiet der DDR« dem Ministerrat berichtet. Die DDR-Regierung schloss daraus, dass sich »die Tätigkeit der Agenten, Spione und Saboteure verschärft« habe. Es gab organisierte Brandstiftungen und andere Sabotagehandlungen, Sprengstoffanschläge in volkseigenen Betrieben und Werken, auf volkseigenen Gütern und auf Neubauernhöfen sowie im Bereich des Verkehrs. »In dem Maße, wie der Feind feststellt, dass er die demokratischen Errungenschaften nicht mehr rückgängig machen kann, konzentriert er seine ganze Kraft, um durch Sabotage, Brandstiftung usw. die Durchführung des Wirtschaftsplanes und der sonstigen demokratischen Maßnahmen zu stören«, hieß es von Regierungsseite.

In den Anfangsjahren erzielten die gegnerischen Dienste einige Einbrüche in der DDR.

So konnte die Organisation Gehlen die Sekretärin und spätere Referentin im Büro von Ministerpräsident Otto Grotewohl, Elli Barczatis (»Deckname »Gänseblümchen«) anwerben. Auf sie war ein »Romeo«, der Journalist

DDR-Innenminister Carl Steinhoff (vormals SPD), von 1945 bis 1949 Ministerpräsident des Landes Brandenburg, begründete am 8. Februar 1950 in der Volkskammer das Gesetz über die Gründung des Ministeriums für Staatssicherheit. Hier: Steinhoff bei einer Ansprache in Prag, 1951

und Dolmetscher Dr. Karl Laurenz, angesetzt worden. 1955 wurden Barczatis und Laurenz durch die Spionageabwehr der DDR enttarnt, vor Gericht gestellt und zum Tode verurteilt. Unter dem Decknamen »Helwig« führte die Organisation Gehlen auch den Stellvertreter des Ministerpräsidenten der DDR, Dr. Hermann Kastner, einige Jahre als Quelle. Kastner war zeitweilig auch Parteivorsitzender der LDPD. Ihm gelang 1956, gemeinsam mit seiner Frau, die aktiv in die Spionagetätigkeit einbezogen war, die Flucht in die Bundesrepublik. Kastner spielte in den deutschlandpolitischen Planungen des sowjetischen Innenministers Berija eine wichtige Rolle.

1953 begann die Spionageabwehr des MfS der DDR eine Serie sogenannter »konzentrierter Schläge« gegen die Agentennetze der Organisation Gehlen und der Dienststellen amerikanischer, englischer und französischer Geheimdienste auf dem Territorium der Bundesrepublik und Westberlins. Im Oktober/November 1953 erfolgte die Aktion »Feuerwerk« speziell gegen die Berliner Filiale X 9592 der Organisation Gehlen. Der stellvertretende Leiter dieser Filiale, Hans-Joachim Geyer, war seit Januar 1953 unter dem Decknamen »Grell« inoffiziell für das MfS tätig und konnte im Prinzip alle wichtigen Unterlagen über das Agentennetz dieser Filiale beschaffen. Es kam schlagartig zu 108 Verhaftungen.

Am 21. Dezember 1953 verurteilte das Oberste Gericht der DDR sieben Mitarbeiter und Agenten der Organisation Gehlen. Hauptangeklagter war der ehemalige Major der faschistischen Wehrmacht und spätere Leiter der Filiale 120a der Organisation Gehlen, Werner Haase. Dieser war in der Nacht vom 13. zum 14. November 1953 von einem Einsatzkommando des MfS in flagranti verhaftet worden.

Im Sommer 1954 folgte die Aktion »Pfeil«. In deren Verlauf kam es zu über 500 Verhaftungen, davon wurden

277 Personen als Agenten der Organisation Gehlen identifiziert, 176 als Agenten amerikanischer Geheimdienste und 94 als Agenten des französischen Nachrichtendienstes eingeordnet. Unter den Verhafteten befanden sich einige Agenten in verantwortlichen Positionen des Staatsapparates und der Wirtschaft der DDR, so ein Abteilungsleiter im Ministerium für Schwerindustrie, der Leiter der Kontrollabteilung des Ministeriums für Landwirtschaft, ein Direktor der Wasserstraßendirektion und mehrere leitende Angestellte der Reichsbahn.

Im November 1954 erfolgte die dritte Großaktion unter dem Operationsnamen »Blitz«, die sich gegen Agentenorganisationen wie die Kampfgruppe gegen Unmenschlichkeit (KgU), den Untersuchungsausschuss Freiheitlicher Juristen (UfJ), die Ostbüros der Parteien und des DGB, aber auch gegen Dienststellen der Organisation Gehlen und den Friedrich-Wilhelm-Heinz-Dienst des Amtes Blank richteten. Insgesamt kam es im Rahmen dieser Aktion und bei Folgeoperation unter der Deckbezeichnung »Frühling« zu 521 Festnahmen.

Bis Ende 1955 wurden insgesamt über tausend Agenten identifiziert und ausgeschaltet.

Gehlen bewertet diese Entwicklung in seinen Memoiren so: »Die ursprünglich bereits für die Jahre 1952/53 erwogene Übernahme der Organisation in die Hoheit des Bundes hatte sich […] nicht verwirklichen lassen. Die Angriffe aus dem Osten sowie die ›Pannen‹, die wir im Jahre 1953 hinnehmen mussten und gegen die kein Nachrichtendienst der Welt gefeit ist, mögen innerhalb der politisch interessierten westdeutschen Öffentlichkeit und wohl auch bei einigen Bundestagsabgeordneten vorübergehend Bedenken geweckt haben, ob die Organisation ihrem Ruf gerecht werden und mit der Übernahme ihre Aufgaben als ein schlagkräftiges Instrument der Bundesrepublik erfüllen könnte.« Das aggressive Vorgehen der Dienste gegen die DDR wurde politisch legitimiert mit der regierungsoffiziellen Absicht, die 1945 im Osten verloren gegangenen Gebiete zurückzuholen.

Am 20. Juni 1952 hatte Bundeskanzler Konrad Adenauer im *Rheinischen Merkur* erklärt: »Es gibt nur ein Deutschland, das Deutsche Bundesrepublik heißt, und was östlich von Elbe und Werra liegt, sind unerlöste Provinzen […]. Die Aufgabe heißt nicht Wiedervereinigung […], sondern Befreiung der verlorenen Provinzen.« 1952 erfolgte in Westberlin die Gründung des »Forschungsbeirates für Fragen der Wiedervereinigung Deutschlands«. Er wurde geleitet von Dr. Friedrich Ernst, der von 1939 bis 1941 Hitlers Reichskommissar für die Verwaltung des »feindlichen Vermögens« war. Dieser Beirat erarbeitete ein detailliertes Sofortprogramm für Überleitungsmaßnahmen im Falle der Machtübernahme in der DDR.

Klaus Eichner (links) und Gotthold Schramm auf der Konferenz zur HV A im dänischen Odense, 2007

Im Laufe der Jahre formierte sich die Spionageabwehr des MfS in der Hauptabteilung II. Die Aufgabe der Gegenspionage, sozusagen die äußere Spionageabwehr, lag seit Anfang der 70er Jahre bei der Abteilung IX der HV A. Diese sollte bei Auflösung des Dienstes an die zweihundert Mitarbeiter haben, ich selbst – Klaus Eichner – war einer der vier Stellvertreter von Generalmajor Harry Schütt, der die Abteilung seit 1977 führte.

Bereits im Vorfeld der Bildung der Abteilung IX war es gelungen, bedeutende Quellen beim Bundesnachrichtendienst zu gewinnen. Der Abteilung IV der HV A etwa, zuständig für die Militäraufklärung, hatte Verbindung zum BND-Mitarbeiter Alfred Spuhler (Quelle »Peter«) aufgenommen. Die Abteilung XV der Bezirksverwaltung des MfS Karl-Marx-Stadt – die Abteilungen XV waren de facto Außenstellen der HV A in den Bezirksverwaltungen des MfS – hatte Gabriele Gast (Perspektiv-Quelle »Gisela«) so ins Blickfeld des BND lanciert, dass Pullach sie einstellte. Ihre Platzierung in der Zentrale des Bundesnachrichtendienstes sorgte für eine erhebliche Verbesserung der Bearbeitung und Aufklärung der Spionagetätigkeit des BND gegen die DDR und ihre Verbündeten.

Neben solchen direkt im Zielobjekt installierten Quellen wurden mitunter auch Quellen unter fremder Flagge geworben, die indirekten Zugang zu Geheiminformationen des BND besaßen oder qualifiziertes Personal »abgeschöpft«, um operativ bedeutsame Informationen zu beschaffen. Dazu kamen interessante Informationsergebnisse aus der Arbeit von Doppelagenten – Inoffizieller Mitarbeiter mit Feindberührung (IMB der HV A und von Diensteinheiten der Abwehr) – mit direkten Kontakten zu Mitarbeitern des BND bei Treffs im Operationsgebiet BRD bzw. in dritten Ländern und wertvolle Erkenntnisse aus der Funkaufklärung des MfS.

Der sowjetischen Nachrichtendienst KGB und die anderen Bruderorgane steuerten aus ihrer oft mit uns abgestimmten operativen Arbeit wichtige Details für konkrete Vorgänge bei. Auskünfte Heinz Felfes, einer 1961 enttarnten Quelle des KGB, waren auch nach Felfes Haftentlassung 1969 für die Abteilung IX sehr wertvoll.

In einer früheren Phase der Bearbeitung des BND gelang der HA II des MfS ein spektakulärer Erfolg. Der Bundesnachrichtendienst hatte in Postämtern von München und in der Umgebung von Bayerns Hauptstadt Schließfächer für seine Mitarbeiter eingerichtet. Diese wurden für den Postverkehr mit Krankenkassen und Versicherungen etc. genutzt, denn dieser Schriftwechsel konnte ja nicht unter dem im Dienst üblichen Decknamen geführt werden, im privaten Verkehr mit Behörden musste Klartext geschrieben werden. IM der HV A öffneten mit Nachschlüsseln die Schließfächer und kopierten die Sendungen.

Noch Jahrzehnte später empörte sich Ullrich Woessner darüber, der als BND-Direktor im November 2001 auf einer Tagung der Bundesbehörde für die Stasi-Unterlagen erklärte: »Mit einer solchen Dreistigkeit im Vorgehen des MfS konnte man nicht rechnen.« Der BND habe die tatsächliche Gefährdungslage »unrichtig« eingeschätzt.

In Gerichtsverfahren gegen enttarnte Kundschafter der DDR schätzten die Richter wiederholt ein, dass der BND »für den Osten offen wie ein Scheunentor, absolut gläsern«, gewesen sei.

Gabriele Gast, die in jener Zeit angeworben wurde, äußerte sich in einem 2007 veröffentlichten Beitrag »Im BND hieß es: Wir sind keine Keksfabrik« zum internationalen und nationalen Kontext, in den sie ihre Tätigkeit für die DDR gestellt sah:

»Wie der Volksmund sagt, ist eine erkannte Gefahr nur noch eine halbe Gefahr. Diese schlichte Weisheit gilt in besonderem Maße für die Ära des Ost-West-Konflikts und des Kalten Krieges, in der sich zwei antagonistische politisch-ideologische Systeme in der Form höchstgerüsteter Militärbündnisse an einer gemeinsamen Grenze direkt gegenüberstanden.

Diese Grenze verlief als Folge des von Hitler angezettelten Zweiten Weltkriegs mitten durch Europa und mitten durch Deutschland: Was in der Bonner Alleinvertretungsargumentation anmaßend-verharmlosend als innerdeutsche Grenze bezeichnet wurde, so als markiere sie lediglich die Grenze zwischen zwei Bundesländern, war in Wahrheit die Schnittstelle zwischen zwei politisch-militärischen Blöcken, die um die Vorherrschaft in Europa rangen. Denn der auf der Basis der Weltkrieg-II-Ergebnisse etablierte Status quo hatte sich schon bald als ein fragiler Frieden entpuppt, der jederzeit in einen neuen, noch furchtbareren Krieg münden konnte. Jede Seite fühlte sich durch die andere bedroht: der Osten durch

Die Zentrale des Bundesnachrichtendienstes in Pullach

westliche Bestrebungen eines Rollback des Sozialismus und seines territorialen Kriegsgewinns, der Westen aufgrund der Befürchtung, die Sowjetarmee wolle unaufhaltsam bis an den Atlantik weitermarschieren und Westeuropa ebenfalls dem Sozialismus einverleiben.

Um die drohenden Gefahren zu beherrschen, galt es, sie rechtzeitig zu erkennen. Dies war – fast bin ich geneigt zu sagen: wieder einmal – die Stunde der Auslandsnachrichtendienste. Möglichst genaue Erkenntnisse über die jeweils andere Seite waren gefragt, im Westen so sehr, dass man keine Skrupel hatte, mit dieser Aufgabe die ehemaligen Nachrichtendienstler Hitlers zu betrauen. Diese waren nicht nur Fachleute in ihrem Metier, sondern verfügten auch über langjähriges, für den Eroberungskrieg des Führers gesammeltes Wissen über die Sowjetunion. Das war die Geburtsstunde des westdeutschen Auslandsnachrichtendienstes – lange vor der Gründung der Bundesrepublik und auch lange vor der Gründung eines Auslandsnachrichtendienstes der DDR.

Es versteht sich von selbst, dass diese Dienste nicht nur seit ihrem Bestehen in den Kalten Krieg eingebunden waren, sondern selbst eine Plattform bildeten, auf der der Kalte Krieg ausgetragen wurde, in seiner Frühzeit auch mit besonders harten Bandagen. ›Wir sind keine Keksfabrik‹, pflegte ein Vizepräsident des Bundesnachrichtendienstes gerne zu sagen, was soviel hieß wie: Wo gehobelt wird, fallen Späne.

Jenseits solcher Scharmützel unter seinesgleichen stand die Tätigkeit des ost- wie des westdeutschen Dienstes unter der Prämisse, durch umfangreiches Sammeln und Auswerten von Informationen über den Gegner Gefahren für das eigene Land rechtzeitig zu erkennen und damit die eigene Regierung vor unliebsamen Überraschungen zu schützen. Wie den Auslandsnachrichtendiensten in so ziemlich allen Staaten oblag ihnen deshalb zuvörderst die Aufgabe, Absichten und Ziele, Strategien und Taktiken sowie die verfügbaren Potentiale und Ressourcen der Gegenseite aufzuklären, und zwar möglichst so frühzeitig, dass die Regierung politischen und/oder militärischen Entwicklungen, die für den Bestand des Staates und sie selbst gefährlich werden könnten oder nachteilig für ihre Interessen wären, erfolgreich gegensteuern konnte.

Auslandsaufklärung ist mithin von sachlichen und verständigen Interessen geprägt. Deshalb überrascht es nicht, dass das Völkerrecht Spionage nicht verbietet. Es wäre auch ein müßiges Unterfangen, da sich jeder Staat schon von alters her dieses Mittels bedient.

Allerdings erscheint es als schizophren, dass das gleiche Tun der gegnerischen Staaten als unfreundlicher oder gar aggressiver Akt verstanden und kriminalisiert wird. Damit bewegt sich Auslandsaufklärung politisch wie rechtlich in einem ambivalenten Bereich: Was in der Selbstsicht als legitim und friedensdienend gilt, wird in bezug auf andere Staaten als illegal und böswillig strafverfolgt.

Die Folgen solcher Doppelbödigkeit haben viele von uns nach der ›Wende‹ zu spüren bekommen, als die alt-neue Bundesrepublik die Auslandsaufklärung der DDR mit rechtlich abstrusen und willkürlichen Konstrukten strafrechtlich ›aufgearbeitet‹ hat. So galt plötzlich die Spionage für die DDR schon desha. als unfair und moralisch verwerflich, weil sie einem ›Unrechtsstaat‹ gedient habe, obwohl das Völkerrecht keinen ›Unrechtsstaat‹ kennt und dieser Begriff auch nie definiert wurde. Zudem sprach man der DDR – einem souveränen und völkerrechtlich anerkannten Staat wie die alte Bundesrepublik – das für sich selbst in Anspruch genommene

Recht ab, die gegnerischen Agenten zu verurteilen, derer sie in den 40 Jahren ihres Bestehens habhaft geworden war, weil deren Spionage legal gewesen sei. Per Gesetz wurden die Spione des Westens deshalb nach der ›Wende‹ rehabilitiert und entschädigt, während die Agenten der DDR mit dem Segen des Bundesverfassungsgerichts nach einem Dreiklassen-Strafrecht abgeurteilt wurden.

Üblicherweise sind die Nachrichtendienste Organe der staatlichen Exekutive, deren Interessen unterworfen, an ihre Weisungen gebunden und von ihr kontrolliert. Im System staatlicher Machtausübung sind sie Behörden unter vielen anderen oder gegebenenfalls Teil eines Ministeriums; sie werden von politischen Beamten oder Militärs geleitet und ihre Mitarbeiter sind Staatsbedienstete, die den allgemeinen Rechtsvorschriften für den öffentlichen Dienst unterliegen. Die Aufklärungsarbeit erfolgt nach einem von der politischen Führung vorgegebenen Interessenkatalog, die dabei eingesetzten nachrichtendienstlichen Mittel sind politisch grundsätzlich gebilligt oder müssen in bestimmten Fällen wie beispielsweise der fernmelde-elektronischen Aufklärung von Richtern gesondert genehmigt werden. Das heißt, Nachrichtendienste führen im Prinzip kein Eigenleben, sondern sind in den modernen Staaten strikten Regeln und Vorschriften der politischen Führung sowie deren Kontrolle unterworfen.

Jedem politisch interessierten und einigermaßen informierten Bürger dürfte es nicht schwerfallen, das Aufklärungsinteresse eines Staates und damit den Aufgabenkatalog seines Auslandsnachrichtendienstes zu definieren. Grundsätzlich interessieren alle Informationen über andere Staaten. Unter solcher Prämisse würde sich freilich jeder Nachrichtendienst zu Tode sammeln, gäbe es nicht politische Prioritäten. In der Ära des Ost-West-

Gabriele Gast, 2004

Konflikts, in der wir gearbeitet haben, waren diese durch die herrschenden ideologischen und militärischen Antagonismen bestimmt: Aufklärungsschwerpunkt des Westens war der Osten mit seiner Hauptmacht Sowjetunion als vorrangiges Ziel, während sich der Osten vornehmlich auf die Aufklärung des Westens und seiner Führungsmacht USA konzentrierte. In den 70er Jahren, als sich im Rahmen des europäischen Entspannungsprozesses die Ost-West-Konfrontation mit ihren Stellvertreterkriegen zunehmend in den Bereich der Dritten Welt verlagerte, rückten allerdings auch diese Staaten stärker in das Blickfeld der Politik und damit der Nachrichtendienste.

Als Besonderheit aufgrund der Teilung Deutschlands konzentrierten sich zudem die alte Bundesrepublik und die DDR prioritär auf die Aufklärung des jeweils anderen deutschen Staates.

Beide Seiten hatten also ein klares Feindbild und damit einen eindeutigen nachrichtendienstlichen Gegner, gegen den alle Aufklärungsmittel eingesetzt wurden als da sind: Anwerbung und Einsatz von Agenten, Informationsabschöpfung von Reisenden, Flüchtlingen und Emigranten, Telefonüberwachung, fernmelde-elektronische Aufklärung und last but not least akribisches Studium von Presseerzeugnissen.

Die gesamte politische, militärische, wirtschaftliche und wissenschaftlich-technische Lage interessierte, und zwar sowohl die grundsätzlichen Gegebenheiten als auch insbesondere die aktuelle Entwicklung. Je detaillierter die Erkenntnisse über den Gegner waren, um so genauer das Bild über die dortige Situation; denn daraus, vor allem aus sich abzeichnenden Veränderungen, ließen sich jene Indikatoren herausfiltern, die im Sinne einer Frühwarnung die Gefahr minderten, durch irgendwelche unliebsame Entwicklungen überrascht zu werden. Um diesem hohen Anspruch zu genügen, bedurfte es deshalb nicht nur eines umfassenden Aufklärungsansatzes, sondern auch einer sorgfältigen, professionellen Analyse der gewonnenen Informationen, das heißt mit Sachverstand und frei von ideologischen Scheuklappen, denn nachrichtendienstliche Auswerter sind Analytiker und keine Propagandisten.

Das war nicht immer so, jedenfalls nicht im Bundesnachrichtendienst, in dessen Auswertung ich viele Jahre hauptamtlich tätig war und den ich gleichzeitig für die Hauptverwaltung Aufklärung der DDR auskundschaftete. Erst gegen Ende der 60er Jahre, als der BND zunehmend Akademiker vor allem für die Auswertung einstellte, wurde sein Lagebild erheblich sachlicher und weniger ideologiebestimmt, während der Rückgriff auf die Offizierskameraden aus der Wehrmachtabteilung ›Fremde Heere Ost‹, aber auch aus der SS in der Ära Gehlen politisch entsprechend eingefärbte, kämpferische Lageberichte über die sozialistischen Staaten gezeitigt hatte. Für mich als politische Grenzgängerin war diese Umorientierung des BND von Vorteil, war ich doch nicht versucht, meine politische Gesinnung in die Lageberichte einfließen zu lassen.«

Wo waren die Amtsträger der DDR – einschließlich unserer
Führungsleute, denn die waren ja wohl auch Amtsträger –,
wo waren die Genossen und ihre › Wende-Partei‹, die PDS,
als wir › Bürger der Bundesrepublik Deutschland, die unter
Verletzung der Strafgesetze für die DDR, ihre Behörden oder
Institutionen tätig gewesen sind‹, wie der Schlussgesetzent-
wurf unsere Spionage für die DDR schamhaft umschreibt,
wo waren sie, als wir reihenweise verhaftet, verurteilt und in
die Gefängnisse geworfen wurden?
Verhaftet, weil von Amtsträgern der DDR verraten.
Verurteilt unter anderem, weil von Amtsträgern der DDR
vor Gericht in die Pfanne gehauen.
Existentiell ruiniert, weil Amtsträger der DDR gegebene
Zusicherungen in den Mülleimer der Geschichte warfen.

Gabriele Gast
bei einer Anhörung der PDS-Bundestagsgruppe,
25. März 1995

Kapitel 1
Beginn einer Freundschaft

Nach dem Untergang der DDR wurden etliche Kundschafter enttarnt, verurteilt und inhaftiert. Da dieses Gewerbe auf Konspiration gründet, kannten sie sich vorher nicht. Sie lernten sich erst nach ihrer Enttarnung kennen. Das erfolgte bereits im Strafvollzug oder nach der Entlassung aus der Haft. Die meisten waren ihrer Überzeugung treu geblieben und fanden, dass sie unter den neuen Bedingungen und mit offenen politischen Mitteln ihren Kampf für eine friedliche, bessere Welt weiterführen sollten. Folgerichtig führte das zur Gründung der »Arbeitsgruppe Aufklärer in der GRH« und der »Initiativgruppe Kundschafter des Friedens fordern Recht«.

Im März 1995 ergab sich eine Gelegenheit, erste Überlegungen in diese Richtung zu besprechen. Die PDS-Bundestagsgruppe hatte zu einer Anhörung nach Berlin eingeladen. Es ging um eine Amnestie für ehemalige Spione der DDR bzw. um ein Schlussgesetz. Der Einladung waren auch zwölf ehemalige Kundschafter gefolgt.

Damit war es auch mir möglich, manche unserer Quellen erstmals persönlich zu treffen.

Ich kannte »Gisela« als hochqualifizierte und ertragreiche Quelle im BND, hatte aber aus Gründen der Konspiration und des Quellenschutzes keine Informationen über ihre wahre Identität erhalten. Erst als die Medien über ihre Festnahme berichteten, erfuhr ich, dass »Gisela« tatsächlich Dr. Gabriele Gast hieß und leitende Auswerterin in Pullach war.

Unsere erste Begegnung fand in einem Berliner Café statt. Es war wie das erste Rendezous mit einer fernen Freundin. Werner Großmann, dessen Verfahren soeben eingestellt worden war, nahm an diesem Treffen teil. Er berichtete in seinen 2001 erschienenen Erinnerungen »Bonn im Blick« über seine Annäherung an diese Frau: »Eine der erfolgreichsten Vorgänge beginnt 1968. Als Instrukteur für die Abteilung XV der Bezirksverwaltung Karl-Marx-Stadt begleite ich Kontaktierung, Werbung und schließlich die Einschleusung von ›Gisela‹ als Quelle in die Zentrale des BND in Pullach. Es entspricht den konspirativen Prinzipien unseres Dienstes, dass nicht unmittelbar an einem Vorgang beteiligte Mitarbeiter Klarnamen nicht erfahren oder die Eingeweihten im Gespräch mit anderen oder im Schriftverkehr diese verwenden.

Bis 1984, da werde ich in diesen Vorgang persönlich einbezogen, bleibt der Fall für mich tabu. Markus Wolf hat die persönliche Verantwortung.

Als ich Chef der HV A werde, will ich Dr. Gabriele Gast – sie ist ›Gisela‹ – persönlich kennenlernen. Sie lehnt aber ab. Ohne ihre Beweggründe konkret zu kennen, vollziehe ich ihre Entscheidung nach. Viele Jahre arbeitete sie vertrauensvoll mit Wolf und noch enger mit ihren Führungsoffizieren zusammen. Jeder Neue stört das enge Beziehungsgeflecht. So bleibt es bei Grüßen und der Versicherung enger Verbundenheit. Der erfolgreichen Arbeit schadet das zu keiner Zeit.

Ich lerne sie erst kennen, als Gabriele Gast aus der Strafvollzugsanstalt entlassen wird. Nach ihrer Verhaftung hatte mich ihr Bruder in Berlin besucht. Jetzt ruft sie mich an. Wir treffen uns in meiner Wohnung. Zwischen ihr, meiner Frau und mir beginnt eine Freundschaft, die bis heute anhält. Wir bedauern, uns nicht schon früher kennengelernt zu haben.«

Das 1992 gegründetes »Insiderkomitee zur kritischen Aufarbeitung der Geschichte des MfS« nutzte ebenfalls die Gelegenheit zu einer Begegnung an diesem Frühlingstag. Auf Initiative des Bundestagsabgeordneten Prof. Uwe-Jens Heuer trafen wir uns in einem Restaurant in Hohenschönhausen unweit des Hotels, in dem die Ehemaligen untergebracht worden waren. An der Zusammenkunft nahmen auch Markus Wolf und Werner Großmann teil.

Unsere Gespräche zogen sich bis in die Nacht hinein.

Am nächsten Morgen fand dann die Anhörung im Berliner Abgeordnetenhaus statt. Das Gebäude befindet sich in unmittelbarer Grenznähe, von der noch Mauerreste zu sehen waren. Zum Jahreswechsel 1918/19, im Nachklang der Novemberrevolution, hatte sich hier die Kommunistische Partei Deutschlands konstituiert. Zwei Wochen später waren Rosa Luxemburg und Karl Liebknecht von der Reaktion ermordet worden.

Der PDS-Bundestagsabgeordnete Uwe-Jens Heuer organisierte am 25. März 1995 eine Anhörung ehemaliger Kundschafter. Aufnahme vom 5. Mai 2010

Gabriele Gast trug bei dieser Anhörung eine vorbereitete Rede vor, die nicht nur die Parlamentarier sehr berührte. Denen las sie insofern die Leviten, als sie ihnen bewusst zu machen versuchte, dass der von der PDS vorgelegte Gesetzentwurf, mit dem die Kundschafter straffrei gestellt werden sollten, die Strafbarkeit ihrer Tätigkeit unterstellte. Und gegen diese Annahme wehrte sich Gabriele Gast vehement, indem sie ihre Tätigkeit für die DDR und die DDR selbst engagiert verteidigte.

Ihre Rede wird im Wortlaut nachfolgend zitiert:

Wortmeldung am 25. März 1995

Ich bin der Einladung zu dieser Veranstaltung mit großem Interesse gefolgt. Bietet sie doch einem Personenkreis, den ich in gewisser Weise repräsentiere und für den zu sprechen ich ermächtigt bin, soweit unsere besonderen Umstände dies zuließen – bietet uns also diese Veranstaltung erstmals Gelegenheit, gehört zu werden. Ich will damit sagen, dass unsere diversen Bemühungen um Gehör in den maßgeblichen Kreisen dieser Partei bislang keine Resonanz gefunden haben. Das ist ungemein bitter, weil es uns in der Rolle des Objekts belässt, in die uns die ›Wende‹ geworfen hat: Wir waren Tauschobjekt für ›Wendehälse‹, die sich auf unsere Kosten und auf Kosten unserer Familien den neuen Herren andienten. Wir waren das Objekt reißerischer Schlagzeilen der Boulevardpresse. Und wir waren Objekt einer schonungslosen Strafverfolgung der Justizbehörden. Subjekt sind wir seit der ›Wende‹ nur noch in der Form des kriminellen Subjekts.

Als solches darf ich mich Ihnen kurz vorstellen:

Ich bin bzw. war eine Geheimdienst-Agentin, eine Spionin (igitt igitt), Mata Hari (pfui Teifi), ein Romeo-Opfer (o mei, o mei), eine ›Kundschafterin des Friedens und Kämpferin an der unsichtbaren Front‹ (hipp hipp hurra). Mir sind, wie Sie sehen, viele Attribute zuteil geworden: Es ist bloß eine Frage des Standorts, welches davon greift. Die Justiz hat sich in dieser Hinsicht leicht getan: Sie attestierte mir, wie das in Strafverfahren so üblich ist, kriminelle Energie. Nehmen Sie sich also in Acht vor mir, denn ich bin eine Kriminelle.

Mein Verbrechen bestand darin, für die Hauptverwaltung Aufklärung des Ministeriums für Staatssicherheit tätig gewesen zu sein. Einundzwanzig Jahre lang. Ich habe also als deutsche Staatsbürgerin für einen deutschen Geheimdienst gearbeitet und mich deshalb strafbar gemacht. Ich wurde zu sechs Jahren und neun Monaten Freiheitsstrafe verurteilt. Die Strafe, nahezu eineinhalb Jahre davon in Isolationshaft verbracht, habe ich verbüßt; der sogenannte Rechtsstaat hat seine Satisfaktion.

Ich habe aber auch noch für einen anderen deutschen Geheimdienst gearbeitet, doch das hat die deutsche Justiz strafrechtlich nicht geahndet. Ich war Mitarbeiterin des Bundesnachrichtendienstes, Beamtin, Staatsdienerin. Als solche habe ich dazu beigetragen, Bürger anderer Staaten zur Spionage für den BND zu bewegen – mit allen sanften bis erpresserischen Methoden, derer sich ein Nachrichtendienst zu diesem Zweck zu bedienen pflegt. Ich habe dazu beigetragen, Bürger anderer Staaten zu einem Verstoß gegen die Rechtsordnung ihres Landes zu bewegen. Das richtete sich keineswegs bloß gegen die als ›Unrechtsstaaten‹ etikettierten sozialistischen Länder, was schlicht als rechtens galt. Es machte ebenso wenig halt vor befreundeten, verbündeten Ländern und kirchlichen Institutionen. Ich habe also dazu beigetragen, Bürger anderer Staaten zu kriminalisieren. Trotzdem habe ich mich nicht der Anstiftung oder Beihilfe zu einer Straftat schuldig gemacht.

Markus Wolf und Werner Großmann sowie ihre Kollegen von der HV A taten in der Berliner Normannenstraße nichts anderes, als was ich und meine Ex-Kollegen, darunter ein deutscher Außenminister (*gemeint ist Klaus Kinkel, der von 1979 bis 1982 BND-Chef war – K. E.*), in der Pullacher Heilmannstraße taten. Deshalb kann das, was mir und meinen Ex-Kollegen nicht zum Strafvorwurf, sondern allenfalls zur Belobigung und Beförderung gereichte, bei Markus Wolf und Werner Großmann nicht als ein Rechtsbruch, als eine strafbare Handlung gelten. Vielmehr ist die Strafverfolgung, der sie und andere hauptamtliche Mitarbeiter der HV A ausgesetzt sind, ein eklatanter Rechtsbruch, den der sogenannte Rechtsstaat Bundesrepublik seit bald fünf Jahren begeht.

Diesen Rechtsbruch mildert auch nicht das Argument, in der Hektik der Aushandlung des Einigungsvertrages sei ›leider‹ eine einschlägige Problemlösung ›verabsäumt‹ worden. Wer sie wirklich wollte, hätte in den letzten fünf Jahren Zeit genug dafür gehabt. Es ist ein vorgeschobenes Argument, hinter dem sich politischer Rachedurst verbirgt, verpackt in ein formaljuristisches Gewand, wie das im Rechtsstaat so üblich ist. Wäre die Problematik nicht so ernst, könnte man sie von der humoristischen Seite betrachten als ›Arbeitsbeschaffungsmaßnahme‹ für die Justiz in wirtschaftlich schwieriger Zeit.

Hier wird heute über einen Schlussgesetzentwurf debattiert, mit dem – ausweislich der Präambel – ›alle Handlungen, die in Ausübung hoheitlicher Aufgaben sowie in Ausübung einer Dienst- oder Rechtspflicht der DDR erfolgten‹, straffrei gestellt werden sollen.

Meine Damen und Herren, ich bin entsetzt über die Gedankenverirrung, die diese Formulierung hervorbrachte. Sie befinden sich nämlich damit genau in jenem Fahrwasser, in das der deutsche Rechtskonservatismus während der ganzen Nachkriegszeit die sozialistische Idee zu bugsieren suchte: in dem des Unrechts. Meine Damen und Herren, das kann doch nicht Ihr Ernst sein?! Sind Sie sich darüber im Klaren, dass Sie mit einer solchen Diktion implizit die Behauptung Bonns anerkennen, die DDR sei von A bis Z ein Unrechtsstaat gewesen?

Sind Sie sich im Klaren, dass Sie damit historische Fakten verdrehen und die Nachkriegsgeschichte Deutschlands, die in großen Zügen eine Geschichte politischer Fremdbestimmung und Machtkonfrontation war, auf den Kopf stellen?

Sind Sie sich im Klaren darüber, dass Sie damit das Geschäft der bundesdeutschen Justiz betreiben, indem Sie die DDR und sich selber kriminalisieren?

Der vorliegende Entwurf eines Schlussgesetzes ist nicht nur ein Rückschritt hinter die Gesetzgebungsinitiativen der PDS-Bundestagsgruppe vom März 1992 und Dezember 1993. Er ist, und das wiegt besonders schwer, auch ein eklatanter Rückschritt hinter die Amnestiebemühungen, die CDU/CSU und FDP im September 1990, im Vorfeld der deutschen Vereinigung, unternommen hatten. Während in deren Gesetzentwurf, der der Bereinigung der Folgen gegenseitiger deutsch-deutscher Spionageaktivitäten galt, die Legitimität solchen Handelns auch in Bezug auf die DDR ausdrücklich festgestellt wurde, fordert – oder soll ich zutreffender sagen: buhlt – der Schlussgesetzentwurf um Straffreiheit für alles staatlich-hoheitliches Handeln der DDR.

Meine Damen und Herren, wer um Straffreiheit für sein Handeln nachsucht, anerkennt implizit, dass dieses Handeln strafbar, mithin rechtswidrig war. Ich sage noch einmal: Das kann doch nicht Ihr Ernst sein!

Ich weiß mich mit zahlreichen Aufklärern einig, dass unser Handeln zwar nach den Gesetzen der eigenen Staats-

*»Sozial, solidarisch, alternativ« – so hieß es auf dem
Schweriner Parteitag der PDS im Januar 1997. Die ehemaligen Kundschafter vermissten eben diese Solidarität*

macht, der Alt-Bundesrepublik, ein Rechtsbruch und deshalb strafbar war. Wir haben aber nicht auch – oder allein
schon deshalb – gegen das Gesetz verstoßen, weil die
›fremde Macht‹, mit der wir zusammenarbeiteten, angeblich ein Unrechtsregime war.

Wenn das Ihre Logik ist – und es ist zumindest die
Logik Ihres Gesetzentwurfs –, dann haben Sie kein Recht,
in diesem Zusammenhang für die westdeutschen Mitarbeiter der HV A zu sprechen, so sehr dies auch die ver-
dammte Pflicht der PDS als der Rechtsnachfolgerin der
SED ist. Aber Sie genügen dieser Pflicht nicht dadurch,
dass Sie mit opportunistischen Wendungen Ihren Gesetzentwurf der Mehrheit im Bonner Parlament schmackhaft
zu machen suchen. Solches mögen zwar taktische Erwägungen nahelegen. Aber die Taktik greift zu kurz, wenn ihr
unveräußerliche Grundpositionen geopfert werden.

Der opportunistische Zweck, der bei der Ausarbeitung dieses Gesetzentwurfs Pate stand, ist mit Händen zu greifen. Man sieht förmlich die bibbernden Hosen bei jenen ehemaligen Amtsträgern der DDR, auf die nun die Prozesslawine der bundesdeutschen Justizmaschinerie zurollt. Meine Damen und Herren, ich möchte Ihnen zurufen: Haben Sie doch den Mut, die Zivilcourage, das Selbstbewusstsein, vor den Schranken eines Gerichts und im Lichte der Öffentlichkeit die Rechtmäßigkeit Ihres Handelns als Staatsbürger und Staatsdiener der DDR zu vertreten, so es sich im Rahmen der DDR-Gesetze vollzog. Sie rennen damit ohnehin offene Türen ein bei der bundesdeutschen Justiz.

So wurde meinen ostdeutschen Mitangeklagten vom Richter ausdrücklich bescheinigt, dass sie nicht gegen, sondern für ihren Staat gearbeitet haben, gesetzestreu und in Erfüllung ihrer Pflichten. Ich wundere mich noch heute, warum sie nicht spätestens an dieser Stelle den Mut hatten, die ganze Fragwürdigkeit des Verfahrens anzuprangern und die politische Gesinnung, die es hervorbrachte, und warum sie das Urteil, den Schuldausspruch annahmen, selbst wenn er sich im Rahmen einer Bewährungsstrafe hielt. Denn auch die Bewährungsstrafe hat in diesem Justiz-Roulette System, es gilt das Motto: Ein bisschen Anpinkeln soll schon sein, weil es ja stinken muss, aber so recht wehtun soll es freilich nicht!

Bieten Sie also der Rechtswidrigkeit einer politisch bestimmten Strafverfolgung die Stirn, so wie es die Sitzblockierer von Mutlangen taten. Die Mühlen der bundesdeutschen Justiz mahlen zwar wahnsinnig langsam, vor allem wenn es um Fragen des Rechts und der Gerechtigkeit geht. Aber es erhöht nicht die Rechtmäßigkeit von Urteilen, mögen sie auch zehnmal rechtskräftig und vollstreckt sein, wenn Richter nach politischen Kriterien berufen und

Richterbänke nach dem Willen der Vorsitzenden besetzt werden, wenn die Organe der Rechtsprechung sich gegenseitig widersprechen und wenn höchstrichterliche Klarstellungen auf sich warten lassen.

Das mag zwar – formaljuristisch – alles rechtsstaatlich begründet sein. Bei Licht betrachtet erscheint es aber eher als ein Zeichen von Willkür. Gegen Willkür aber, meine Damen und Herren, ist kein Kraut gewachsen, auch nicht im freiheitlich-demokratischen Rechtsstaat!

Ein Weiteres missfällt mir an dem Schlussgesetzentwurf:

Er ist unausgewogen, zum Teil unklar und widersprüchlich. Er ist unausgewogen, weil er von allen alt- und neubundesdeutschen Fallgruppen, die bislang der Strafverfolgung durch die Justiz ausgesetzt waren, die Amtsträger der Ex-DDR begünstigt. Das überrascht nicht, denn es ist – wie ich bereits sagte – das Ziel dieser Initiative. Ich akzeptiere jedoch nicht, dass in diesem Zusammenhang behauptet wird, man stelle damit eine Gleichbehandlung der verschiedenen Fallgruppen her.

Auch dieses Argument ist rein taktischer Natur; es soll den Autoren eine Legitimität als Fürsprecher aller Betroffenen verschaffen, ohne dass dies der Entwurf, geschweige denn das tatsächliche Verhalten hergibt.

Ich lehne es ab, mich auf solche Art vor den Karren jener spannen zu lassen, die mich mit meinem Karren im Dreck sitzen ließen. Ich frage Sie: Wo waren die Amtsträger der DDR – einschließlich unserer Führungsleute, denn die waren ja wohl auch Amtsträger –, wo waren die Genossen und ihre ›Wende-Partei‹, die PDS, als wir ›Bürger der Bundesrepublik Deutschland, die unter Verletzung der Strafgesetze für die DDR, ihre Behörden oder Institutionen tätig gewesen sind‹, wie der Schlussgesetzentwurf unsere Spionage für die DDR schamhaft umschreibt, wo waren sie, als wir reihenweise verhaftet, verurteilt und in die Gefängnisse geworfen wurden? Verhaftet, weil von Amtsträgern der DDR verraten. Verurteilt unter anderem, weil von Amtsträgern der DDR vor Gericht in die Pfanne gehauen. Existentiell ruiniert, weil Amtsträger der DDR gegebene Zusicherungen in den Mülleimer der Geschichte warfen.

Und was tat die PDS? Aus dem Erbe der SED pickte sie sich die Filetstücke heraus, Immobilien beispielsweise. Der ererbten Verantwortung für die Menschen in den altbundesdeutschen Gefängnissen hingegen verschloss sie sich. Ach ja, man tat schon etwas: Da gibt es eine Initiative der PDS-Bundestagsgruppe zu einem Spionageamnestiegesetz. Nur – sie hat einen Schönheitsfehler: Sie wurde einen Tag nach der Verurteilung von Markus Wolf eingebracht. Wäre sie genau zwei Jahre früher, nämlich nach meiner Verurteilung, eingebracht worden, erschiene mir diese Initiative politisch ehrlicher.

Ich frage Sie, meine Damen und Herren Amtsträger der PDS: Wie wollen Sie für eine ganze Gesellschaft Verantwortung tragen, wenn Sie nicht einmal willens sind, Ihrer ererbten Verantwortung für eine Gruppe von Menschen nachzukommen, deren jahrzehntelanges Handeln von Solidarität mit Ihrem früheren Staat und dessen Menschen bestimmt war? Oder sollten Sie etwa das Grundprinzip des Erbrechts nicht kennen, wonach man ein Erbe nur vollständig, nämlich unter Annahme auch der hinterlassenen Schulden, antreten kann und sich nicht lediglich die Rosinen herauspicken darf. Solange Sie sich um diese Wahrheit herumdrücken, meine Damen und Herren, ist Ihre Politik eine Mogelpackung!

Der Schlussgesetzentwurf ist unklar, jedenfalls was die Belange der westdeutschen Aufklärer betrifft. Er möchte, dass unsereins ›außer Verfolgung gesetzt‹ wird. Ja, was meinen Sie damit? Die Verfolgung durch bundesdeutsche

Nachrichtendienste oder durch den Gerichtsvollzieher oder durch Reporter oder vielleicht auch nur durch einen Hund, der sich offen als Wadlbeißer geriert? Ich glaube, es ist klar, was ich meine. Ein Gesetz ist bekanntlich so gut oder so schlecht, wie es formuliert ist – eindeutig oder zweideutig. Dieses Gesetz ist, was die westdeutschen Aufklärer betrifft, verschwommen, lässt Auslegungsspielraum. Der eine sagt hüh, der andere hott. Eine wahre Spielwiese für Juristen. Den Preis dafür zahlen – wieder einmal – die Betroffenen. Wenn Sie unsere Fallgruppe in Anspruch nehmen wollen für Ihr übergeordnetes Gesetzesziel, die Beendigung der Strafverfolgung von Amtsträgern der DDR, dann müssen Sie schon klar sagen, was Sie dabei auch für uns erreichen wollen: eine Amnestie, eine Rehabilitierung oder einfach nur die sang- und klanglose Einstellung der letzten noch anhängigen oder in Vollstreckung befindlichen Verfahren.

Hier liegt die Krux für die Betroffenen meiner Kategorie: Die meisten von uns sind inzwischen rechtskräftig verurteilt, viele haben die Strafe verbüßt, Auflagen erfüllt, Kosten beglichen. Was bringt ihnen also Ihr Gesetz? Rechtsnormen, die keine oder so gut wie keine Rechtsfolgen zeitigen. Eine Legende, um in der nachrichtendienstlichen Fachsprache meiner Fallgruppe zu bleiben. Eine Chimäre. Ihr Gesetz kommt, was die Forderung nach einer Strafaussetzung, einer Amnestie, betrifft, für die meisten von uns zu spät. Was wollen Sie dann? Rehabilitierung, Entschädigung, Wiedergutmachung?

Der Verweis auf Art. I § 5 legt diese Annahme nahe. Indes: In der Begründung zu diesem Paragrafen ist gesagt, dass er nur für eine geringe Anzahl von Fällen Anwendung finden soll, für solche nämlich, die durch eine Untersuchungshaft materielle Nachteile erlitten. Dies sei nämlich unangemessen und unbillig gewesen. Meine Damen und

Herren, Sie haben die Stirn, solches angesichts jener Mitstreiter und Genossen zu sagen, die zehn, zwanzig Jahre für die DDR im Feuer standen, an der ›unsichtbaren Front‹, wie es im sozialistischen Feiertagsdeutsch hieß, die vier, fünf, sechs Jahre und mehr im Gefängnis saßen, deren bürgerliche Existenz vernichtet ist und deren Familien zum Teil zerbrochen sind.

Ich überlasse es Ihrer Sensibilität zu entscheiden, was unbillig und was billig ist.

Eines möchte ich klarstellen, was auch immer Sie als angemessen erachten an Entschädigung, Wiedergutmachung für uns: Mit ein paar lumpigen Mark lässt sich die erlittene Haft, die Isolationsfolter nicht aufwiegen und lassen sich die Vermögen an Anwaltsgebühren, Prozesskosten und Verfallsgeldern, die die Strafverfolgung verschlang, nicht ausgleichen. Aber die sollen nach dem Willen der Gesetzesinitiatoren ohnehin nicht zurückerstattet werden; es gilt ex nunc und nicht ex tunc (*ab jetzt und nicht von Anfang an* – K. E.) So redet sich leicht daher, wenn man selbst nicht betroffen ist. Sie mussten die Gelder ja nicht aufbringen.

Was bringt uns also Ihr Gesetzentwurf, frage ich noch einmal: einen Gnadenakt, der keiner ist, für den man sich aber dankbar zu erweisen hat. Nein, danke, sage ich, denn solche Art von ›Gnade‹ wäre die schlimmste aller schon erlittenen Strafen.

Noch etwas bedarf der Klarstellung, was der Gesetzentwurf – wohl nicht zufällig – im Unklaren lässt: die Frage der Rechtmäßigkeit unserer Strafverfolgung angesichts des Umstandes, dass die frühere eigene Staatsmacht BRD wie auch die ›fremde Macht‹ DDR mit der Vereinigung aufhörten zu existieren, und angesichts des Tatbestands, dass nach der Vereinigung die BRD-Agenten in der Ex-DDR von der Justiz unbehelligt blieben und dass – wie es im

Informationsmaterial zu dieser Veranstaltung heißt – von der DDR verurteilte BRD-Agenten rehabilitiert wurden. Auch für uns steht die Frage nach dem Gleichheitsgebot, jenem Fundamentalprinzip der Rechtsstaatlichkeit.

Ich frage: Ist es rechtens, dass der freiheitlich-demokratische, marktwirtschaftliche Rechtsstaat einen Strafanspruch nach DDR-Gesetzen bejaht, sofern es um Eigentumsdelikte in der Form einer ›Veruntreuung sozialistischen Eigentums‹ geht, dass ein solcher Strafanspruch nach DDR-Gesetzen aber negiert wird, wenn die eigene nachrichtendienstliche Tätigkeit dem sozialistischen Staat zum Nachteil gereichte? Das mag zwar im Lichte des sogenannten Einigungsvertrages vertragskonform sein, aber wie die Geschichte der Normenkontrollklagen lehrt, ist noch lange nicht jeder Vertrag und jedes Gesetz rechtens, die politischer Opportunismus beschließt.

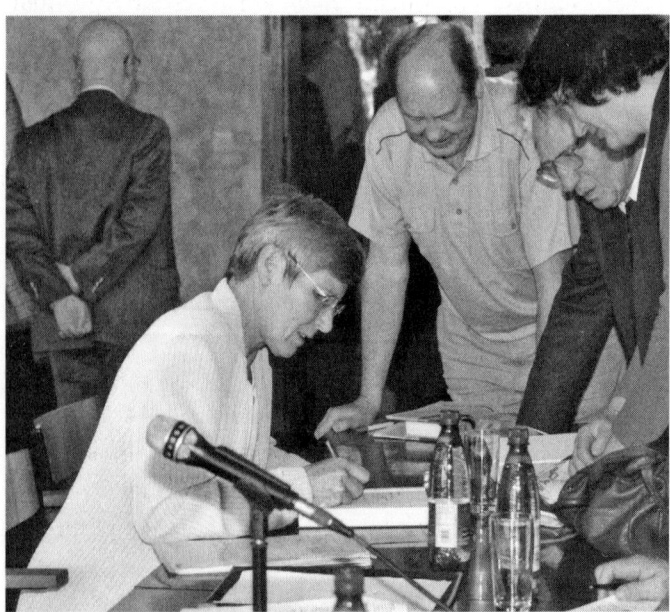

Gabriele Gast beim Autogramme-Schreiben, 2004

Ich frage weiter: Ist es rechtens, die KGB-Agenten in der Ex-DDR unbehelligt zu lassen, nur weil die Lubjanka zum Partnerdienst des BND mutierte? Oder soll man etwa an ein weiteres Vereinigungsmärchen glauben, wonach das KGB in der DDR nur auf offiziellem Parkett präsent gewesen sei oder gar bei seinem Rückzug nach Moskau seine Quellen im früheren ›Bruderstaat‹ den neuen Freunden in Pullach überlassen hat? Es wäre ein echter ›POLLacher‹ – so der beziehungsvolle Titel der hausinternen Jahresschrift der Politischen Auswertung des BND.

Ich frage schließlich: Ist es rechtens, an unsereins den Strafzweck der Generalprävention, der Abschreckung zu exekutieren, obwohl es jene, die man meinte, abschrecken zu müssen, nicht mehr gibt und man selbst samt allen erdenklichen Diensten, die man nun als Freunde und Partner zählt, das nachrichtendienstliche Geschäft ungeniert und unvermindert fortsetzt? Es sind Fragen, die – wie andere – der höchstrichterlichen Klärung harren. Es sind die Fragen, die aus unserer Sicht über Recht und Gerechtigkeit entscheiden. Es sind Fragen, die Ihr Gesetzentwurf ignoriert.

Ich bin damit ans Ende meiner Ausführungen gelangt. Sehen Sie mir bitte nach, dass ich die mir gewährte Redezeit überzog. Es ist dies, wie ich eingangs sagte, erstmals die Gelegenheit, gehört zu werden. Ich wünsche mir, damit auch ein Nachdenken angestoßen zu haben.

Ich danke Ihnen für Ihre Aufmerksamkeit.«

Nach dem Hearing und wieder daheim schrieb mir Gabriele Gast am 6. April 1995 folgenden Brief:

»Lieber Klaus, sehr herzlichen Dank für Deine Zeilen vom 3. April und die Zusendung der Zeitungsartikel. Gleichzeitig möchte auch ich Dir noch einmal für das Gespräch danken. Es war sehr wichtig für mich und hat einen gewichtigen Gedankenakzent zu den bitteren Erfahrungen der Vergangenheit gesetzt. Die sind deshalb zwar nicht vergessen, aber es ist eben notwendig zu differenzieren. Wir bleiben auf jeden Fall in Verbindung, der Gedankenaustausch tut gut.

Dass man auch jetzt noch zuvorderst die eigenen Wunden leckt, wurde ja bei dem Hearing überdeutlich. Vielleicht sogar noch ein bisschen mehr als in den letzten Jahren, weil die Prozesslawine gegen die ehemaligen Amtsträger nun erst richtig in Gang gekommen ist. Aber das entschuldigt gar nichts. Es ist beschämend, dass Deine Initiative zur Betreuung inhaftierter Kundschafter bisher ohne Resonanz geblieben ist. Ich hoffe, dass der Brief an Rainer R. einiges anzustoßen vermag und es nicht wieder nur dem Verantwortungsgefühl einiger weniger überlassen bleibt, hier tätig zu werden.

Zu der Berichterstattung über das Hearing: Mir missfällt der ironisch-bissige Unterton im *taz*-Bericht, aber der ist wohl der Stil des Hauses. Der redaktionelle Bericht von Dümde im *ND*, den Werner mir sogleich zuschickte, ist sachlicher. Aber die *taz* hat etwas Wiedergutmachung geleistet; von Klaus v. R. erhielt ich gestern zwei weitere Artikel, die – wie ich annehme – von ihm angeregt worden sind und unsere Problematik doch erheblich sachlicher darstellen.

Insgesamt ist die Medienreaktion ja sehr zurückhaltend, was mir aus Gründen der Arbeitsplatzsicherung nur recht ist; ich stehe da unter massivem Druck meines Chefs. Deshalb war ich auch nicht böse, dass sich Dr. Dümde zwar bei Hagen (*d. i. Dr. Hagen Blau, Quelle der HV A im Auswärtigen Amt der BRD – K. E.*), aber nicht mehr bei mir gemeldet hat.

Von der *Jungen Welt* wurde ich um ein Interview gebeten, das habe ich dann aber abgelehnt; da sie, wie man nun hört, ihren Betrieb einstellen muss, ist es ohnehin bedeutungslos. (*Hier irrte Gabriele Gast: Ein Teil der Redakteure führte die Zeitung in eigener Regie weiter, die Zeitung existiert als Genossenschaft noch immer – K. E.*)

Von Hr. Heuer erhielt ich vor einigen Tagen das ›SED-Unrechtsbereinigungsgesetz‹. Ich habe meinen Augen nicht getraut, darin an erster Stelle die Rehabilitierung der West-Spione in der Ex-DDR zu sehen. In der Presse habe ich darüber nie etwas gelesen, wahrscheinlich aus gutem Grund. Hätte ich vor der Berliner Veranstaltung davon gewusst, hätte ich noch einige sehr deutliche Bemerkungen in meine Rede aufgenommen.

Die Verletzung des Gleichheitsgebots ist ja nun auch in Bezug auf meine Fallgruppe eklatant. Es wäre ungemein wichtig, wenn es in Karlsruhe zu einer mündlichen Verhandlung käme und ich meine Verfassungsbeschwerde persönlich begründen könnte. Aber der sogenannte Rechtsstaat hat allen Grund, es dazu nicht kommen zu lassen. Mit diesem Gesetz ist jedenfalls klargestellt, dass auch meine Fallgruppe primär aus politischen Gründen verurteilt worden ist, nämlich wegen des behaupteten Unrechtscharakters der DDR, der unser Handeln zugute kam, und nicht so sehr wegen des objektiven Strafbestandes der nachrichtendienstlichen Agententätigkeit. Dieses Gesetz kriminalisiert jegliche Motive und Ziele unseres Handelns.

Ich verstehe nicht, dass die PDS in ihren einschlägigen Diskussionen und Gesetzesinitiativen diesen Aspekt nicht ebenso aufgegriffen hat, wie sie es mit Blick auf die Strafverfolgung der ehemaligen Amtsträger tut. Auch dies zeigt ein weiteres Mal, wie sehr meine Fallgruppe vergessen bzw. – zutreffender – von der PDS ausgegrenzt worden ist. Vor dem Hintergrund des ›Unrechtsbereinigungsgesetzes‹ erscheint jedenfalls die Position, die Gysi im Gespräch mit mir bezog, noch unverschämter.

Hr. Heuer hat sich übrigens in seinem Schreiben nicht zum Berliner Hearing geäußert und irgendwelche Gesprächsvorschläge unterbreitet, auch nicht in Bezug auf mein Gespräch mit Hans M. Aber ich habe auch nichts anderes erwartet. Ich rechne nicht damit, dass man sich der Problematik meiner Gruppe annehmen und das Gespräch mit uns suchen wird. Man wird – nach meinen kritischen Äußerungen erst recht – auf Distanz zu uns bleiben, aus Gründen der politischen Opportunität.

Dein Manuskript zur Rechtmäßigkeit der Strafverfolgung wegen nachrichtendienstlicher Tätigkeit habe ich mit großem Interesse gelesen. Die Widersprüchlichkeit der Rechtsauffassungen und die Abstrusität bzw. Rechtswidrigkeit der Auffassung der rechtskonservativen Kreise ~über. Aber ich meine, einiges sollte noch gearbeitet werden. Zum Beispiel kann die Rolle Schaubles bei der Aushandlung des Einigungsvertrages und damit seine Verantwortlichkeit für die Strafverfolgung der Mitarbeiter der Aufklärungsdienste der DDR nicht unkommentiert bleiben; schließlich war er es, der den Artikel 314, Absatz 4 in den Einigungsvertrag gebracht hat. Das Zitat aus seinem Buch (S. 269f.), wonach er sich für eine Straffreiheit der Agenten stark gemacht habe, redet den wahren Sachverhalt schön und dient nur der eigenen Entlastung. Diese zu propagieren, kann wohl nicht Aufgabe der Publikation sein.

Die Absätze über die westdeutschen Kundschafter und die Begründungen für deren Straffreistellung sind mir zu emotional und kniefällig. Hier muss unter Verweis auf das Unrechtsbereinigungsgesetz, nämlich die Rehabilitierung von in der DDR verurteilten BND-Spionen, unbedingt die (ebenfalls gegebene) Verletzung des Gleichheitsprinzips herausgearbeitet werden, d. h. die Parteilichkeit von Gesetzgeber und Justiz. Hierzu gehört auch der Aspekt, dass keine Ermittlungen gegen frühere KGB-Agenten in der DDR erfolgten, dass also die Behauptung einer Generalprävention, mit der bei uns (bei mir ganz besonders) eine Strafverschärfung begründet wurde, nur ein vorgeschobenes Argument war. Es geht im Prinzip darum, dass unsere Forderungen nach Rehabilitierung eine – wie man sieht – gediegene Rechtsgrundlage hat oder, anders ausgedrückt, dass an uns ein politisches, ein rechtskonservatives Strafrecht exekutiert worden ist und dass dies mit Rechtsstaatsprinzipien nichts zu tun hat.

Beigefügt sende ich Dir meine Darstellungen der erlittenen Isolationshaft. Die Ausführungen sind nicht frei von Emotionen; das geht bei dieser Frage nicht, weil zu vieles wieder aufgerührt wird. Aber vielleicht wird dadurch der Foltercharakter der Isolationshaft deutlicher, weil sich die Empfindungen eher nachvollziehen lassen. Wenn Du eine Möglichkeit siehst, diese Sache vor die Europäische Kommission für Menschenrechte zu bringen, mache ich ohne Wenn und Aber mit. Ich würde ja auch gerne meine Haftzeit in einem Buch zusammenfassen, um die Fassade von Rechtsstaat wenigstens ein bisschen anzukratzen. Momentan ist aber noch immer kein Denken daran, meine Zeit lässt es nicht zu.«

Es fällt auf, dass G. Gast dort, wo sie die Frauenpolitik der SED charakterisiert, eine Reihe schlechtweg falscher Behauptungen aufstellt. So unterstellt sie z. B. »die ideologische Einengung des Emanzipationsgedankens in der DDR auf die wirtschaftliche Gleichstellung der Frau«.

Hans-Jürgen Arendt, Leipzig,
in seiner Besprechung der Dissertation
von Gabriele Gast, Aachen, 1975

Kapitel 2
Zur Person Gabriele Gast

Wir wissen, wie prägend die ersten Lebensjahre für einen Menschen sind. Gabriele Gast wuchs in der Adenauer-Zeit auf, hatte einen Bruder und eine Schwester, der Vater war ein selbständiger Fahrlehrer, die Mutter Hausfrau. Sie erinnert sich: »In den letzten Kriegsjahren geboren, habe ich trotz der wirtschaftlich schwierigen Verhältnisse im Nachkriegsdeutschland eine weitgehend unbeschwerte Kindheit verlebt. Der Krieg hatte auch in meiner Heimatstadt tiefe Wunden hinterlassen. Doch war ich noch zu jung gewesen, um das Ausmaß des Grauens und dessen Ursachen zu begreifen. Die Trümmergrundstücke, in denen ich mit meinen Freundinnen spielte, waren mir abenteuerlich und weniger gespenstisch erschienen. Schon frühzeitig musste ich häusliche Arbeitspflichten übernehmen. Den meisten meiner Freundinnen erging es nicht anders.

In der Zeit, die ganz dem Wiederaufbau des zerstörten Landes und der Schaffung neuer Lebensgrundlagen gewidmet war, galt es als selbstverständlich, dass auch die Kinder ihren Teil zur Bewältigung der alltäglichen Aufgaben beitrugen. Manchmal lehnte ich mich auf, dass meine Schwester und ich, allerdings nicht mein Bruder zur Mithilfe bei der Hausarbeit herangezogen wurden. Das erschien mir ungerecht.

Die familiäre Situation, in der ich aufwuchs, war patriarchalisch, geprägt von der starken Persönlichkeit meines Vaters. Er war um einiges älter als die Mutter und als Teilnehmer beider Weltkriege, zwischen denen er eine selbständige berufliche Existenz aufgebaut hatte, lebenserfahrener und ernster. Die Strenge des Vaters glich die Mutter mit ihrer Unbeschwertheit und ihrem Frohsinn aus. Ihre Rolle als dienende Ehefrau, die für die damaligen restaurativen Verhältnisse typisch war, ertrug sie mit nur gelegentlichem Murren und der wehmütig scheinenden Erinnerung an die Kriegsjahre, in denen sie die Sorge für Heim und Kinder aus eigener Kraft bewältigt hatte.

Schulische Probleme kannte ich nicht. Das Lernen fiel mir leicht, und ich ging gern zur Schule. Da ich auch Freude und einiges Geschick für Handarbeiten und Kochen hatte, schickten die Eltern mich auf eine Frauenoberschule, wo ich Anfang der 60er Jahre das Abitur ablegte. Schon früh war ich fest entschlossen, später eine Berufstätigkeit auszuüben, in die ich meine Talente einbringen könnte und die es mir erlauben würde, selbst für meinen Lebensunterhalt zu sorgen. Auf keinen Fall wollte ich in einer Ehe vom Mann finanziell abhängig sein, so wie es das Schicksal der Frauengeneration meiner Mutter war, die aufgrund der althergebrachten, längst verfassungswidrigen Familiengesetzgebung in der Adenauer-Zeit in einer fatalen Abhängigkeit vom Ehemann und Unterordnung unter dessen Bestimmungsgewalt stand.

Mit dem Abitur der Frauenoberschule befand ich mich jedoch in einer Sackgasse. Ich wollte Berufsschullehrerin werden, doch der erlangte Schulabschluss ließ nur eine Ausbildung zur Volksschullehrerin zu. Deshalb musste ich noch einmal büffeln und eine Zusatzprüfung ablegen, um die Zulassung zum angestrebten Studium zu erhalten. Nach einer einjährigen fachpraktischen Ausbildung schrieb ich mich bei der Rheinisch-Westfälischen Technischen Hochschule in Aachen ein.

Auch das Studium absolvierte ich mühelos. Sicher wäre ich nach Ablegung des Staatsexamens unverzüglich in das

Referendariat und damit in den Schuldienst gegangen, hätte nicht eine Begebenheit während meines Studiums eine einschneidende Wende gebracht. Meinem schon zur Schulzeit starken Interesse am politischen Geschehen folgend, hatte ich als eines der Studienfächer Politische Wissenschaft gewählt.

Das führte mich in die Vorlesungen und Seminare des Ostexperten Klaus Mehnert, der damals an der TH Aachen lehrte. Seine Vorlesungen gehörten zu den interessantesten Veranstaltungen, die die Hochschule zu bieten hatte. Aufgrund seiner langjährigen journalistischen Tätigkeit, seiner vielfältigen Kontakte zu führenden Persönlichkeiten des politischen Lebens und seiner auf zahlreichen Reisen gewonnenen Detailkenntnis unzähliger Länder wusste er die theoretische Lehre durch eine Fülle praktischer Erfahrungen zu ergänzen und zu vertiefen. Darüber hinaus beherrschte er die Kunst der freien Rede ebenso wie die der vergleichenden Analyse. Ältere Kommilitonen hatten mir berichtet, welch atemberaubendes Ereignis die Antrittsvorlesung Mehnerts für den damaligen, zum Dozieren neigenden Studienbetrieb gewesen war. Jeder schwärmte von dem frischgebackenen Professor, der mit der *Prawda*, der *New York Times* und der *Neuen Zürcher Zeitung* als einzigen Unterlagen ans Pult getreten war, daraus die jeweilige Darstellung eines politischen Ereignisses vorgelesen hatte. und dann die Gründe für konträre Sichtweisen und die dahinter stehenden politischen Ziele ausgeleuchtet hatte. Eine Darstellung, spannend wie ein Kriminalroman, dazu flüssig vorgetragen und klar gegliedert, wie in einem ausgefeilten Manuskript – doch dies alles in freier Rede und nur mit wenigen Notizen zur Gedächtnisstütze.

So hatte auch ich die Vorlesungen von Mehnert erlebt und mich angespornt gefühlt, politische Vorgänge nicht eindimensional zu betrachten, sondern aus unterschiedlichen Blickwinkeln zu beleuchten und Motive und Zielsetzungen der Akteure zu hinterfragen. Ein derart differenziertes Herangehen an politische Probleme war mir keineswegs fremd. Schon die Diskussionen mit meinem Vater, seine kritische Reflexion über die Kriegserlebnisse an der Ostfront, die seine im Grunde national-konservative Gesinnung vergessen machte, hatten meinen Blick geöffnet für die politischen Anschauungen und Interessen anderer Menschen und Staaten und deren geographisch-kulturelle und sozio-ökonomische Wurzeln. Der Vater hatte zwar nur widerstrebend über die Kriegsereignisse gesprochen. Doch immer hatten seine Worte ein tiefes Mitgefühl für die Menschen in der Sowjetunion enthüllt, über die der deutsche Aggressor ein so unsägliches Leid gebracht hatte, und Abscheu vor der menschenverachtenden Arroganz, mit der der deutsche Militarismus in einem blutigen Fanal andere Völker dem Wahn vom ›Herrenmenschentum‹ unterworfen hatte. Mit tiefem Ernst und großer Sorge, die sich in eigentümlicher Weise auf mich übertrugen, hatte der Vater deshalb die hitzigen Bundestagsdebatten über die deutsche Wiederbewaffnung verfolgt, die wundersame Wandlung von Nazis in Ur-Demokraten und deren unaufhaltsame Rückkehr in staatliche Ämter und Würden.

In jenen Jahren hatte ich intuitiv erfahren, dass die Politik – wie jedes Ding – zwei Seiten hat und dass die Wahrheit meist irgendwo in der Mitte liegt und sich nicht im Besitz nur der einen oder der anderen Seite befindet. Die Deutschlandpolitik der politischen Akteure damals bot dafür reichlich Anschauungsunterricht. War denn die Teilung Deutschlands, wie Bonn nicht müde wurde zu behaupten, allein von Moskau und Ost-Berlin verursacht und nicht auch der Preis für Adenauers machtpolitischen Rückzug auf die westdeutschen Bastionen des politischen

Katholizismus und die vorbehaltlose Parteinahme für die Amerikaner im nunmehr ideologisch entbrannten Kampf mit der Sowjetunion um die Weltherrschaft? Hatte man sich nicht auch im Interesse eigener wirtschaftlicher Wiedererstarkung von den angeblichen ›Brüdern und Schwestern in der Zone‹ losgekoppelt, sie ihren horrenden Reparationspflichten gegenüber der Sowjetunion überlassen und die dennoch erzielten Aufbauleistungen geflissentlich verschwiegen bzw. verworfen? Und war nicht mit dem Slogan von der ›politischen Abstimmung mit den Füßen‹ die kritische Lage in der DDR weiter angeheizt worden, um dann, als das – wie man inzwischen weiß – Absehbare, der Bau der Berliner Mauer, geschah, die Menschen ihrem Schicksal zu überlassen?

Ich hatte insgesamt den Eindruck – und dies befremdete mich sehr –, dass die neu entstandene Bonner Republik, die so vehement die alleinige Nachfolge des nationalsozialistischen Vorgängerstaates für sich beanspruchte, allerdings unter Ausklammerung der desaströsen Kriegszeit, sich damals mehr mit dem Leid beschäftigte, das dieser Krieg und dessen Folgen über ihre eigenen Bürger gebracht hatte, als mit dem Leid, das die brutale Aggression Hitlerdeutschlands so vielen Staaten und Menschen innerhalb und außerhalb Europas zugefügt hatte.

Oft schien es mir, als würden die Rollen von Tätern und Opfern auf makabre Weise vertauscht. So sehr mich auch der Verlust der Heimat und allen Hab und Guts berührte, den unzählige Deutsche erlitten hatten, berührte es mich nicht minder, dass so vielen Menschen anderer Nationalitäten dieselben Verluste zugefügt worden waren. Wer hatte schon nach deren Recht auf Heimat und Eigentum gefragt, als sich die deutsche Nation, ungeachtet ihres riesigen Staatsgebiets, zum ›Volk ohne Raum‹ erklärte und meinte, sich mit Gewalt nehmen zu können, was anderen

Gabriele Gast an der Universität Odense, 2007

gehörte? Statt Beschlagnahmungen, Zwangsarbeit und Deportationen zu geißeln, beklagten die Vertriebenen-funktionäre Sonntag für Sonntag das Unrecht, mit dem – menschlich verständlich – das eigene vergolten worden war, als sei es eine schreiende Ungerechtigkeit des Him-mels, dass die Deutschen den selbst angezettelten Krieg verloren hatten.

Nur mit Schaudern dachte ich daran, wie jetzt wohl mein politisch-soziales Lebensumfeld beschaffen wäre, hät-ten die Deutschen den Krieg gewonnen. In solchen Augen-blicken erschien es mir nicht als ungerecht, sondern als unvermeidlich, dass die Siegermächte dieses große, reiche und so bevölkerungsstarke Land im Herzen Europas unter sich geteilt hatten, um ihm die Fähigkeit zu neuerlichen Angriffshandlungen zu nehmen. Lag darin nicht, jenseits des tobenden Ost-West-Konflikts, auch eine Friedenschance für die Deutschen selbst? Freilich müssten sie bereit sein, die Chancen zur gegenseitigen Verständigung und zur Milderung der Teilungsfolgen auszuloten und zu nutzen.

Doch Bonn beanspruchte die alleinige Vertretung aller Deutschen, ob sie nun in seinem Hoheitsgebiet lebten oder nicht, und sparte weder Mühe noch Kosten, diesen unseligen Anspruch durchzusetzen. War es nicht schiere Heuchelei, wenn man afrikanische Potentaten und lateinamerikanische Militärdiktatoren, die in ihren Ländern die Menschenrechte mit Füßen traten, an die Berliner Mauer karrte, damit sie als Gegenleistung für millionenschwere Schecks die ›Unfreiheit und Unmenschlichkeit in der DDR‹ brandmarkten? Es trug weder zur Sicherung der Freiheit im sogenannten ›freien Teil Deutschlands‹ noch zu politischer Nachgiebigkeit der DDR bei. Im Gegenteil: Es waren Nadelstiche im Fell des russischen Bären, die auf ihre Akteure einen ähnlichen Reiz auszuüben schienen wie gehässige Hänseleien auf streitsüchtige Kinder.

Wäre es nicht konstruktiver gewesen, spätestens nach dem Bau der Berliner Mauer die DDR anzuerkennen und vor allem auch – für die Gegenleistung einer allgemeinen Reiseregelung – deren Staatsangehörigkeit? Einer Vereinigung der beiden deutschen Staaten hätte es, wie man heute weiß, nicht im Wege gestanden. Vielleicht wäre aber durch eine flexiblere Politik Bonns das rigide Grenzregime an Mauer und Stacheldraht vermeidbar gewesen und die vielen Opfer, die die innerdeutsche Grenze forderte.

Ich hatte auch keineswegs das Gefühl, in einem Staat aufzuwachsen, der nach der nationalen Katastrophe nun kompromisslos den demokratischen Tugenden verschrieben war. Nicht nur rekrutierten sich die neuen Eliten weitgehend aus jenen, die schon im Dritten Reich an verantwortlicher Stelle standen. Auch das Feindbild Hitlerdeutschlands, ›der Bolschewismus‹, hatte ungebrochen überlebt und richtete sich erneut gegen jene Bürger, die schon unter dem Nationalsozialismus rigoros verfolgt worden waren, die Kommunisten. Statt die politische Auseinandersetzung mit ihnen zu suchen, wurde ihre Partei verboten und deren Mitglieder strafrechtlich belangt – ein Unrecht, das bis heute nicht getilgt worden ist.

Während die neofaschistischen Kräfte politisch wiedererstarkten, mussten sich regierungskritische Kulturschaffende von einem Bundeskanzler als ›Pinscher‹ diffamieren lassen. Ein Verteidigungsminister hatte keinerlei Bedenken, ernsthaft darüber zu sinnieren, wie der den Deutschen abverlangte Verzicht auf Atomwaffen unterlaufen werden könnte, oder einen unliebsamen Pressebericht als ›Abgrund von Landesverrat‹ zu kriminalisieren und kurzerhand die verantwortlichen Journalisten inhaftieren zu lassen.

Ein Innenminister wiederum rechtfertigte eine illegale Abhöraktion mit der Bemerkung, seine Beamten könnten nicht dauernd ›mit dem Grundgesetz unter dem Arm herumlaufen‹, womit er die zunehmende Obrigkeitsmentalität im CDU-Staat unfreiwillig auf den Punkt brachte. Zunächst noch vielfach unbewusst, gleichwohl kontinuierlich ging ich gegenüber diesem Staat, in den ich hineingeboren worden war, und seinem konservativ-klerikalen Weltbild auf Distanz.

Als schließlich an jenem denkwürdigen Tag im Juni 1967 in Berlin massive Polizeikräfte die Studenten niederknüppelten, die gegen das feudalistische, auf Terror und Folter gestützte Schah-Regime im Iran demonstrierten und damit in den Augen einer monarchieseligen Nation das glanzvolle Bild vom Besuch des persischen Kaisers und seiner Schahbanu störten, als schließlich ein Toter auf dem

Pflaster zurückblieb, begann auch ich an der Werteordnung zu zweifeln, die diese von Macht, Reichtum und Schönheit geblendete Jubelgesellschaft bestimmte.

Auch mein Bild vom politischen ›Übervater‹ Amerika, das seit den Kindheitstagen der ›Care-Pakete‹ und Schulspeisung in den leuchtendsten Farben strahlte, hatte längst dunkle Flecken bekommen, als ich mein Studium bei Klaus Mehnert begann.

Gewiss, die Vereinigten Staaten hatten mit der Menschenrechtserklärung eines der wichtigsten Fundamente freiheitlich-demokratischer Verfassung von Gesellschaft und Staat gelegt. Doch klafften – wie so oft – auch in den USA Theorie und Praxis weit auseinander. Nach dem Völkermord an den Indianern, dem Sklavenhandel und der jahrhundertelangen Rassendiskriminierung nahm scheinbar niemand Anstoß an dem ungeheuren Wohlstandsgefälle in einer Gesellschaft, in der doch angeblich alle frei geboren waren und gleiche Rechte besaßen.

Es schien, als könnte John F. Kennedy endlich eine neue Politik beginnen, die die gesellschaftliche Realität den postulierten Idealen näher bringen würde. Doch der Schein trog. Es hatte lediglich ein neues Medienzeitalter begonnen, in dem Präsidenten ›gemacht‹ werden und Politik in blendender Verpackung verkauft wird. Gewiss, dem inneramerikanischen Rassenhass wurde zum ersten Mal ernsthaft der Kampf angesagt. Doch außenpolitisch war er vom neuerlichen Anheizen eines militanten Antikommunismus begleitet.

Nach der vom amerikanischen Geheimdienst CIA initiierten, freilich jämmerlich gescheiterten Invasion Kubas in der Schweinebucht begann der Vietnam-Krieg zu eskalieren und machte die Frage nach der Moral der Macht virulent: Was für eine Freiheit und für wen verteidigte sie Washington mit Napalm-Bomben und Entlaubungsmitteln im korrupten, diktatorischen Südvietnam? Konnte das strategische Ziel, die dortigen Marinestützpunkte zu erhalten, das sich schamhaft hinter der Behauptung verbargt, den Vormarsch des Kommunismus stoppen zu wollen, die ungeheuren Menschenopfer, die gigantische Zerstörung eines Landes rechtfertigen? Für meine Generation, die die Menschenverachtung der Strategen des Krieges bis dahin nur vom Hörensagen kannte, hat die Arroganz der Macht seither einen unauslöschlichen Namen: Vietnam.

Trotz aller Zweifel und Vorbehalte war ich Mitte der 60er Jahre in Aachen der CDU beigetreten, womit ich gleichzeitig Mitglied der Frauenvereinigung und des RCDS, der Studentenorganisation der Partei, wurde. Angesichts meiner fortschreitenden politischen Umorientierung mag es unverständlich erscheinen, dass ich mich ausgerechnet den Christdemokraten und nicht den Sozialdemokraten anschloss. Doch stand ich damals noch stark unter dem Einfluss der politischen Grundeinstellung meiner Eltern, und deren sozialer Status als Selbständige verbot schlechterdings eine Sympathie für die Partei der Arbeiterklasse, als die sich die Sozialdemokratie in jenen Jahren noch verstand; damals hatten die Partei – wie die gesellschaftlichen Gruppierungen – noch ein klares soziales und ideologisches Profil und waren weit davon entfernt, sich in Richtung irgendeiner diffusen ›Mitte‹ zu nivellieren. Umso mehr geriet meine baldige Abkehr von der Christdemokratie zur politischen Emanzipation von meinem Elternhaus.

Aufgrund meiner Mitgliedschaft in der CDU fand ich mich bei den Studentenunruhen der ausgehenden 60er Jahre unfreiwillig auf Seiten des Rings Christlich-Demokratischer Studenten. Ich hing keinesfalls den radikalen Parolen an, mit denen der Sozialistische Hochschulbund und der MSB Spartakus damals den Campus beherrschten. Die halbherzige Kritik des RCDS am autoritären

Zustand der Universitäten ging mir jedoch nicht weit genug. Zu nachhaltig hatte ich als Fachschaftsleiterin und als Mitglied des Studentenparlaments die Grenzen erlebt, die das Professorat der studentischen Selbstverwaltung (und der Assistentenschaft) zog. Die Meinung der Jugend war damals so wenig gefragt wie heute; befangen in der Tradition Adenauers, setzte man allein auf die Erfahrung des gestandenen Alters. Der Bundestag glich eher einer Honoratiorenversammlung als der Bevölkerung, die zu repräsentieren er vorgab.

Vor diesem Hintergrund wurde mir Mitte der 60er Jahre jenes Angebot unterbreitet, das meiner Lebensplanung die entscheidende Wende gab: Auf der Suche nach personellem Ersatz für einen studentischen Mitarbeiter war Mehnerts Assistent auf mich aufmerksam geworden. Er bat mich um ein Gespräch, schilderte mir die Tätigkeit, die ich im Institut verrichten sollte, und schlug schließlich einen weiten Bogen in die Zukunft: ›Wenn Sie wollen, können Sie später auch bei Mehnert promovieren, so wie die anderen Mitarbeiter hier.‹

Die Bedeutung dieser Worte wurde mir schon bald bewusst. Je weiter ich im Studium voranschritt und je näher der geplante Eintritt in den Schuldienst rückte, um so mehr schreckte mich der Gedanke, vierzig Jahre lang womöglich lernunwilligen Halbwüchsigen den immer gleichen Unterrichtsstoff zu vermitteln. Um wie vieles reizvoller wäre es, das Studium fortzusetzen, noch dazu auf einem Fachgebiet, das mich mehr denn je interessierte? Und gab es mit der Promotion nicht ein neues Ziel, das ganz andere Perspektiven eröffnete?

Ende 1967 legte ich weisungsgemäß meinem Doktorvater verschiedene Themenvorschläge für meine Dissertation vor.

Aufgrund meiner misslichen Erfahrungen in der CDU

war ein Themenvorschlag der vergleichenden Analyse der politischen Rolle der Frau in den beiden deutschen Staaten gewidmet. Ich hatte recherchiert, dass es bis auf eine längst überholte Monographie aus den frühen 50er Jahren über die frauenpolitische Situation in der Bundesrepublik keine einschlägigen und schon gar keine vergleichenden Untersuchungen gab, dass ich mithin wissenschaftliches Neuland betreten würde. Mehnert war begeistert: ›Dieses Thema und nichts anderes müssen Sie bearbeiten.‹

Mehnert war auch der Meinung gewesen, es sei für die Themenbearbeitung unerlässlich, dass ich mich vor Ort über die frauenpolitische Lage informiere und nach einschlägigem Material suche. Ob ich eine Reise in die DDR wagen könne, wollte er wissen, oder ob ich mich dadurch womöglich einer persönlichen Gefährdung aussetzen würde. Letzteres war nicht zu befürchten. Bereits im Jahr zuvor hatte ich Verwandte in Karl-Marx-Stadt, dem früheren und nach der Wende wieder zurückbenannten Chemnitz, besucht, ohne dass es Schwierigkeiten gegeben hätte.

Seit 1971 das Wahrzeichen von Karl-Marx-Stadt/Chemnitz

Mit Mehnert kam ich nun überein, meine verwandtschaftlichen Kontakte nach Karl-Marx-Stadt zu nutzen. Da traf es sich gut, dass ich wenig später aus dem Kreis der Verwandtschaft die Einladung zu einer Taufe erhielt. Ich sagte umgehend zu und bat, eine einwöchige Aufenthaltserlaubnis für mich einzuholen, damit mir genügend Zeit bliebe, mich vor Ort über die mich nun brennend interessierenden frauenpolitischen Fragen zu informieren.

Im Mai 1968 reiste ich nach Karl-Marx-Stadt.

Ich war einigermaßen erstaunt, bei meiner Ankunft von meinen Verwandten zu hören, dass sie einen Gesprächstermin bei der Bezirksvorsitzenden des Demokratischen Frauenbundes Deutschlands (DFD) für mich arrangiert hatten. ›Du willst dich doch über die Lage der Frauen in der DDR informieren. Da haben wir gedacht, wir fragen mal beim DFD an. Die wissen am besten Bescheid. Frau Windisch ist bereit, mit dir zu sprechen und deine Fragen zu beantworten.‹

Erst fast dreißig Jahre später erfuhr ich, dass das Gesprächsangebot des DFD auf eine ganz andere Weise zustande gekommen war. Im Vorfeld meiner Reise hatte ein Mann, der vorgab, Müller zu heißen und im ›Institut für Auslandsbetreuung‹ zu arbeiten, meine Verwandten aufgesucht und sich ausgiebig nach mir und den Gründen meines Besuchs erkundigt. Dabei erfuhr er von meinem Promotionsstudium in Aachen und meinem Interesse an frauenpolitischen Informationen. Er bot sogleich seine Unterstützung an und – bei einem weiteren Besuch – den Gesprächstermin beim DFD.

Er vergaß auch nicht, meine Verwandten anzuweisen, mir gegenüber diese Offerte als das Ergebnis ihrer eigenen Aktivitäten auszugeben. Schließlich sollte nicht mein Misstrauen geweckt werden gegenüber soviel scheinbar uneigennütziger Hilfsbereitschaft.

Für Kenner des nachrichtendienstlichen Milieus ist es kein Geheimnis, dass sich hinter einer Bezeichnung wie ›Institut für Auslandsbetreuung‹ in aller Regel ein Geheimdienst verbirgt. Auch der BND hat sich in seiner Kontaktarbeit ähnlich lautender Tarnbezeichnungen bedient. Sie gelten als unverdächtig. Die Auslandsaufklärung des MfS nutzte diese Legende in großem Stil, um Westbesucher zu kontaktieren. Dabei ging es letztlich um eine Prüfung der Frage, ob sie aufgrund ihrer beruflichen Stellung und ihres Zugangs zu Informationen von Interesse sein könnten, ob also eine Anbahnungs- und gegebenenfalls Werbeoperation lohnen würde.

Deshalb erhielten die Bezirksverwaltungen bzw. Kreisdienststellen des MfS alle Einreiseanträge zur nachrichtendienstlichen Auswertung. Auch der Einreiseantrag, den meine Verwandten für mich gestellt hatten, war auf irgendeinem Schreibtisch in der Auslandsaufklärung gelandet.

Als Studentin bei Klaus Mehnert war ich in zweierlei Hinsicht für das MfS interessant: zum einen aufgrund meiner Nähe zu dem bekannten Publizisten, dem von verschiedener Seite nachgesagt wurde, schon im Dritten Reich für die Spionageabwehr von Admiral Canaris tätig gewesen zu sein und nunmehr zum BND nachrichtendienstliche Kontakte zu unterhalten, und zum anderen als potentielle Perspektivagentin, von der mit einiger Sicherheit anzunehmen war, dass sie eines Tages in eine berufliche Stellung gelangen würde, durch die sie Zugang zu nachrichtendienstlich interessanten Informationen erhielte.

Mein Besuch in Karl-Marx-Stadt neigte sich bereits dem Ende zu, als ich mich an einem späten Vormittag zu dem Gespräch beim DFD einfand. Frau Windisch, die damalige Bezirksvorsitzende, empfing mich in ihrem Arbeitszimmer. Als ich eintrat, erhob sie sich von ihren

Schreibtisch und kam mir mit einer Geste herzlicher Begrüßung entgegen. ›Ich freue mich, das Sie sich für die Frauenpolitik der DDR interessieren. Ich hoffe, dass ich alle ihre Fragen beantworten kann. Wenn nicht, dann kann sicher Herr Müller weiterhelfen. Er ist vom FDGB und dort mit frauenpolitischen Fragen befasst.‹

Frau Windisch deutete auf einen Mann, der vor ihren Schreibtisch gesessen und sich bei meinem Eintreten ebenfalls erhoben hatte.

Ich war irritiert. Ich hatte nicht damit gerechnet, bei Frau Windisch weitere Gesprächspartner anzutreffen, schon gar nicht einen männlichen, der sich mit Frauenfragen befasst. Es schien ratsam, sich zurückzuhalten und auf der Hut zu sein.

Ich berichtete kurz über die konzeptionelle Gestaltung meiner Dissertation, über meine Literaturrecherchen und mein Interesse an Informationen über die Gegebenheiten in der DDR. Ich hatte eine Reihe von Fragen vorbereitet. Schon bald waren wir in eine intensive Diskussion verwickelt, wobei Müller sich als ebenso sachkundig erwies wie Frau Windisch. Insbesondere über die Probleme der Frauenarbeit wusste er so detailliert zu berichten, dass mein anfängliches Mistrauen schwand, er wäre womöglich von der Staatssicherheit und die Behauptung, beim FDGB tätig zu sein, nur vorgeschoben. Je lebhafter wir uns austauschten, umso mehr entkrampfte sich die Atmosphäre und ermutigte mich, auch kritische politische Fragen anzuschneiden.

Zurückgekehrt nach Aachen, berichtete ich meinem Doktorvater ausführlich von den Ergebnissen der Reise nach Karl-Marx-Stadt. Mehnert war angetan von dem Vorschlag der Bezirksvorsitzenden des DFD, mich mit einem breiteren Kreis politisch aktiver Frauen zusammen zu bringen. ›Das sollten Sie sich nicht entgehen lassen‹, meinte er.

Lehrlinge im Flachglaskombinat Torgau, 1978

›Ja‹, sagte ich. ›Ich habe beschlossen, im Sommer noch einmal in die DDR zu fahren.‹

Diesmal blieb ich drei Wochen in Karl-Marx-Stadt. Auf der Suche nach interessantem Material für meine Dissertation durchstreifte ich sämtliche Bibliotheken. Zwei- oder dreimal traf ich Müller, der mir Unterlagen besorgte, die ich nicht hatte auftreiben können. Frau Windisch organisierte, wie versprochen, einen ausgedehnten Diskussionsnachmittag mit einer größeren Gruppe von Frauen, die öffentliche Ämter bekleideten.

In beeindruckender Offenheit berichteten sie mir über die praktischen Probleme ihres Alltags: dass trotz der offiziellen Frauenförderung die Sorge für Haushalt und Kinder im Großen und Ganzen an ihnen hängen blieb, was ihre Kariere behinderte.«

Gabriele Gast schloss ihre Dissertation 1972 mit Erfolg ab. Die Arbeit erschien in der Buchreihe »Studien zur Sozialwissenschaft« des Bertelsmann-Universitätsverlages. Ihre Dissertation fand auch Beachtung in gesellschaftswissenschaftlichen Kreisen der DDR und regte einen Wissenschaftler der Pädagogischen Hochschule in Leipzig an, diese Arbeit zu rezensieren. Er warf ihr vor, darin Positionen der Totalitarismus-Doktrin, bürgerlichen Feminismus und blinden Antikommunismus zu vertreten. Offenkundig hatte er übersehen, dass die Dissertation nicht an der Parteihochschule der SED, sondern an einem renommierten Ostforschungsinstitut in der BRD geschrieben worden war. Dennoch soll hier die Besprechung im Mitteilungsblatt der Arbeitsgemeinschaft »Geschichte des Kampfes der deutschen Arbeiterklasse um die Befreiung der Frau«, H. 6 vom Februar 1975, herausgegeben von der Pädagogischen Hochschule Leipzig zitiert werden.

Der vollständige Titel der 402 Seiten umfassenden Arbeit Gabriele Gast soll auch genannt sein: »Die Frau in der Sozialistischen Einheitspartei Deutschlands. Ein Beitrag zur Untersuchung der politischen Rolle der Frau in der DDR. Von der Philosophischen Fakultät der Rheinisch-Westfälischen Technischen Hochschule Aachen zur Erlangung des akademischen Grades eines Doktors der Philosophie genehmigte Dissertation«.

Hans-Jürgen Arendt, so der Name des Rezensenten, schrieb also: »Im Hauptdokument der internationalen Beratung kommunistischer und Arbeiterparteien, die 1969 in Moskau stattfand, wurde festgestellt, dass die Errungenschaften der Frauen der sozialistischen Länder für den Kampf der Frauen in der kapitalistischen Welt eine mobilisierende Bedeutung besitzen. Die imperialistischen Kräfte sind deshalb in den letzten Jahren verstärkt dazu übergegangen, diesen Einfluss abzuwehren, wobei die bürgerliche Soziologie und die Geschichtsschreibung eine besondere Rolle spielen. Die Arbeit von G. Gast, einer publizistisch noch wenig hervorgetretenen Vertreterin der sogenannten Politologie in der BRD, macht das deutlich.

Die Dissertation, deren Referent kein geringerer als Klaus Mehnert war, einer der führenden antikommunistischen Politologen der BRD, geht von Positionen der Totalitarismus-Doktrin aus, die noch immer, wenn auch zeitgemäß variiert, einen methodologisch-konzeptionellen Eckpfeiler der imperialistischen Sozialwissenschaften bildet. In starkem Maße ist sie den Auffassungen von P. C. Ludz verpflichtet. Im übrigen spielt in der Arbeit auch Gedankengut des bürgerlichen Feminismus eine erhebliche Rolle, vor allem dort, wo der Entwicklungsstand bei der Durchsetzung der Gleichberechtigung der Frau überwiegend am numerischen Anteil von Frauen an sogenannten Spitzenfunktionen gemessen wird.

Für G. Gast ist das das zentrale Kriterium der Emanzipationsproblematik in den sozialistischen Staaten. Ihre Fragestellung zielt darauf ab, zu untersuchen, welche Stellung die ›mitteldeutschen Geschlechtsgenossinnen in Partei und Staat einnehmen bzw. welche Ziele sie nicht erreichen konnten‹ (S. 4). Im Mittelpunkt steht ›eine Analyse des Ausmaßes der weiblichen Integration in den Herrschaftsapparat der SED‹ (S. 26).

Die Autorin stützt sich bei ihren Untersuchungen auf ein relativ umfangreiches gedrucktes Quellenmaterial aus der DDR, schöpft daneben aber auch aus den trüben Quellen antikommunistischen Propagandaschrifttums der BRD, aus Renegatenliteratur usw. Wo das Quellenmaterial ihren Schlussfolgerungen Grenzen setzt, bedient sie sich bereitwillig der letzteren, besonders jenen Passagen, wo die politische Entwicklung führender Frauenpersönlichkeiten der DDR charakterisiert wird. Mit spekulativen Vermutungen und diffamierenden Deutungen, wie sie uns aus der ›DDRologie‹ der BRD seit langem geläufig sind, wird dabei nicht gespart, wenn auch gelegentlich Korrekturen an den bisher kolportierten Klischees erfolgen.

Es fällt auf, dass G. Gast dort, wo sie die Frauenpolitik der SED charakterisiert, eine Reihe schlechtweg falscher Behauptungen aufstellt. So unterstellt sie z. B. ›die ideologische Einengung des Emanzipationsgedankens in der DDR auf die wirtschaftliche Gleichstellung der Frau‹ (S. 48) sowie den Anspruch der DDR, die Gleichberechtigung der Frau schlechterdings umfassend verwirklicht zu haben (S. 26).

In dem Bestreben, die Konzeption der Frauenpolitik der SED in das Licht der Unglaubwürdigkeit zu rücken, muss sich die Verfasserin notwendigerweise in Widersprüche verwickeln. Während sich im ersten Teil der Arbeit manche sachlichen Erklärungen zur Problematik des Anteils der Frauen in bestimmten Parteifunktionen finden, die auf historische begründete objektive Aspekte Bezug

Selbstbewusst in der Kraftwerks-Schaltzentrale, Vetschau 1973

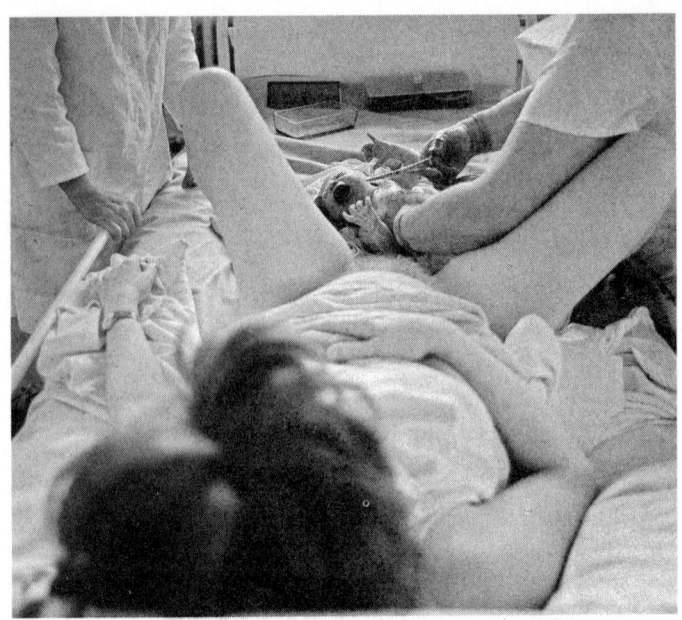

In ihrer Dissertation über die Frauen in der DDR hatte Gabriele Gast nicht nur Fortschrittliches gewürdigt, sondern auch Kritisches angemerkt, was dem Rezensenten nicht gefiel. – Geburt, 1973. Diese wie die vorangegangenen Frauenbilder stammen aus dem Bildband »Bunte DDR«

nehmen, treten im zweiten Teil spekulative, zum Teil geradezu absurde Erklärungen hervor, die den Eindruck erwecken sollen, als gäbe es in der SED eine bewusste Diskriminierung der Genossinnen. Die Verfasserin vertritt hier die These: Je gewichtiger das entsprechende Parteiorgan bzw. je größer seine Entscheidungsbefugnisse, umso bewusster würden die Genossinnen herausgehalten. Diese Rechnung geht aber schon bei den Parteitagen, die bekanntlich das höchste Organ der Partei darstellen, nicht auf. G. Gast bedient sich hier eines Kunstgriffes, wenn sie erklärt, die Partei wolle mit dem relativ hohen Anteil weiblicher Delegierter die Situation verschleiern (S. 148), außerdem seien die Parteitage ›kompetenzarm‹ (was unter anderem auch von den Bezirksleitungen behauptet wird, deren relativ hohen Frauenanteil sie ebenfalls nicht anders zu erklären vermag).

Den Grund für den unzureichenden Anteil von Frauen in einer Reihe anderer Parteifunktionen und Leitungsgremien erblickt die Autorin darin, dass es in der SED ein ideologisch motiviertes Misstrauen den weiblichen Mitgliedern gegenüber gebe (S. 349) – ein allzu primitiver Angriff auf eine Partei, die wie keine andere Partei auf deutschem Boden gerade auf dem Gebiet der Förderung der Frau Bahnbrechendes geleistet hat und die seit eh und je den absolut und prozentual höchsten Frauenanteil unter allen seit 1945 auf deutschem Boden gegründeten Parteien besitzt.

Die Autorin ist weit davon entfernt, die vielseitige, komplexe und im einzelnen sehr komplizierte Problematik der Verwirklichung der Gleichberechtigung der Frau, die eingebettet ist in den Gesamtprozess des Übergangs zur klassenlosen Gesellschaft, zu erkennen. Die imperialistische, von antikommunistischen Zielsetzungen beherrschte Politologie besitzt dafür – das wird in der vorliegenden Untersuchung deutlich – offensichtlich auch kein entsprechendes methodologisches Instrumentarium.«

*Obwohl führungsmäßig im MfS verankert,
habe ich meine Kundschaftertätigkeit nie als eine Arbeit
»für das Ministerium« erachtet, sondern für die DDR,
für jenen zweiten deutschen Staat, in dem ich zunehmend
meine politische Heimat fand und in dessen Existenz ich
eine Garantie erblickte, das die wirtschaftliche,
demografische und politische Übermacht einer
großdeutschen Republik nicht noch einmal Europa
und die Welt in ein Inferno stürzt. Insoweit war ich mir
sicher, sowohl für mein Vaterland insgesamt als auch für
eine friedliche Zukunft seiner Nachbarstaaten zu wirken.*

Gabriele Gast, 1999

Kapitel 3
Im Blickfeld der HV A

Im Unterschied zu den Genossen Wissenschaftlern an der Pädagogischen Hochschule in Leipzig, die die Elle der Reinen Lehre anlegten, beherrschten die Genossen Aufklärer in Karl-Marx-Stadt sowohl die Dialektik als auch ihr Metier. Sie folgten keiner ideologisch determinierten Propaganda, sondern pragmatischen Erwägungen: Was ließe sich aus der zufälligen Visite der Jungakademikerin aus Aachen machen?

Während des Gespräches mit der DFD-Vorsitzenden und dem FDGB-Vertreter hatte im Vorzimmer geduldig ein Herr Schmidt gewartet. Er sollte im Anschluss Herrn Müller mit dem Auto nach Dresden fahren. Allein schon wegen der Namen, so sollte man meinen, hätte die Legende durchschaut werden können. Was aber nicht geschah. Gabriele Gast sah dies als Gelegenheit, bequem und kostengünstig nach Elbflorenz zu gelangen, was sie schon immer mal habe sehen wollen.

Der Ausflug an die Elbe blieb nicht ohne Folgen. Karl-Heinz Schmidt und die Frau aus dem Westen fassten Zuneigung, Schmidt kümmerte sich bereits um die Einreisemodalitäten im August, bei dieser Visite wollte Gabriele Gast ihre wissenschaftlichen Untersuchungen fortsetzen. Das war im Sommer 1968 nicht so einfach. Bekanntlich herrschte in der benachbarten Tschechoslowakei eine Staatskrise, die durch die konzertierte Aktion der Warschauer Vertragsstaaten am 21. August durch eine militärische Intervention beendet worden war. Die DDR hatte die

Teilnahme verweigert, Ulbricht hatte Breshnew deutlich gemacht, dass nach 1939 nie wieder ein deutscher Soldat seine Militärstiefel auf tschechische Erde setzen sollte. Man werde Bündnistreue allenfalls mit »flankierenden Maßnahmen« zeigen. Darum herrschte in den Grenzbezirken auf DDR-Seite Alarmbereitschaft und ein striktes Einreiseverbot für Bürger aus der Bundesrepublik und aus Westberlin. Gabriele Gast durfte dennoch Ende August nach Chemnitz kommen.

Gemeinsam mit dem neuen Freund unternahm sie Ausflüge ins Erzgebirge und ins Vogtland, wobei es nicht nur um die Natur ging, wie sie sich später erinnerte.

»Stundenlang diskutierte ich mit Karl-Heinz über die politische Großwetterlage, insbesondere über die Vorgänge in der Tschechoslowakei und über die Situation in der DDR. Manche seiner Berichte bestätigten eine Reihe positiver Eindrücke, die ich vor Ort gewonnen hatte. Anderes wiederum sah ich erheblich kritischer, zum Beispiel die brutale Niederwalzung der Reformen Dubčeks und überhaupt die Unfähigkeit der sozialistischen Staaten, mit abweichenden Meinungen umzugehen.

Ich widersprach auch heftig, wenn mir seine Antworten bloß dogmatisch erschienen. Das waren Augenblicke, in denen ich feststellte, dass uns Welten trennten. Gleichwohl standen wir uns zu keinem Zeitpunkt unversöhnlich gegenüber. Vielmehr beließen wir es dabei, dass unsere Auffassungen aus diesem oder jenem Grunde auseinandergingen. Deshalb konnten unsere Meinungsverschiedenheiten auch nicht die Sympathie trüben, die ich für Karl-Heinz empfand und die ich meinte seinerseits zu verspüren.«

Das nächste Zusammentreffen erfolgte im November 1968 in Berlin. Gabriele Gast reiste mit Tagesaufenthaltsgenehmigung in die DDR-Hauptstadt ein.

Dort bekam die freundschaftliche Verbindung zwischen der Westdeutschen und dem Sachsen eine entscheidende Wendung. »Irgendwann sagte Karl-Heinz, dass er mit seinem besten Freund über unsere Beziehung gesprochen habe, über die Schwierigkeiten ihrer Fortsetzung angesichts der widrigen Umstände. Sein Freund arbeite im Innenministerium und wolle mich gerne kennenlernen. Vielleicht wisse er eine Lösung. Wenn ich einverstanden sei, könne man sich zum Abendessen im ›Lindenhotel‹ treffen. Für mich sei es dann nicht weit bis zur Friedrichstraße, wenn ich später nach Westberlin zurückfahren müsse.

Der Mann, den Karl-Heinz mir kurz darauf als Gotthard Schiefer vorstellte, machte einen sympathischen Eindruck. Er war hochgewachsen und schlank, mittellanges blondes Haar umgab weiche Gesichtszüge, aus denen dunkle, warme Augen mich prüfend anblickten. ›Sie sind also Gaby‹, sagte er. ›Karl-Heinz hat mir schon viel von Ihnen erzählt.‹«

Gotthard Schiefer – wir wissen inzwischen, dass er tatsächlich Gotthard Schramm hieß und in der Abteilung XV der Karl-Marx-Städter Bezirksverwaltung arbeitete – zog alsbald das Gespräch an sich.

»Ich verstehe, wie schwierig es ist, unter den gegebenen Umständen mit Karl-Heinz zusammenzutreffen. Unser Land ist nun einmal geteilt und es liegt nicht in unserer Macht, dies zu ändern. Aber es gibt durchaus Möglichkeiten, die euch ein Wiedersehen erleichtern. Wir sollten uns in Ruhe darüber unterhalten. Nicht hier. Ich schlage vor, dass Sie morgen früh wieder in die DDR-Hauptstadt kommen und mit Karl-Heinz nach Karl-Marx-Stadt fahren. Abends treffen wir uns dann bei ihm und überlegen, was wir tun können.« Als Schiefer-Schramm einen skeptischen Blick wahrnahm, denn ein Tagesaufenthalt war ausschließlich auf das Territorium Ostberlins beschränkt, fügte er zur Beruhigung an, dass er Karl-Heinz ein Papier des Innenministeriums mitgeben werde, damit alles seine Ordnung habe.

In Karl-Marx-Stadt saß man wieder zu dritt beeinander. Wobei man sich als Außenstehender die Frage stellen muss: Was musste man dort besprechen, was sich nicht auch in Berlin hätte besprechen lassen können? Aber es war nun einmal so, und Gabriele Gast erinnerte sich weiter: »Irgendwann kam Schiefer auf die Frage zu sprechen, deretwegen ich mit nach Karl-Marx-Stadt gekommen war. ›Es gibt eine Möglichkeit, wie Sie öfters mit Karl-Heinz zusammen sein können. Das geht aber nur, wenn Sie uns ein bisschen entgegenkommen.‹

›Wie soll ich das verstehen?‹, fragte ich.

›Nun, Sie studieren doch in Aachen. Sie könnten uns zum Beispiel Genaueres über Ihr Studium erzählen und über die Hochschule. Welche Studiengänge man dort machen kann und welche Professoren dort lehren. Das ist durchaus interessant.‹

Ich schaute Schiefer an. ›Seid ihr vom MfS?‹

›Ja‹, antwortete er.

Das also ist es, dachte ich. Meine dumpfe Ahnung hatte sich bestätigt. Aber was tun? Meine Selbstsicherheit war mit einem Mal verflogen. Plötzlich fühlte ich mich nur noch hilflos gegenüber diesen beiden Männern, mit denen ich eben noch gescherzt und gelacht hatte, von denen ich einen sogar liebte und die nun zugaben, Angehörige eines Staatsorgans der DDR zu sein, das in meinem Land einen denkbar schlechten Ruf hatte.

Schiefer ließ mir keine Zeit. ›Sehen Sie mal, Sie lieben doch Karl-Heinz und er liebt Sie. Sie wollen doch beide, dass ihr zusammen sein könnt. Das geht eben nur, wenn Sie mit uns zusammenarbeiten. Nicht viel. Nur ab und zu mal. Dann ist es uns möglich, euer Zusammentreffen zu begründen. Wenn Sie das jedoch nicht wollen, können Sie Karl-Heinz nicht wiedersehen. Das ginge einfach nicht, es würde ihm verboten.

Was ist nun? Wollen Sie ihn wiedersehen oder wollt ihr euch trennen?‹, forderte er mich zu einer Antwort heraus.

›Natürlich möchte ich ihn wiedersehen‹, erwiderte ich zaghaft. ›Aber …‹

›Was gibt es denn da für ein Aber‹, widersprach Schiefer energisch. ›Sie sollen doch nichts Gottbewegendes tun. Uns nur etwas über Ihre Hochschule und Ihr Studium erzählen. Das ist doch nicht verboten. Und schon gar nicht geheim. Sie haben doch auch Karl-Heinz schon von Ihrem Studium berichtet. Was soll es also? Kommen Sie, geben Sie sich einen Ruck und sagen Sie ja. Ihr könnt dann auch in einem unserer Häuser wohnen, wenn Sie kommen, und müsst nicht in diesem kleinen Appartement bleiben. Das ist doch ungemütlich eng hier‹, lockte er weiter.

Ich blickte Karl-Heinz an, der mir schweigend gegenüber saß. ›Was meinst du?‹, fragte ich ihn.

›Du hast doch gehört, was Gotthard gesagt hat. Es stimmt, wir können uns nicht mehr sehen, wenn du nicht bereit bist mitzumachen. Du hast es in der Hand, wie es mit uns weitergeht. Ich hoffe, du sagst ja. Denn ich möchte mit dir zusammen sein. Du weißt, wie sehr ich dich liebe.‹

›Da haben Sie es gehört‹, fasste Schiefer nach. ›Denken Sie doch auch an Karl-Heinz. Es wäre bitter für ihn, wenn Sie sich von ihm trennten. Er will das doch nicht.Und ich habe auch nicht den Eindruck, dass Sie das wollen. Kommen Sie, sagen Sie ja. Ihnen kann nichts passieren. Niemand wird davon erfahren, und wir werden auf Sie achtgeben. Sie können sich darauf verlassen.‹

›Nun gut‹, murmelte ich zögernd, ›aber nur über mein Studium und die Hochschule. Mehr kommt nicht in Frage.‹

›Ist ja auch nicht nötig‹, strahlte Schiefer. ›Gratuliere. Sie sollen sehen, Sie werden es nicht bereuen.‹«

In der Folgezeit kam es zu weiteren Begegnungen, die Diskussionen wurden ernsthafter und intensiver, was Gabriele Gast auch ihren sich wandelnden politischen Auffassungen zuschreibt. »Das lag an meiner zunehmenden Ablehnung der kapitalistischen Wirtschafts- und Gesellschaftsordnung und Hinwendung zu sozialistischen Vorstellungen. Meine Gesprächspartner waren auch weit davon entfernt, das Weltgeschehen durch die ideologisch-dogmatische Brille zu sehen, die die öffentliche Sichtweise Ostberlins kennzeichnete und häufig unerträglich machte. Nicht, dass sie nicht entschlossen und leidenschaftlich hinter ihrem Staat gestanden hätten. Aber der Zugang zu einer Fülle von Informationen, die dem Bürger normalerweise verschlossen bleiben, verbot es ihnen, sich auf eine simple Schwarz-Weiß-Malerei zurückzuziehen. Die Welt war nicht so einfach nach den Kategorien von ›gut‹ und ›böse‹, von ›richtig‹ und ›falsch‹, von ›progressiv‹ und ›reaktionär‹ oder von ›kriegstreibend‹ und ›friedliebend‹ in zwei Lager zu teilen. Die Welt war erheblich komplizierter, und nicht alles, was der eigene Staat, die DDR, tat, war gutzuheißen, und was der Kontrahent, die Bundesrepublik tat, als schlecht zu verwerfen.

Bei diesen Diskussionen erfuhr ich erheblich mehr über die Sichtweise, Sorgen und Ziele der politisch Verantwortlichen in der DDR und insbesondere der HV A, als es sich mir je durch eine noch so intensive Zeitungslektüre oder durch die mir später zugängliche Berichterstattung des BND hätte erschließen können.

Zu meiner Überraschung offenbarten die Auffassungen meiner Gesprächspartner keine klassenkämpferische Siegesgewissheit, sondern ein erhebliches Maß an Angst und ein beträchtliches Unterlegenheitsgefühl gegenüber der ter-

Dr. Gabriele Gast, neben ihr Generalmajor a. D. Heinz Geyer, letzter Stabschef der HV A, 2007

ritorial größeren und wohlhabenderen Bundesrepublik. Nicht deren Niederringung im Interesse einer hehren Sache, sondern die Selbstbehauptung und Weiterentwicklung ihres eigenen Staates galt ihnen als Ziel ihrer Tätigkeit. Das betraf vor allem den Verteidigungsbereich.

Nicht ein einziges Mal bekam ich von meinen Gesprächspartnern zu hören, dass die Nationale Volksarmee (NVA) es der Bundeswehr schon zeigen würde. Vielmehr waren sie besorgt über einen fatal empfundenen Verteidigungsauftrag, der der NVA von den verbündeten Armeen des Warschauer Pakts überantwortet war: im Falle eines Angriffs seitens der NATO die Stellungen an der Grenze *zu halten*. Dass diese Sorgen einen handfesten Hintergrund hatten, wurde nach der Vereinigung der beiden deutschen Staaten offenkundig, als der Großteil der NVA-Rüstung von der Bundeswehr als untauglich für die eigenen Streitkräfte befunden wurde und gerade mal geeignet erschien, um den NATO-Partner Türkei und diverse Drittweltstaaten aufzurüsten, wenn nicht gar verschrottet zu werden. ›Wenn es uns gelingt, dass niemals auch nur ein einziger DDR-Soldat gegen die Bundeswehr kämpfen muss, dann haben wir unsere Arbeit gut gemacht‹, waren Karl-Heinz und Schiefer überzeugt, und ich glaube, dass sie damit die offizielle Sichtweise der HV A und der DDR-Führung wiedergaben.«

Die offenen Gespräche, die dialektische Sichtweise, die frei von dogmatischen Vorgaben war, überraschten die Westdeutsche.

»Zu meinem Erstaunen erfuhr ich nun auch, dass meinen Gesprächspartnern, so wie mir selbst, der rigide Umgang der DDR-Obrigkeit mit der innerstaatlichen Opposition missfiel, auch wenn sie deren politischer Auffassung und deren Agieren im Windschatten der Kirche nichts abgewinnen konnten. Sie waren sich einig, dass Verbot und Strafverfolgung keineswegs von kämpferischer Wachsamkeit zeugten, sondern ein Zeichen waren von Schwäche, Unsicherheit und Angst.

›Wenn ich zu entscheiden hätte, würde ich die Oppositionellen in die Bundesrepublik ziehen lassen, lieber heute als morgen‹, sagten sie immer wieder. ›Das ist doch nur ein kleiner, politisch wirrer Haufen. Aber er wird ernst genommen, als sei er Gott weiß wie wichtig. Dadurch erzeugt man erst die Unruhe, die man doch vermeiden will. Irgendwie ist das alles grotesk.‹

Wie ich später feststellte, standen die HV A-Mitarbeiter mit ihrer Einschätzung nicht allein. Auch der BND maß der politischen Opposition in der DDR keine Relevanz bei und sah in ihr ein Sammelbecken von aus verschiedenen Gründen motivierter Unzufriedenheit – eine zutreffende Einschätzung, wie sich in den Wendemonaten zeigte, als

die Woge des Volkszorns über die Bürgerrechtler hinweg-
fegte.

Das Thema politische Opposition war auch Anlass,
über die innerstaatlichen Überwachungsmaßnahmen und
-methoden jenes Ministeriums zu sprechen, dem meine
Freunde angehörten, und über deren obersten Chef, Erich
Mielke.«

Gabriele Gast, die die innerstaatliche Überwachung
und die Repression verurteilte, vernahm Widerspruch.
Wachsamkeit nach innen sei unverzichtbar. Trotzdem
befand sie, dass das geschlossene politische System in
der DDR die Menschen nicht verschloss, das Land war
offener als andere Staaten im Ostblock. Dafür sorgten
schon die elektronischen Medien, die – bis auf das »Tal
der Ahnungslosen« in Dresden – überall empfangen
werden konnen. »Insofern hätte die DDR-Regierung
gut und gerne auf das Einfuhrverbot für westliche
Druckerzeugnisse verzichten können. Sie konnte der
ständigen politisch-medialen Durchdringung, noch dazu
in Form glitzernder Trugbilder von einem grenzenlosen
Wohlstandsleben im anderen deutschen Staat, nicht ent-
kommen. Das musste Unzufriedenheit schüren, inneren
Druck und Opposition erzeugen.

Kaum ein Staat, wie demokratisch oder undemokra-
tisch, wie freiheitlich oder autoritär er auch verfasst ist, verzichtet gänzlich darauf, sich gegen vermeintliche oder
tatsächliche innere Gegner zu schützen. Noch immer war
es das Bestreben von politischer Herrschaft, die errungene
Macht gegen ihre Feinde zu sichern. Die Bundesrepublik
hat deshalb den Verfassungsschutz gegründet, neben den
politischen Kommissariaten der Polizei, um systemkriti-
sche Opposition zu überwachen und gegebenenfalls strafrechtlich zu verfolgen. Die DDR hat sich zu diesem Zweck
das Ministerium für Staatssicherheit geschaffen.

In der Kritik von Gabriele Gast: polizeistaatliche Metho-
den in Deutschland-Ost und Deutschland-West. Und auch
im vereinten Deutschland. Aufnahme von einer Demons -
tration in Berlin gegen den Überwachungsstaat, 2013

Fern jeder Absicht, die jeweiligen Behörden und ihre
Tätigkeit gleichzusetzen, ist nicht zu übersehen, dass sie im
Prinzip gleichermaßen der als notwendig und legitim
erachteten Aufgabe des Staatsschutzes nachgehen bzw.
nachgegangen sind.

Dass die DDR hierzu keine Recht gehabt haben soll,
weil sie als sozialistischer Staat, wie unzulänglich und kri-

tikwürdig auch immer dieser Sozialismus beschaffen war, ein ›Unrechtsstaat‹ gewesen sei, den es, so die Forderung des seinerzeitigen Justizministers Kinkel, zu ›delegitimieren‹ gelte, ist deshalb nicht zu akzeptieren. Genauso wenig ist zu akzeptieren, dass Kinkel dabei die DDR mit Maßstäben einer rechtsstaatlichen Verfasstheit misst, die er als Präsident des BND an die von ihm beträchtlich ausgeweitete Partnerdienstkooperation wohlweislich nie angelegt hat. Bekanntlich hat sich auch Bonn nicht gescheut, in anderen Ländern zu Handlungen beizutragen, deretwegen es seine ostdeutschen Bürger geächtet oder bestraft hat. Aber selbst in ihrem eigenen Hoheitsgebiet hat die Bundesregierung es mit der Rechtsstaatlichkeit ihres Handelns keineswegs so genau genommen, wenn es um die Verfolgung politischer Gegner ging, wie der Ex-DDR nun abverlangt.

Es ist bezeichnend, dass dabei das gleiche Instrumentarium zur Anwendung gelangte wie im zweiten deutschen Staat: Dort wurden Ausreisewillige, vor allem wenn sie im Sperrbereich der Mauer Durchlass begehrten, kriminalisiert, hier Atomkraftgegner, die ihren Protest in einer ›Sitzblockade‹ bekundeten; dort wurden politisch Nonkonforme durch Entlassung aus dem volkseigenen Betrieb, hier durch Entfernung aus dem öffentlichen Dienst abgestraft.

Diese Duplizität staatlichen Verhaltens in Deutschland-Ost und Deutschland-West diskutierte ich ebenfalls mit meinen Partnern der HV A, ohne damit überzogene Reaktionen der DDR-Obrigkeit entschuldigen zu wollen. Aber so wurde erklärbar, warum vermeintliche Wehrhaftigkeit eines Staates nicht gefeit ist vor der Gefahr, den Bogen zu überspannen und sich in einem Bedrohungsszenarium zu wähnen, das der Wirklichkeit nicht standhält.«

Denn es ist leichter sich vorzustellen,
Opfer eines heimtückischen Attentats zu werden
als mit Millionen von Menschen im atomaren Inferno
unterzugehen. Für uns Aufklärer hingegen war ein solches
Inferno eine durchaus reale Gefahr.
Sie gebannt zu haben, ist auch unser Verdienst.

Gabriele Gast
auf der Konferenz »Spionage für den Frieden?«
in Berlin, 2004

Kapitel 4
Frau Dr. Leinfelder in Pullach

»»Sie heißen hier Leinfelder, Dr. Gabriele Leinfelder««, so beschreibt Gabriele Gast den Beginn ihres ersten Arbeitstages in Pullach 1973. Ein Kleinbus hatte sie im Münchner Stadtbüro des Bundesnachrichtendienstes aufgenommen und nach Pullach gebracht, dort war ihr an der Toreinfahrt eine kleine Ausweiskarte mit eben dieser Ansage übergeben worden. Alle Mitarbeiter des BND trügen sogenannte Dienst- oder Arbeitsnamen, hatte ihr der Fahrer erklärt. Das diene auch ihrer Sicherheit. Niemand solle wissen, wie seine Kollegen wirklich hießen und wo sie wohnten.

»Zunächst wurden die üblichen arbeitsrechtlichen Formalitäten erledigt, vor allem der Arbeitsvertrag unterzeichnet, der aufgrund des abschließenden Einstellungsgesprächs vorbereitet worden war. Zu meiner Überraschung firmierte nicht der Bundesnachrichtendienst als Arbeitgeber, sondern die ›Bundesvermögensverwaltung‹, eine Tarnbezeichnung des BND, wie ich bald erfuhr. Den Arbeitsvertrag hatte ich aber mit meinem eigenen Namen, dem ›Klarnamen‹, und nicht mit meinem neuen Decknamen zu unterschreiben. Anschließend erfolgte eine allgemeine Einweisung in die Struktur und Arbeitsweise des BND sowie eine ausführliche Sicherheitsbelehrung.

In epischer Breite und mit immer neuen Geschichten, in der ›Irene‹, einer ebenso gutmütigen wie naiven Sekretärin, die Hauptrolle zugedacht war, mühte sich ein Vertreter der hausinternen Sicherheitsabteilung, uns Neulingen im Spionagegeschäft eindringlich klar zu machen, dass der nachrichtendienstliche Gegner auf nichts anderes sinnt, als eines Mitarbeiters des BND, vorzugsweise durch Erpressung, habhaft zu werden. Jederzeit müssten wir gewärtig sein, vom Feind beobachtet und nach Ansatzpunkten für eine Anwerbung ausgeforscht zu werden, stets müssten wir uns vergewissern, ob uns ein Unbekannter auf der Fahrt in die Zentrale oder auf dem Heimweg folgt oder ob sich ein Fremder in unserem Wohngebiet herumtreibt.«

Dass diese Ausführungen eine zwiefache Komik besaßen, war nur Gabriele Gast, die selbst »der Feind« war, bewusst. »Irene‹ war der Star der Filme, die im Auftrag des Bundesamtes für Verfassungsschutz gedreht worden waren und nun ergänzend vorgeführt wurden. ›Irene‹, die gedankenlos ihr Dienstzimmer verlässt, ohne es abzuschließen, während auf dem Schreibtisch und im geöffneten Panzerschrank Verschlusssachen herumliegen und prompt vom nächstbesten Kollegen in trüber Absicht fotografiert werden. ›Irene‹, wie sie sich bedenkenlos von ihrem neuen Freund zum Luxusurlaub einladen lässt und anschließend mit dessen Forderung, ihm einen Durchschlag ihrer dienstlichen Schreibarbeiten zu fertigen, die Rechnung präsentiert bekommt. ›Irene‹, die nichts dabei findet, mit ihrer Freundin eine Autofahrt über die Transitstrecken der DDR zu unternehmen und sich daraufhin in den Fängen des MfS wiederfindet.«

Dies wiederzugeben ist auch ein Akt der Fairness gegenüber den Produzenten von Lehrfilmen des MfS, die immer mal wieder im Fernsehen laufen, um wahlweise entweder die ganze Perfidie des MfS oder dessen Lächerlichkeit zu dokumentieren.

»Auch die berufliche Legende, die mir nun mit dem strikten Gebot, meine Zugehörigkeit zum BND gegenüber Dritten zu verheimlichen, zugeteilt wurde, erschien mir höchst fragwürdig und eher geeignet, Neugier an meiner

Tätigkeit zu wecken. Ich sollte mich darauf hinausreden, dass ich bei der Bundesvermögensverwaltung beschäftigt sei, in der Abteilung Sondervermögen. Gleichzeitig gab man mir eine fiktive Beschreibung dieser Behörde und der Abteilung einschließlich ihrer angeblichen Struktur und Aufgabenstellung.

Als Politologin wusste ich mich jedoch in die geschilderten Tätigkeitsbereiche nicht einzuordnen. ›Wenn ich Volkswirtschaft studiert hätte, könnte ich damit umgehen‹, wandte ich ein, ›aber einer Politologin nimmt man das nicht ab. Mit dieser Legende werde ich mir erst recht Fragen nach meiner Berufstätigkeit auf den Hals ziehen.‹

›Gut‹, gab sich der Mitarbeiter von der Sicherheitsabteilung einsichtig, ›dann bekommen sie eben als Sonderlegende die *Studienstelle für Auslandsfragen*. Die ist aber nur für den inoffiziellen Gebrauch bestimmt. Bei offiziellen Angelegenheiten müssen Sie die Bundesvermögensverwaltung als Arbeitgeber angeben.‹

Schon bald stellte ich fest, dass es im Raum München ein offenes Geheimnis war, wer sich hinter der Tarnbezeichnung ›Bundesvermögensverwaltung‹ verbarg. Immer wieder reagierten meine Freunde und Bekannten mit vielsagendem Grinsen, wenn ich ihre Fragen nach meiner Berufstätigkeit pflichtgemäß beantwortete. Und wenn schließlich der eine und der andere meinte, ich solle doch zugeben, dass ich im BND arbeite, blieb mir nur der zweifelhafte Versuch, die angebliche Unterstellung mit gespielter Entrüstung weit von mir zu weisen.

Lediglich die Sicherheitsabteilung des BND schien von solchen Nöten nichts zu wissen und an die Tauglichkeit der Firmenlegende zu glauben.«

Gabriele Gast hatte in mehrfacher Hinsicht Glück, und dass davon in erster Linie die Zentrale in der DDR-Hauptstadt profitierte, lässt sich leicht denken.

»›Ich bin Leiter des Sowjetunion-Referats der Politischen Auswertung‹, stellte er sich vor. ›Ich hoffe, Sie sind damit einverstanden, hier bei mir zu arbeiten und nicht im Lateinamerika-Referat, wie ursprünglich vorgesehen. Eine meiner Mitarbeiterinnen, die die sowjetische Westeuropa-Politik bearbeitet, wird uns bald verlassen, und da habe ich darauf bestanden, dass Sie ihren Platz einnehmen. Als Mehnert-Schülerin sind Sie dafür ja prädestiniert.‹

Ich war benommen. Seit meinem letzten Einstellungsgespräch im Stadtbüro des BND hatte ich mich mit dem Gedanken vertraut gemacht, mich künftig mit Lateinamerika zu befassen. In jenem Referat sei der Personalbedarf am größten, hatte man mir gesagt und damit meine insgeheime Hoffnung zunichte gemacht, womöglich doch im DDR-Bereich tätig werden zu können.

Aber nun sollte ich sowjetische Politik bearbeiten! Welche Herausforderung!«

Blick über den Stacheldraht: die BND-Zentrale Pullach im Winter

Zum ersten Mal bekam Gabriele Gast nachrichtendienstlich gewonnene Informationen zu Gesicht. Innere Erregung habe sie befallen, erinnerte sie sich, als sie auf einem Formblatt, das dem Meldungstext vorgeheftet war, den Aufdruck las »Meldedienstliche Verschlusssache, amtlich geheim gehalten«.

Auf dem Formblatt sei die Quelle, von der die Meldung stammte, in allgemeiner Form beschrieben gewesen, zum Beispiel »Sowjetischer Staatsfunktionär« oder »Medienvertreter mit Zugang zu sowjetischen Parteifunktionären«. Es sei zwar ganz unmöglich gewesen, aus einer solchen Beschreibung auf die konkrete Person zu schließen, die als Agent für den BND tätig war. Es konnte nicht einmal mit Sicherheit auf den Bereich des sowjetischen Staatsapparates geschlossen werden, aus dem die Informationen kamen. Aber das habe Gasts Interesse in keiner Weise gemindert. Sie erwartete fortan von den nachrichtendienstlichen Meldungen ungeahnte Einblicke in das Innenleben des Kreml. Ernüchtert habe sie alsbald feststellen müssen, dass die Informationen weit davon entfernt waren, streng gehütete Geheimnisse der sowjetischen Politik zu offenbaren. Sie besaßen kaum Neuigkeitswert und gaben im wesentlichen nur die bekannten sowjetischen Argumentationen und Sprachregelungen wieder, wie sie ohnehin vom Moskauer Politapparat verbreitet wurden und in der Presse nachgelesen werden konnten.

»Schon bald wurde mir klar, von welch unterschiedlicher Qualität das nachrichtendienstliche Informationsaufkommen des BND war. Für mein Zielland, die Sowjetunion, wurden vergleichsweise wenige operativ beschaffte Meldungen gewonnen, und in der Regel waren sie auch nur von mäßigem Wert. Es gab kaum Innenquellen, d. h. Angehörige von sowjetischen Regierungsinstitutionen, die unmittelbar als Agenten für den BND tätig waren.

Die meisten Informationen stammten aus Gesprächskontakten westlicher Vertreter mit Sowjetfunktionären, insbesondere von Journalisten, die ihre vielfältigen Zugangsmöglichkeiten zu ausländischen Repräsentanten zum beiderseitigen Vorteil dem BND zugutekommen ließen. Außerdem trugen die Residenten des BND, die in aller Regel in den deutschen Botschaften eingesetzt waren, durch Gesprächsaufklärung im Diplomatischen Korps des Gastlandes zum nachrichtendienstlichen Informationsaufkommen bei.

Bei ihren Meldungen aus östlichem Quellenhintergrund musste man allerdings stets gewärtig sein, es mit handfesten Sprachregelungen, also einer höchst einseitigen und subjektiven Sichtweise zu tun zu haben. Denn ihre östlichen Gesprächspartner waren nicht selten im Hauptberuf ebenfalls Nachrichtendienstler und gleichermaßen um Informationsgewinnung bemüht. Häufig wusste auch der eine um das ›Geheimnis‹ des anderen. Doch das tat dem Geschäft keinen Abbruch; im Gegenteil, es begünstigte zumeist den ›kollegialen‹ Meinungsaustausch, wenn man sich routinemäßig zum Arbeitsessen traf.«

Gabriele Gast stellte bald fest. Es herrschte offenkundiger Mangel an Innenquellen in der Sowjetunion.

»Top-Meldungen waren höchst selten, denn es gab keine Spitzenzugänge in die Kreml-Führung. Das war auch weiter nicht verwunderlich. Abgesehen von den Schwierigkeiten und Risiken, nachrichtendienstliche Verbindungs- und Meldewege in die sozialistischen Staaten aufzubauen, hatte der BND bei der Gewinnung sowjetischer Quellen, mehr noch mit einer schier unüberwindlichen psychologischen Hemmschwelle zu kämpfen: Für das Gros der Sowjetbürger, denen der brutale Vernichtungsfeldzug Hitlers unvergessen geblieben war, verkörperte der westdeutsche Geheimdienst mehr oder weniger stark das frühere

Feindbild, war er doch über die ›Organisation Gehlen‹ unmittelbar aus der ehemaligen Spionageabteilung der Wehrmacht ›Fremde Heere Ost‹ hervorgegangen.«

Die Neue in Pullach bekam rasch mit, wie der Hase läuft. Sie registrierte sehr bald die Schwächen und Stärken – und diese eindeutig in der Minderzahl – ihres Arbeitgebers. Sie beobachtete den gewaltigen Leerlauf einer sich selbst genügenden Behörde, erlebte die Wichtigtuerei und das Kompetenzgerangel einzelner Bereiche und Leiter.

»Eher skurril, wenngleich nicht minder frustrierend, muteten Sichtweisen an, die Ende der 80er Jahre die Abstimmungsgespräche mit dem DDR-Referat zu einem zähen und mühsamen Geschäft machten. Begünstigt durch die Beurteilung des damaligen Ständigen Vertreter Bonns in Ostberlin, Hans Otto Bräutigam, hatten sich meine Kollegen die Auffassung Honeckers zu eigen gemacht, dass die DDR keiner Reformen bedürfe und sie unter dessen Führung stabil sei.

Meine Informationen aus sowjetischer Quelle ließen hingegen, selbst wenn sie den Wunsch Moskaus reflektierten, ostdeutsche Unterstützung für Gorbatschows Reformpolitik zu erlangen, an diesem Bild zweifeln. Doch es war unmöglich, sich mit den Kollegen vom DDR-Referat auf eine Beurteilung zu einigen, wonach das politische Beharrungsvermögen der Honecker-Führung kein Zeichen von innerer Stabilität, sondern von Stagnation sei, die das Land überkrustete, und dass die alte Garde unter einem Zusammenwirken von äußerem (Moskauer) und innerem Druck durchaus zu Fall kommen könnte.«

Im November 2007 nahm eine HV A-Abordnung an einer internationalen Konferenz an der Universität im dänischen Odense teil, die sich mit der Hauptverwaltung Aufklärung des MfS beschäftigte. Es gab die üblichen Vorträge und Arbeitskreise, in denen lebhaft diskutiert wurde.

Gabriele Gast mit Teilnehmern der Konferenz »Hauptver-
waltung A. Geschichte – Aufgaben – Einsichten« im däni-
schen Odense, November 2007

Ich erinnere mich eines verbalen Schlagabtausches zwischen
einem Mitarbeiter vom Institut für Friedensforschung und
Sicherheitspolitik in Hamburg und Gabriele Gast. Jener
Dr. Wagner hatte erklärt, dass es dem BND gelungen sei,
seit Beginn der 50er Jahre fast 500 Standorte der sowjetischen Streitkräfte in der DDR zu überwachen. Das habe
einen aussagefähigen militärischen Lagebericht ermöglicht.
Eine Hochrechnung hätte ergeben, dass über 10.000 Agenten im Einsatz waren, 1.000 jeweils gleichzeitig.

Gabriele Gast widersprach entschieden. Sie könne aus
ihrer siebzehnjährigen Tätigkeit im BND nicht bestätigen, dass der BND über ein derart großes Agentennetz
in der DDR verfügt habe. Nach ihren dortigen Feststellungen habe der BND im wesentlichen von den Informationen aus der fernmeldetechnischen/elektronischen
Aufklärung (des DDR-Richtfunks und der militärischen
Kommunikationsverbindungen) gelebt und daraus eine

Fülle von Informationen gewinnen können. In den 50er Jahren habe es zwar aufgrund der offenen innerdeutschen Grenze einige sehr gute Innenquellen der Organisation Gehlen bzw. des BND in der DDR gegeben; diese Zugänge seien aber spätestens mit dem Mauerbau 1961 zum Erliegen gekommen. DDR-Innenquellen habe der BND erst wieder Ende der 80er Jahre aufgrund der Erosion des Sowjetblocks gewinnen können.

Nach ihren Feststellungen als Insiderin habe sich der BND im Zeitraum 1961-1988 bei der Gewinnung und dem Einsatz von Agenten zunehmend auf Reise- und Transitquellen (Reisende im privaten und kommerziellen Ein- und Durchreiseverkehr) gestützt, die vornehmlich auf militärische Objekte der GSSD (Gruppe der Sowjetischen Streitkräfte in Deutschland) und der NVA angesetzt wurden. Sie seien dabei vom BND in unverantwortlicher Weise einem hohen Entdeckungsrisiko ausgesetzt und reihenweise enttarnt und verhaftet worden. Markus Wolf habe sie deshalb wiederholt gefragt, ob der BND genau dies beabsichtige, um die DDR mit den dadurch provozierten Schlagzeilen über die Verhaftung von BRD-Bürgern anprangern zu können.

Seit den 70er Jahren habe sich der BND verstärkt auf die Anwerbung von DDR-Diplomaten konzentriert, zum Teil mit aggressiven, erpresserischen Methoden. Dank der geschickten Gegenstrategie von Markus Wolf habe diese Vorgehensweise jedoch so gut wie keine Erfolge gezeitigt. Die meisten DDR-Spione seien bekanntlich Doppelagenten und damit für den BND von zweifelhaftem Nutzen gewesen.

Was die Behauptung Wagners betreffe, der BND habe dank seiner zigtausend Informationen ein zutreffendes Bild von der GSSD erarbeitet, so ließen seine diesbezüglichen Ausführungen ein solches Fazit nicht zu. Er habe lediglich eine Fülle von Details über Material und Rüstung der GSSD vorgetragen, es fehlten aber Informationen zu den übergreifenden militärstrategischen und -taktischen Zielen. Auch in der militärischen Auswertung des BND sei es üblich gewesen, das Rüstungspotenzial des Ostens akribisch aufzulisten, um daraus auf dessen gigantische militärische Überlegenheit und Bedrohung zu schließen. Solche Art der Auswertung sei BND-intern als »Erbsenzählerei« bezeichnet worden, eben weil die wesentliche Komponente politisch-militärischer Absichten und Ziele fehlte. Insofern seien die Aussagen Wagners erheblich zu relativieren.

Doch zurück zum Beginn der Tätigkeit von Gabriele Gast beim Bundesnachrichtendienst. Darüber schreibt sie weiter: »Ende 1973, als ich meine Arbeit im BND aufnahm, war vom unseligen Geist des Gründers des Geheimdienstes, Reinhard Gehlen, nicht mehr viel zu spüren. Zwar standen mit dem neuen Präsidenten Gerhard Wessel und mit zahlreichen Wehrmachtsoffizieren noch immer viele Gefolgsleute Gehlens an einflussreicher Stelle des Dienstes.

Eine Reihe junger Akademiker, die seit Ende der 60er Jahre neu eingestellt worden waren und zum Teil eine Blitzkarriere gemacht hatten, deuteten allerdings auf eine neue, nicht unbedenkliche Personalpolitik hin. In ihrem begründeten Interesse, die Loyalität des konservativ-nationalistischen und reaktionär-antikommunistischen Geheimdienstes sicher zu stellen, hatte die SPD nach der Regierungsübernahme ihre Gefolgsleute nicht nur in der Leitung des BND platziert, sondern auch auf der Fachebene massiv gefördert, was wiederum entsprechende Begehrlichkeiten der Unions-Parteien weckte. Wie andere Institutionen in der Bundesrepublik, allen voran die Medien, geriet auch der Nachrichtendienst immer stärker in den Griff der Parteipolitik. Das Wort von den ›Seil-schaften‹ kam auf, die dienstintern die Geschäfte von CDU und insbesondere CSU bzw. SPD betrieben, statt ihre parteipolitische Gesinnung den dienstlichen Oblie-genheiten unterzuordnen. Den wohl spektakulärsten Fall solchen Missbrauchs des BND bildet zweifellos der des ehemaligen Vizepräsidenten Paul Münstermann, der seine Gönner in der CSU jahrelang insgeheim mit vertraulichen Lageberichten versorgte.«

Es gab nicht nur das Problem der »Seilschaften« im Bundesnachrichtendienst, sondern auch das des Nepotis-mus. Über die im BND herrschende Vetternwirtschaft schrieb am 2. September 1974 der *Spiegel* in einem Bericht über die Sitzung des Bonner Guillaume-Untersuchungs-ausschusses: »Reinhard Gehlen, von seinen Getreuen zum größten Abwehr-Ass aller Zeiten hochstilisiert, hievte in seiner Dienstzeit als BND-Präsident (bis 1968) allein 16 Verwandte auf sichere Geheimdienst-Posten, unter ihnen einen Bruder, einen Schwager, einen Sohn und einen Schwiegersohn.«

Ähnlich wie ihr Chef sorgten auch andere BND-Leute für ihre Familien. Vor dem Untersuchungsausschuss sagte BND-Personalchef Rieck aus, der auch Gabriele Gast ein-gestellt hatte, »dass er seit seinem Amtsantritt ›eine Reihe‹ von Ehefrauen, Söhnen und Töchtern führender Geheim-dienstler an die Luft gesetzt habe, freilich unter Schwierig-keiten, da sich einige fleißige Familienangehörige mit über fünfzehnjähriger Tätigkeit bereits lebenslange Anstellung erdient hatten.

Guillaume-Ausschussmitglied Dietrich Sperling (SPD) wollte es genauer wissen: ›Waren es mehr als die drei oder vier Fälle, die Ihnen jetzt auf Anhieb einfallen?‹

›Ja‹, antwortete Rieck einsilbig.

Es waren etwa 130.

Verwandte gut bezahlter BND-Spezialisten dienten als Archivare, Auswerter, Buchhalter, Datenverarbeiter und Schreibkräfte. Viele wurden nur selten in der Dienststelle gesehen, andere zerschnippelten ausländische Zeitungen und bereiteten sie zu neuesten BND-Meldungen auf. Dafür kassierten die Agenten einschließlich ihrer teilzeitbeschäftigten Verwandten noch mehr als nur Gehälter. Es fanden sich fingierte Hotel- und Arztrechnungen, großzügig wurden Gefälligkeitshonorare gezahlt und Reisekosten-Zuschüsse vergeben.«

Die ganze Wahrheit über den BND-Klüngel unter Gehlen ruhe nach wie vor, so der *Spiegel* 1974, »im Panzerschrank des Kanzleramtes«.

Gabriele Gast nahm davon seinerzeit nichts wahr. Wohl aber ein anderes Erbe des Gehlen-Dienstes, nämlich den militanten Antikommunismus der Geheimdienstmitarbeiter, »auch wenn die Berichterstattung des BND die frühere Kreuzzugmentalität abgestreift und inzwischen ein wissenschaftlich-sachliches Niveau erreicht hatte. Einerseits konnte von den altgedienten Mitstreitern Gehlens, die gleich ihm nach dem Zusammenbruch des Dritten Reiches den antibolschewistischen Kreuzzug Hitlers unter amerikanischer Schirmherrschaft ungebrochen fortgesetzt hatten, eine sachlichere Einstellung gegenüber dem politischen Gegner nicht erwartet werden.

Andererseits begünstigte das Feindbild des ›kommunistischen Machtbereichs‹, das von Anbeginn bis zur politischen ›Wende‹ in Osteuropa 1990/91 den Aufklärungsauftrag des BND bestimmte, auch bei den Nachwuchskräften eine entsprechende politisch-emotionale Haltung, ganz zu schweigen von den zum BND abgeordneten Militärs, denen dieses Feindbild schon in den Kasernen anerzogen worden war. Deshalb nimmt es nicht wunder, dass das spezifische Milieu des Geheimdienstes vor allem national-konservativ Gesinnte anzog, deren Weltbild dem traditionellen Ordnungsmuster folgte. Linksorientierte, gesellschaftskritische Kräfte hätten überdies so gut wie keine Einstellungschance gehabt.«

Gabriele Gast spielte, wenn man so will, seit 1973 auf beiden Klavieren. Sie war eingebunden in die BND-Strukturen, machte dort ihren Job, und den erledigte sie in den Augen ihrer Vorgesetzten mehr als nur zufriedenstellend, weshalb ihr Aufstieg in der Hierarchie des Dienstes sich ohne jeglichen Einwand vollzog. Andererseits arbeitete sie für die Auslandsaufklärung der DDR, und auch das erledigte sie exzellent. Aber auch da erlaubte die Konspiration wenig Einblick. Was die HV A wusste, erfuhr sie allenfalls aus BND-Quellen, wie sie sich erinnerte:

»Die HV A besaß ein erstaunliches Wissen über die Mitarbeiter des BND und über interne Vorgänge, das nicht selten über meine eigenen Kenntnisse hinausging. Offenkundig verfügte sie über eine Reihe von Möglichkeiten, um die Konkurrenz in Pullach zu beobachten und aufzuklären.«

Umgekehrt war die Erkenntnislage erheblich dürftiger. »Selbst wenn das für die Gegenspionage zuständige BND-Referat ein breiteres Wissen über die HV A besaß, als seinen Lageberichten zu entnehmen war, waren dennoch erhebliche Wissenslücken und damit ein Mangel an informationellen Zugängen nicht zu übersehen. Am meisten überraschte mich, dass der BND noch nicht einmal das Aussehen von Markus Wolf kannte, obwohl er mittlerweile seit über zwanzig Jahren an der Spitze der HV A stand, und, wie ich selber bald erfahren sollte, sich ungeniert in einigen blockfreien und neutralen europäischen Staaten bewegte. Immer noch war man auf jenes alte Foto fixiert, das ihn angeblich als Berichterstatter bei den Nürnberger Kriegsverbrecherprozessen von 1947 zeigte, auf dem freilich – wie er einmal mir gegenüber nicht ohne Schadenfreude bemerkte – eine andere, ihm wildfremde Person abgelichtet war.«

Man suchte intensiv alle Tribünen in Ostberlin ab, auf denen sich die DDR-Führung am 1. Mai oder bei Militärparaden zeigte, weil man nicht ganz zu unrecht vermutete, dass dort auch der Chef der DDR-Aufklärung dem Staatsvolk zuwinken würde. Aber wie sollte man jemanden identifizieren, den man nicht kannte?

Nach fünf Jahren Arbeit in Pullach wurde Gabriele Gast für ein halbes Jahr nach Bonn abkommandiert. Sie sollte im Bundeskanzleramt für etwa sechs Monate im Lagereferat der Abteilung 6 personell aushelfen. Im Auftrage eines vom Bundeskanzler Beauftragten – ein Staats- oder Bundesminister, meist jedoch ein Staatssekretär – führte dort ein Geheimdienstkoordinator die Geschäfte. Die Funktion des Geheimdienstkoordinators wurde zwar offiziell erst

Lagezentrum des BND in Pullach

1991 eingeführt, obgleich es die Schnittstelle zwischen Bundeskanzleramt und Geheimdiensten in Gestalt der Abteilung 6 aber seit Jahrzehnten bereits gab.

»Vergeblich hatte ich mich dagegen gewehrt, ließen doch weder die mir zugedachten Aufgaben noch mein dortiger Chef ein interessantes und angenehmes Arbeiten erwarten. Wie die meisten Auswerter kannte ich die Tätigkeit des Lagereferats und dessen Mitarbeiter. Regelmäßig traf man unter dessen organisatorischer Leitung mit den Vertretern anderer Bundesministerien zu Kolloquien im Bundeskanzleramt zusammen, um aktuelle Themen aus den unterschiedlichen Blickwinkeln zu diskutieren und die Aufklärungswünsche der Ministerialbürokratie auszuleuchten. Mit dieser Veranstaltung kam das Lagereferat im Kanzleramt im wesentlichen seiner Aufgabe nach, die Arbeit der Geheimdienste zu ›koordinieren‹ – wobei von einer Koordination schon deshalb nie die Rede sein konnte, weil nur der BND, nicht jedoch der Verfassungsschutz und der Militärische Abschirmdienst der Dienstaufsicht des Kanzleramts unterstehen.

Für die Mitarbeiter des BND waren die Kolloquien nur bedingt von Nutzen, jedoch stets mit einen zusätzlichen Aufwand an Zeit und Arbeit verbunden, da sie zu den verschiedenen Diskussionspunkten Einführungsvorträge vorzubereiten hatten.«

Das war der Kenntnisstand von Gabriele Gast Ende 1978, bevor sie nach Bonn abkommandiert wurde, wogegen, wie wir hörten, sie sich gewehrt hatte. Es sollte noch schlimmer kommen. »Meine Bedenken wurden von der Wirklichkeit übertroffen. Weder zuvor noch danach habe ich mich arbeitsmäßig jemals so überflüssig gefühlt wie in jenem Monaten im Kanzleramt.«

Sie langweilte sich fast zu Tode – wobei ihre Kollegen Beamten diese Sicht keineswegs teilten. Nichts tun und dafür ein ordentliches Salär einstreichen, gilt dort weder als ehrenrührig noch unzulässig.

»Meine wichtigste und zumeist einzige Tagesaufgabe bestand in der Sichtung und hausinternen Verteilung der eingehenden Berichte des BND. Sie wurden allmorgendlich von einem Kurier gebracht und landeten zunächst bei einer Sachbearbeiterin, die sie ins Verschlusssachen-Buch eintrug und mir dann vorlegte. Je nach Inhalt notierte ich auf den Berichten die Referate, an die sie zur Kenntnisnahme gelangen sollten. Erschien mir ein Bericht besonders wichtig oder behandelte er ein Thema, das gerade im Mittelpunkt des Interesses der Bundesregierung stand, so setzte ich auch den Bundeskanzler oder zumindest den Staatssekretär auf den Verteiler und markierte die wichtigsten Aussagen, um ein rasches Lesen zu erleichtern.

Anschließend legte ich die Berichtsmappe meinem Referatsleiter vor.«

Wahrlich eine den Tag füllende und den Betreffenden befriedigende Tätigkeit, die den ganzen Mann forderte.

Leerlauf auch für die Tätigkeit als Kundschafter?

»Immerhin gelangten die gesamte Ausgangsberichterstattung des Bundesnachrichtendienstes und die Wochenberichte des Bundesamtes für Verfassungsschutz auf meinen Schreibtisch, außerdem Sonderberichte der Dienste, die auf Anforderung des Kanzleramts gefertigt worden waren, und in der Fülle des Materials fand sich durchaus die eine oder andere interessante Information. Auch war es für die HV A nicht unwichtig, durch mich einen gewissen Einblick in die Funktionsweise der Dienstaufsicht über den BND zu erlangen.«

Allerdings gab es bald eine jähe Wendung für Gabriele Gast, die die Friedhofsruhe beendete. Ihr wurde eine Tätigkeit in einem der Gesamtlagereferate angetragen. Man plane eine neue Form der Spitzenberichterstattung, die sogenannten BND-Informationen, wurde ihr der Job schmackhaft gemacht. Dabei sei an die Darstellung der aktuellen politischen, wirtschaftlichen, militärischen und wissenschaftlich-technischen Lage eines ganzen Staates gedacht, die dann als Vorlage für Kanzler- oder Minister-besuche im Ausland oder bei Gegenbesuchen in Bonn Ver-wendung finden sollten. »Grundlage werden die Berichte der Fachreferate sein, die Sie dann nach Maßgabe der außenpolitischen Interessen unserer Regierung aufbereiten müssen. Wie das im Einzelnen zu geschehen hat, müssen Sie im Rahmen der Bearbeitung selbst herausfinden.«

Gasts Vorgesetzter räumte ein, dass das für einen Ana-lytiker kein toller Job sei, weil dieser lediglich nachzube-reiten habe, was andere erarbeitet hätten. Aber er lockte sie mit einer Beförderung. »Dafür kann ich Ihnen eine Direk-toren-Stelle anbieten. In Ihrem Referat haben Sie auf absehbare Zeit keine Chance, befördert zu werden, und in anderen Ost-Referaten der Politischen Auswertung sieht es auch nicht gut aus für Sie.«

Gabriele Gast (und die Zentrale) nahmen an. Denn es eröffneten sich für die Kundschafterin neue Freiräume und Perspektiven.

»Mit meiner Versetzung in das Gesamtlagereferat der Auswertung trat in meine berufliche Laufbahn eine ent-scheidende Wende, die auch meine Zusammenarbeit mit der HV A berührte. Bereits zwei Jahre zuvor hatte es mit meinem Wechsel in das Sachgebiet ›Sowjetische Drittwelt-politik‹ eine inhaltliche Veränderung in meiner Tätigkeit gegeben, die der HV A sehr gelegen gekommen war, da die zunehmenden Aktivitäten der DDR in Nahmittelost und Afrika deren Interesse an Informationen über diese Regio-nen beträchtlich gesteigert hatte.«

Die Annahme, dass dieser Wechsel eine qualitative Verbesserung der Aufklärungsarbeit sein würde, bestätigte sich. »Meine neue Tätigkeit entpuppte sich als eine Fund-grube von Informationen. Schon nach kurzer Zeit liefen alle Rohmeldungen der beschaffenden Abteilungen sowie alle Ausgangsberichte der Auswertung über meinen Schreibtisch, einschließlich der Sonderberichte, die für die wöchentliche ›Kanzlerlage‹ und für Ministerreisen gefertigt wurden, außerdem die Berichte der deutschen Botschaften, soweit sie dem BND zur Kenntnis gegeben wurden.«

Ihr bereitete es keine Mühe, aus der Informationsflut jene Berichte auszuwählen, die es wert waren, der HV A zur Kenntnis zu geben. »In dieser Hinsicht hatte sich für mich nichts geändert, dass thematische Spektrum war nur erheblich breiter geworden. Dass so auch die Quan-tität des Materials anwuchs, das ich, fototechnisch auf-bereitet, nach Karl-Marx-Stadt und Ost-Berlin weitergab, versteht sich von selbst; ich wäre eine schlechte Kund-schafterin gewesen, hätte ich interessante Informationen ignoriert. Jetzt, wo ein Urteil gesprochen und vollstreckt ist, kann ich es unumwunden zugeben. Damals hinge-gen, im Strafverfahren, blieb mir im Interesse meiner Ver-teidigung gar nichts anderes übrig, als sowohl die Anzahl wie die inhaltliche Qualität des so genannten ›Verratsma-terials‹ herunterzuspielen. Deshalb kam es mir auch nicht ungelegen, das der BND selbst wenig Interesse zeigte, genaue Angaben über das mir zugängliche Material zu machen oder es gar dem Gericht vorzulegen.«

Und was waren nun die interessanteste Information, die sie der Kanzlerlage entnahm und in die Zentrale in der DDR weiterleitete? Diese Kanzler-Berichte seien zwar gute und informative Lagedarstellungen und Analysen gewesen, aber nachrichtendienstliche Spitzenmeldungen hätten sie nur selten enthalten. »Die aus meiner Sicht wich-tigste Information, die mir während meiner Tätigkeit im

BND zugänglich wurde, ist überhaupt nicht im Bereich der Berichterstattung angesiedelt, mit der ich tagtäglich zu tun hatte. Vielleicht ist das auch ein Grund, warum mir viele der weitergegebenen Berichte in Vergessenheit geraten sind, nur diese eine Information nicht, die mir über die Maßen wichtig erschien, dass es mich elektrisierte.

Ich hatte von einer Abwehroperation des BND erfahren, die sich gegen eine Kollegin und deren ›Freund‹, einen KGB-Offizier namens ›Hans Peschke‹ richtete. Die Kollegin konnte ich nicht schützen, es hätte mich selbst um Kopf und Kragen gebracht. Aber es bestand eine winzige Chance, den KGB-Offizier vor der drohenden Verhaftung zu retten. Eiligst schrieb ich einen geheimen Brief nach Ostberlin – ein schnellerer Verbindungsweg stand mir nicht zur Verfügung. Der Brief erreichte sein Ziel im letzten Augenblick: ›Peschke‹ konnte noch aus dem startbereiten Flugzeug, das ihn in den Westen und geradewegs in die Fänge der westdeutschen Abwehr bringen sollte, herausgeholt werden.«

Bloß gut, dass die Post nicht gerade streikte, sonst hätte der Brief nicht rechtzeitig den Empfänger erreicht. Den Dank, den ihr später die KGB-Repräsentanz in der DDR-Hauptstadt für die Rettung ihres Agenten abstattete, empfand Gabriele Gast als »rührend«. Nachdem sie selbst in der Haft war, ist ihr bewusst, wovor sie den Mann bewahrt hatte. »Und ich weiß auch, wie schlecht mir der spätere sowjetische Staats- und Parteichef Gorbatschow meinen Einsatz für seinen Landsmann gedankt hat, als er die DDR Bonn überließ, ohne schützende Vorsorge für jene zu treffen, die sich mit ihrer geheimen und riskanten Tätigkeit auch für das Wohl der Sowjetunion und deren Bürger verwendet haben.«

Für die Hauptverwaltung Aufklärung war die Platzierung von Gabriele Gast in der BND-Zentrale 1973 bereits ein großer Erfolg. Es war ein Wert an sich, mit zielgerichteter Vorbereitung und jahrelangen Anstrengungen eine Quelle in den gegnerischen Dienst lanciert zu haben. Die nachrichtendienstliche Durchdringung und Unterwanderung der Zentren der gegnerischen Geheimdienste, ihrer operativen Außenstellen und ihres Agentennetzes – die sogenannte Konterspionage – galt als die Königsklasse der Spionage. Ohne falsche Übertreibung lässt sich sagen, dass wir dieses Spiel mit Agenten, Doppelagenten und mehrfach überworbenen Agenten beherrschten und auf diese Weise der westlichen Spionage und Gegenspionage etliche Niederlagen beigebracht haben. War also bereits die Platzierung von Gaby Gast in Pullach ein Erfolg, so war ihre Einsatz in der Auswertung der sowjetischen Politik noch eine Steigerung.

Die Auswertung der Abteilung IX der HV A registrierte mir großer Sorgfalt alle in den Ursprungsinformationen für die Analysen von Gabriele Gast erkennbaren Hinweise auf die Quellen des BND, vorrangig natürlich die Hinweise auf menschliche Quellen. In Kombination mit Informationen anderer Quellen aus dem BND und ergänzenden Informationen aus Speichern des MfS gewannen wir sukzessiv Angaben über die Quellen des BND im Bereich Sowjetunion und DDR.

Das war eine kollektive Anstregung verschiedener Dienststellen und Einrichtungen. Daran waren die Genossen in der EDV-Abteilung ebenso beteiligt wie jene, die die Aus- und Einreisen von westlichen Bürgern kontrollierten und registrierten. Und nicht zuletzt die IM, welche im Rahmen von Doppelagenten-Vorgängen gegen den BND eingesetzt waren. Alle Detailerkenntnisse wurden zusammengeführt und erlaubten komplexe Analysen zur Identifizierung von Quellen des Bundesnachrichtendienstes und zur Entwicklung von Strategien, wie und welche Informationen in der Zentrale des BND zu gewinnen waren.

Auf diese Weise gelang es im Laufe der Zeit, die Spionagetätigkeit des BND gegen die DDR und die Staaten des Warschauer Vertrages weitgehend zu paralysieren.

Daran hatte Gabriele Gast maßgeblichen Anteil.

Nach ihrer Freilassung hat sie auf unterschiedliche Weise darüber berichtet, um einerseits Wesen und Chrakter des noch immer aktiven Bundesnachrichtendienstes zu verdeutlichen, und um andererseits zu zeigen, dass die Abwehr der Angriffe des BND nicht nur notwendig, sondern auch legitim war. Sie konnte nun aber auch erzählen, wie es gelungen war, sie in Pullach einzuschleusen.

Auf der bereits erwähnten internationalen Konferenz im dänischen Odense im November 2007 hielt sie dazu ein bemerkenswertes Referat. Die Konferenz mit Wissenschaftlern aus Europa und Übersee, mit aktiven und pensionierten Geheimdienstlern sowie Zeitzeugen sollte ursprünglich in Deutschland stattfinden, was aber durch verschiedene Kräfte, für die offenkundig der Kalte Krieg noch immer nicht zu Ende war, verhindert worden war.

»Heutzutage scheint es ein Leichtes zu sein, Mitarbeiter des Bundesnachrichtendienstes zu werden. Zwar versteckt sich der BND noch immer hinter hohen Mauern und Stacheldraht. Doch im Internet hat er das Visier hochgeklappt: Unter *www.bnd.bund.de* schreibt er seine Stellenangebote öffentlich aus und teilt detailliert mit, wie und wo Interessenten sich bewerben können.

In der Zeit des Kalten Krieges, der den historischen Rahmen dieser Konferenz bildet, war das ganz anders. Da wusste man zwar, dass es den westdeutschen Auslandsgeheimdienst gibt, aber ob er Stellen zu besetzen hatte und wie und wo man sich bewerben konnte, war öffentlich nicht bekannt. Nicht einmal ein Türschild wies die Behörde aus und der lapidare Eintrag im Telefonbuch verband mutige Anrufer direkt mit einem ganz auf Abwehr und Abwimmeln eingestellten Mitarbeiter der Sicherheitsabteilung.

Auch behördenintern waren die Schotten dicht gemacht. Alle Mitarbeiter, von der Schreibkraft bis zum Vizepräsidenten, verkehrten untereinander nicht unter ihren tatsächlichen Namen, sondern unter eigens verpassten Dienstnamen, zumeist irgendwelchen Ortsnamen, die dem Autoatlas entlehnt schienen. Damit sollte ihnen zur Erhöhung der inneren Sicherheit der Zugang zu den persönlichen Daten ihrer Kollegen erschwert werden, getreu dem Motto: Was ich nicht weiß, kann ich auch nicht verraten.

Entsprechendes galt für die Auto-Kennzeichen, die sozusagen öffentliche Datenträger sind: Wer mit seinem Fahrzeug in die Zentrale einfahren wollte, musste zuvor in der Kfz-Stelle des BND sein Kennzeichen gegen ein sogenanntes Deckkennzeichen eintauschen, das lediglich auf

Pullach im Winter, menschenleer

eine Behörde, nicht jedoch auf den Kfz-Halter registriert war.

Denn der BND witterte hinter jedem Baum und Strauch den nachrichtendienstlichen Gegner, und das war zuvorderst die Hauptverwaltung Aufklärung. Wenn man ihr schon nicht das Handwerk legen konnte, so wollte Pullach ihr wenigstens die Ausforschung und Infiltrierung so schwer wie möglich machen.

Für seine innere Sicherheit nahm der BND in Kauf, von seinen westlichen Partnerdiensten als psychopathisch belächelt zu werden. Der Schock von 1961, als die vermeintlichen rechten Gesinnungsgenossen und ehemaligen SD-Mitarbeiter Heinz Felfe und Hans Clemens als Agenten des sowjetischen KGB enttarnt wurden, saß tief, und die Angst war riesengroß, dass es zu einem neuen Verratsfall in den eigenen Reihen kommen könnte.

Man war sich schon deshalb sehr bewusst, Angriffsziel der östlichen Geheimdienste, vor allem der HV A, zu sein, weil auch Pullach es als seine Königsaufgabe betrachtete, Agenten beim gegnerischen Dienst zu platzieren. So brauchte man nur von sich auf die HV A zu schließen, um die eigene Gefährdungslage einzuschätzen und adäquate Sicherheitsvorkehrungen zu treffen.

Wer also beim BND tätig werden wollte, musste sich darauf einstellen, einem grundsätzlichen Misstrauen der behördeninternen Abwehr zu begegnen. Warum will er ausgerechnet bei uns arbeiten, führt er etwas Böses gegen uns im Schilde oder ist er nachrichtendienstlich ›sauber‹? – das waren stets die unausgesprochenen Fragen, denen sich ein Bewerber zu stellen hatte. Und diese Fragen standen umso alarmierender im Raum, je mehr Eigeninitiative ein Bewerber an den Tag legte. Mit anderen Worten: Eine Selbstbewerbung, ohne jegliche Empfehlung einer mit dem BND in Verbindung stehenden Person oder Institution galt als äußerst verdächtig und war deshalb von vornherein zum Scheitern verurteilt.

Das wusste die HV A natürlich. Sie wusste, dass der direkte Weg einer Infiltration des BND so gut wie verschlossen war und es nur auf Umwegen gelingen konnte, einen eigenen Agenten in die Reihen des Pullacher Gegners einzuschleusen oder aber einen Mitarbeiter des BND als Quelle zu gewinnen.

Beide Optionen erforderten ebenso viel Kleinarbeit wie Glück. Die HV A musste außerhalb wie innerhalb des BND Personenforschung betreiben, um herauszufinden, wer eventuell für eine nachrichtendienstliche Ansprache in Betracht käme. Dazu musste ein genaues Persönlichkeitsbild erarbeitet und das gesamte Umfeld eruiert werden, um die Haltung einer Person und die Möglichkeit ihrer Kontaktierung festzustellen.

Zwar war es trotz der Abschottung des BND nicht unmöglich, seine Mitarbeiter auszuforschen und an sie heranzukommen: Da der HV A eine Vielzahl der BND-Objekte bekannt waren, bot sich hier ein Ansatzpunkt für eine systematische Observation, die bis ins Wohngebiet führen konnte. Indes eröffnete jedoch die zumeist antikommunistische Einstellung der BND-Mitarbeiter einem sozialistischen Geheimdienst wenig Spielraum für einen Zugang, weil von vornherein die politische Verständigungsgrundlage mit dem potentiellen Agenten fehlte. Zwar ließ sich dieses Manko durch finanzielle Anreize oder eine Anwerbung ›unter falscher Flagge‹ überbrücken, wie es dem KGB 1973 bei der drei Jahre später enttarnten BND-Sekretärin Heidrun Hofer gelang. Doch waren solche nachrichtendienstlichen Verbindungen unter dem Gesichtspunkt der Quellenführung erheblich diffiziler als jene, die auf einer gemeinsamen ideologischen Weltanschauung basierten.

War also eine Infiltration des BND durch Überwerben seiner Mitarbeiter für die HV A sehr schwierig – gleiches gilt ebenso für die Angriffe des BND gegen die HV A –, so konnte sie doch zumindest auf den Glücksfall hoffen, dass irgendein BNDler durch einen wodurch auch immer verursachten Gesinnungswandel zum Überläufer würde und sich so in den gegnerischen Dienst eindringen ließe.

Es war dies der klassische Weg, auf dem den Geheimdiensten zur Zeit des Kalten Krieges die Infiltration des nachrichtendienstlichen Gegners gelang: Auf diese Weise bekamen beispielsweise CIA und MI6 den Fuß in die Tür des KGB wie auch umgekehrt. Der HV A öffnete sich mit Alfred Spuhler das Allerheiligste in Pullach, die DDR-Aufklärung, und dem BND erschien der HV A-Überläufer Werner Stiller wie ein Geschenk des Himmels.

Ob auch die CIA auf diesem Wege Zugang zur HV A erlangt hat, wie Anfang Juni 2007 im *Focus* behauptet, erscheint allerdings zweifelhaft. Denn einerseits blieb der *Focus* selbst in dieser Hinsicht auffallend ungenau, indem er nur allgemein von MfS-Quellen der CIA sprach. Ande-

Der Überläufer Werner Stiller, 2013

rerseits waren seine damit verbundenen Behauptungen in Bezug auf meine Person falsch.

Das Warten auf den Glücksfall des Überlaufens ist freilich nicht Sache von Geheimdiensten. Um dem nachrichtendienstlichen Gegner auf die Pelle zu rücken, verfolgten sie deshalb die nicht minder schwierige, jedoch nicht gänzlich aussichtslose Strategie, eigene Agenten in dessen Reihen einzuschleusen. Mir ist kein Fall bekannt, in dem dem BND dies bei der HV A gelungen ist. Hingegen gab es für die HV A zumindest eine solche Sternstunde: Das war jener Tag, als ich Ostberlin meine Einstellung in den BND zum 1. November 1973 mitteilte.

Damit endete eine über zweijährige, äußerst frustrierende und entmutigende Operation und gab zugleich dem strategischen Weitblick des HV A-Chefs recht, der seinerzeit meinte, meine Biografie weise alle Elemente auf, die eine Bewerbung in Pullach aussichtsreich machten: Ich entstammte einer politisch konservativen Familie und war Mitte der 60er Jahre der CDU beigetreten, außerdem studierte ich bei dem Politologen und renommierten Ostexperten Klaus Mehnert, dem nicht nur Kontakte zum Bundesnachrichtendienst, sondern auch schon zum Nachrichtendienst von Admiral Wilhelm Canaris nachgesagt wurden. Und da der BND seit der Entlassung Gehlens und der Umstrukturierung nach dem Regierungswechsel zur sozial-liberalen Koalition 1969 zunehmend seinen Nachwuchs in akademischen Kreisen suchte und zu diesem Zweck bei ausgewählten Professoren vorstellig wurde, sah Markus Wolf eine realistische Chance, dass Mehnert einen Besucher aus Pullach auf mich aufmerksam machen und ich in der Folge zu einer dortigen Bewerbung aufgefordert werden könnte.

Als meine Verbindungsleute mir ungefähr 1971 diese berufliche Perspektive nahelegten – seit 1968 stand ich bereits in Kontakt mit der HV A –, wurde mir heiß und kalt zugleich. Der Gedanke, womöglich in dem von General Gehlen geprägten BND zu arbeiten, ließ mich innerlich erschaudern und weckte zugleich eine irrationale Angst vor dem mir als unheimlich erscheinenden westdeutschen Auslandsgeheimdienst. Andererseits empfand ich es als eine große Herausforderung, in die Höhle des Löwen einzudringen und dort für die HV A tätig zu werden. Zum Glück wusste ich damals noch nicht und es sagten mir meine Verbindungsleute auch nicht, welches persönliche Risiko ich mit einer Bewerbung in Pullach eingehen würde. Der Mut hätte mich wohl verlassen.

So strategisch weitsichtig auch die Vorgabe von Markus Wolf war, so wenig ließ sie sich umsetzen, weil Klaus Mehnert keine Anstalten machte, als Tippgeber an den BND zu fungieren. ›Du musst selbst etwas tun‹, sagten meine HV A-Partner. ›Du musst den Kontakt zu solchen Personen suchen, von denen anzunehmen ist, dass sie in Verbindung zu Pullach stehen. Blickfeldarbeit nennt man das. Du musst ins Blickfeld des BND rücken, damit er auf dich zukommt.‹

Das war freilich leichter gesagt als getan. Zwei Jahre lang zerbrachen wir uns den Kopf, wer in meinem Umfeld von Hochschule und CDU mit Pullach in Kontakt stehen und mich dort empfehlen könnte, jedoch ohne Erfolg. Mittlerweile hatte ich mein Studium abgeschlossen und suchte nach einer Arbeitsstelle. Das war Anfang der 70er Jahre für eine Politologin nicht minder schwierig wie in den letzten Jahren der Konjunkturflaute. Als mir endlich eine Tätigkeit in einem von CDU und CSU gemeinsam betriebenen Forschungsinstitut in München angeboten wurde, griff ich zu, obwohl mir das politische Milieu so gar nicht behagte. Leider wusste ich zu jenem Zeitpunkt noch nicht, dass mich ausgerechnet meine Stellensuche ins

Blickfeld des BND gebracht hatte. Ich blieb in der Optik Pullachs, und das sollte ein Jahr später, als das Institut aus finanziellen Gründen schließen musste, zu jener Entwicklung führen, auf die meine HV A-Partner und ich so lange hingearbeitet hatten.

Kurz vor meinem letzten Arbeitstag im Institut erreichte mich dort ein geheimnisvoller Anruf. Ein mir unbekannter Mann stellte mir ein interessantes Stellenangebot in Aussicht und wollte mich deshalb kurzfristig in meiner Wohnung aufsuchen. In meinem Kopf begann es blitzschnell zu arbeiten. Das Angebot klang konspirativ. Der Mann könnte beim Geheimdienst sein, durchzuckte es mich. Beim Verfassungsschutz oder sogar beim BND. Ich bemühte mich, meiner Stimme einen unbefangenen Ton zu geben, als ich ihm antwortete. Wir vereinbarten für einen der nächsten Tage einen Gesprächstermin.

Grafrath – wie sich der Mann mir gegenüber nannte – kam pünktlich zu mir. Er wies sich mit einem Dienstausweis aus, einer kleinen rotgepunkteten Karte mit aufgedrucktem Bundesadler, auf der sein Name und Dienstgrad vermerkt waren. Darüber stand in fetten Druckbuchstaben: BUNDESNACHRICHTENDIENST. Ich atmete tief durch. Das also war der Moment, auf den wir so lange und vergebens gehofft hatten. Nun lag es an mir, die Chance zu nutzen und keinen Fehler zu machen. Ich durfte um Himmels willen nicht zeigen, wie nervös ich war. Ich musste ruhig bleiben, ganz ruhig.

›Als weltweit tätiger Nachrichtendienst bietet der BND eine Vielfalt interessanter Arbeitsmöglichkeiten‹, bemühte sich Grafrath mein Interesse zu wecken, nicht ahnend, wie brennend ich seinem Angebot entgegenfieberte. ›Die DDR ist unser vorrangiges Beobachtungsgebiet. Mit Ihren einschlägigen Kenntnissen wären Sie für einen Einsatz in der Auswertung der DDR-Politik geradezu prädestiniert.‹

Ausführlich schilderte er die verschiedenen Verwendungsmöglichkeiten im BND, um mir schließlich die entscheidende Frage zu stellen, ob ich an einer Bewerbung interessiert sei. Er gab mir ein Bündel Formulare mit der Aufforderung, sie mit meinen persönlichen Unterlagen an eine Postfachadresse in München zu schicken.

Anschließend schilderte Grafrath kurz das Bewerbungsverfahren. Einem Beratungsgespräch mit Mitarbeitern der Auswertung und einer Sicherheitsüberprüfung würde ein umfangreiches Auswahlverfahren folgen, um die charakterliche und fachliche Eignung, Sprachkenntnisse und vor allem die Motivation für eine nachrichtendienstliche Tätigkeit zu prüfen. Hierauf konnte und wollte ich mich intensiv vorbereiten. Aber die Sicherheitsüberprüfung hing wie ein Damoklesschwert über mir. Es gab kritische Punkte in meiner Biografie, an denen eine Bewerbung scheitern konnte: Ich hatte entfernte verwandtschaftliche Beziehungen in die DDR, war wiederholt dorthin gereist, sogar während der Einreisesperre im Bezirk Karl-Marx-Stadt im August 1968 – und ich stand seit einigen Jahren in Kontakt mit der HV A. Würde der BND letzteres entdecken, wäre es nicht nur um meine Bewerbung, sondern auch um mich geschehen.

Doch ich hatte mit dem Kontakt zur HV A den zu meiner DDR-Verwandtschaft abgebrochen, hatte mir überdies große Mühe gegeben, die Reisedaten zu verschleiern, und der BND hatte sie womöglich nur oberflächlich überprüft.

Jedenfalls nahm ich diese Klippe, und nach Wochen bangen Hoffens fand sich in meiner Post die so ungeduldig erwartete Nachricht aus Pullach: ›Ich freue mich, Ihnen mitteilen zu können, dass Ihre Einstellung in meinen Geschäftsbereich genehmigt wurde.‹

Sofort informierte ich die HV A.

Sie gratulierte umgehend: ›Wir alle freuen uns mit dir über diesen großen Erfolg.‹

Am 1. November 1973 begann ich meine Tätigkeit als Mitarbeiterin des BND. Nach den üblichen Einführungskursen sowie einer dreimonatigen Intensiv-Sprachausbildung in Russisch nahm ich meine Arbeit als Auswerterin für den Bereich sowjetische Westeuropapolitik auf. Später sollten Einsätze in den Auswertungsbereichen sowjetische USA- und Drittweltpolitik mit Schwerpunkt Nahmittelost sowie sowjetische Blockpolitik folgen, außerdem eine mehrjährige Tätigkeit im Gesamtlagereferat der Auswertungsabteilung mit Zuständigkeit für die Spitzeninformation an die Bundesregierung sowie eine siebenmonatige Abordnung in die Geheimdienstabteilung des Bundeskanzleramtes.

Eine Fülle von Informationen ging in den siebzehn Jahren meiner BND-Zugehörigkeit über meinen Schreibtisch: Quellenberichte, Meldungen aus der Telefonkontrolle und der fernmeldeelektronischen Aufklärung, Berichte von Flüchtlingen, Exilanten, Wirtschafts- und Kirchenvertretern, militärische Lageberichte, Partnerdienstmeldungen, Botschaftsberichte der bundesrepublikanischen Auslandsvertretungen usw. Selten reichte die Zeit, um alle Informationen zu lesen; dann musste es genügen, sie lediglich zu sichten und die für die HV A bzw. DDR wichtigsten nach Ostberlin zu übermitteln. Aber auch damit war das Ziel sichergestellt: Die HV A sollte wissen, was der BND wusste. Denn im Kalten Krieg konnte nur das Wissen um die Absichten des Gegners Sicherheit vor unliebsamen Überraschungen bieten und dazu beitragen, den auf dem atomaren Patt beruhenden prekären Frieden zu bewahren.

Dieses Ziel der HV A und ihrer Kundschafter an der unsichtbaren Front – nie wieder Krieg in Europa und schon gar nicht von deutschem Boden ausgehend – wurde trotz ihres unrühmlichen Endes erreicht. Erst mit der ›Wende‹ wurden sowohl Krieg in Europa als auch eine deutsche Beteiligung daran wieder möglich. Seitdem müssen die Verteufelung der DDR als angeblicher ›Unrechtsstaat‹ und die rechtswidrige massive Strafverfolgung von hauptamtlichen und inoffiziellen Mitarbeitern ihrer Auslandsnachrichtendienste dazu herhalten, die ostdeutsche Auslandsaufklärung zu denunzieren. So trug Justizminister Kinkel auf dem deutschen Richtertag 1991 der – laut Verfassungstheorie unabhängigen – bundesrepublikanischen Gerichtsbarkeit auf, die DDR zu ›delegitimieren‹, während der Deutsche Bundestag 1992 in einem rechtlich fragwürdigen Gesetz ihre Strafverfolgung der westlichen Spionage schlichtweg zu ›politischem Unrecht‹ erklärte und die eigenen Agenten als angebliche Opfer einer SED-Willkür rehabilitierte.

Dieses voluntaristische (völker-)rechtliche Konstrukt bestimmt auch die Sicht auf die Geschichte des geteilten Landes: hüben, in der Alt-Bundesrepublik, die Guten und drüben, in der DDR, die Bösen, bar jeglichen politisch-staatlichen Existenzrechts. Da wundert es nicht, dass auch der Blick auf die HV A und ihre Aktivitäten im Kalten Krieg gründlich verstellt ist, zumal sich der BND als ihr unmittelbarer Gegenspieler noch immer weitgehend einer Offenlegung seiner Archive verschließt und damit eine Betrachtung im Kontext zeitgeschichtlicher Vorgänge behindert. Denn anderenfalls müsste man eingestehen, dass die HV A nichts anderes tat, als was alle Staaten als legitim erachten: durch rechtzeitigen Erkenntnisgewinn über die Ziele, Stärke und Methoden des politisch-ideologischen Gegners die Sicherheit des eigenen Landes zu gewährleisten.«

Jener Konferenz in Odense 2007, auf der Gabriele Gast diesen viel beachteten Beitrag gehalten hatte, war bereits drei Jahre zuvor eine vergleichbare Tagung in Berlin vorangegangen. Der Titel der Zusammenkunft trug noch ein zweifelndes Fragezeichen und lautete »Spionage für den Frieden?«. Damit wollte man wohl auch jenen Besuchern und Referenten die Teilnahme ermöglichen, die dies zumindest für die Spione aus dem Osten in Abrede stellten. Selbstbewusst trat in der Jerusalem-Kirche am 7. Mai 2004 die Regierungsdirektorin a. D. Dr. Gabriele Gast auf und sprach über Aufgaben und Bedeutung der Lagebeurteilung Ost im Bundesnachtichtendienst.

»Wissen verleiht bekanntlich Macht – nicht nur Individuen, sondern auch Staaten. Wissen und allemal ein Wissensvorsprung erleichtert bzw. erlaubt es, die eigenen Interessen gegenüber Dritten durchzusetzen. Wissen, vor allem rechtzeitiges, ist andererseits aber auch ein wesentliches Element der Sicherheit. Denn es schützt vor unliebsamen Überraschungen. Wie der Volksmund sagt, ist eine erkannte Gefahr nur noch eine halbe Gefahr.

Diese schlichte Weisheit galt in besonderem Maße für die Ära des Ost-West-Konflikts und des Kalten Krieges, in der sich zwei antagonistische politisch-ideologische Systeme in der Form höchstgerüsteter Militärbündnisse an einer gemeinsamen Grenze direkt gegenüberstanden. Diese Grenze verlief als Folge des von Hitler angezettelten Zweiten Weltkriegs mitten durch Europa und mitten durch Deutschland: Was in der Bonner Alleinvertretungsargumentation anmaßend-verharmlosend als innerdeutsche Grenze bezeichnet wurde, so als markiere sie lediglich die Grenze zwischen zwei Bundesländern, war in Wahrheit die Schnittstelle zwischen zwei politisch-militärischen Blöcken, die um die Vorherrschaft in Europa rangen. Denn der auf der Basis der Weltkrieg-II-Ergebnisse etablierte Status quo hatte sich schon bald als ein fragiler Frieden entpuppt, der jederzeit in einen neuen, noch furchtbareren Krieg münden konnte. Jede Seite fühlte sich durch die andere bedroht: der Osten durch westliche Bestrebungen eines Rollback des Sozialismus und seines territorialen Kriegsgewinns, der Westen aufgrund der Befürchtung, die Sowjetarmee wolle unaufhaltsam bis an den Atlantik weitermarschieren und Westeuropa ebenfalls dem Sozialismus einverleiben.

Um die drohenden Gefahren zu beherrschen, galt es, sie rechtzeitig zu erkennen. Dies war – fast bin ich geneigt zu sagen: wieder einmal – die Stunde der Auslandsnachrichtendienste. Möglichst genaue Erkenntnisse über die jeweils andere Seite waren gefragt, im Westen so sehr, dass man keine Skrupel hatte, mit dieser Aufgabe die ehemaligen Nachrichtendienstler Hitlers zu betrauen. Diese waren nicht nur Fachleute in ihrem Metier, sondern verfügten auch über langjähriges, für den Eroberungskrieg des ›Führers‹ gesammeltes Wissen über die Sowjetunion.

Das war die Geburtsstunde des westdeutschen Auslandsnachrichtendienstes – lange vor der Gründung der Bundesrepublik und auch lange vor der Gründung eines Auslandsnachrichtendienstes der DDR.

Es versteht sich von selbst, dass diese Dienste nicht nur seit ihrem Bestehen in den Kalten Krieg eingebunden waren, sondern selbst eine Plattform bildeten, auf der der Kalte Krieg ausgetragen wurde, in seiner Frühzeit auch mit besonders harten Bandagen. ›Wir sind keine Keksfabrik‹, pflegte ein Vizepräsident des Bundesnachrichtendienstes gerne zu sagen, was soviel hieß wie: Wo gehobelt wird, fallen Späne.

Jenseits solcher Scharmützel unter seinesgleichen stand die Tätigkeit des ost- wie des westdeutschen Dienstes unter der Prämisse, durch umfangreiches Sammeln und Auswerten von Informationen über den Gegner Gefahren für das eigene Land rechtzeitig zu erkennen und damit die eigene Regierung vor unliebsamen Überraschungen zu schützen. Wie den Auslandsnachrichtendiensten in so ziemlich allen Staaten oblag ihnen deshalb zuvörderst die Aufgabe, Absichten und Ziele, Strategien und Taktiken sowie die verfügbaren Potentiale und Ressourcen der Gegenseite aufzuklären, und zwar möglichst so frühzeitig, dass die Regierung politischen und/oder militärischen Entwicklungen, die für den Bestand des Staates und sie selbst gefährlich werden könnten oder nachteilig für ihre Interessen wären, erfolgreich gegensteuern konnte.

Auslandsaufklärung ist mithin von sachlichen und verständigen Interessen geprägt. Deshalb überrascht es nicht, dass das Völkerrecht Spionage nicht verbietet. Es wäre auch ein müßiges Unterfangen, da sich jeder Staat schon von alters her dieses Mittels bedient.

Allerdings erscheint es als schizophren, dass das gleiche Tun der gegnerischen Staaten als unfreundlicher oder gar aggressiver Akt verstanden und kriminalisiert wird. Damit bewegt sich Auslandsaufklärung politisch wie rechtlich in einem ambivalenten Bereich: Was in der Selbstsicht als legitim und friedensdienend gilt, wird in Bezug auf andere Staaten als illegal und böswillig strafverfolgt.

Die Folgen solcher Doppelbödigkeit haben viele von uns nach der ›Wende‹ zu spüren bekommen, als die altneue Bundesrepublik die Auslandsaufklärung der DDR mit rechtlich abstrusen und willkürlichen Konstrukten strafrechtlich ›aufgearbeitet‹ hat. So galt plötzlich die Spionage für die DDR schon deshalb als unwert und moralisch verwerflich, weil sie einem ›Unrechtsstaat‹ gedient habe, obwohl das Völkerrecht keinen ›Unrechtsstaat‹ kennt und dieser Begriff auch nie definiert wurde. Zudem sprach man der DDR – einem souveränen und völkerrechtlich anerkannten Staat wie die alte Bundesrepublik – das für sich selbst in Anspruch genommene Recht ab, die gegnerischen Agenten zu verurteilen, derer sie in den vierzig Jahren ihres Bestehens habhaft geworden war, weil deren Spionage legal gewesen sei. Per Gesetz wurden die Spione des Westens deshalb nach der ›Wende‹ rehabilitiert und entschädigt, während die Agenten der DDR mit dem Segen des Bundesverfassungsgerichts nach einem Dreiklassen-Strafrecht abgeurteilt wurden.

Üblicherweise sind die Nachrichtendienste Organe der staatlichen Exekutive, deren Interessen unterworfen, an ihre Weisungen gebunden und von ihr kontrolliert. Im System staatlicher Machtausübung sind sie Behörden unter vielen anderen oder gegebenenfalls Teil eines Ministeriums; sie werden von politischen Beamten oder Militärs geleitet und ihre Mitarbeiter sind Staatsbedienstete, die den allgemeinen Rechtsvorschriften für den öffentlichen Dienst unterliegen. Die Aufklärungsarbeit erfolgt nach einem von der politischen Führung vorgegebenen Interessenkatalog, die dabei eingesetzten nachrichtendienstlichen Mittel sind politisch grundsätzlich gebilligt oder müssen in bestimmten Fällen wie beispielsweise der fernmelde-elektronischen Aufklärung von Richtern gesondert genehmigt werden. Das heißt Nachrichtendienste führen im Prinzip kein Eigenleben, sondern sind in den modernen Staaten strikten Regeln und Vorschriften der politischen Führung sowie deren Kontrolle unterworfen.

Jedem politisch interessierten und einigermaßen informierten Bürger dürfte es nicht schwerfallen, das Aufklärungsinteresse eines Staates und damit den Aufgabenkatalog seines Auslandsnachrichtendienstes zu definieren. Grundsätzlich interessieren alle Informationen über andere Staaten. Unter solcher Prämisse würde sich freilich jeder Nachrichtendienst zu Tode sammeln, gäbe es nicht politische Prioritäten. In der Ära des Ost-West-Konflikts, in der wir gearbeitet haben, waren diese durch die herrschenden ideologischen und militärischen Antagonismen bestimmt: Aufklärungsschwerpunkt des Westens war der Osten mit seiner Hauptmacht Sowjetunion als vorrangiges Ziel, während sich der Osten vornehmlich auf die Aufklärung des Westens und seiner Führungsmacht USA konzentrierte; in den 70er Jahren, als sich im Rahmen des europäischen Entspannungsprozesses die Ost-West-Konfrontation mit ihren Stellvertreterkriegen zunehmend in den Bereich der Dritten Welt verlagerte, rückten allerdings auch diese Staaten stärker in das Blickfeld der Politik und damit der Nachrichtendienste. Als Besonderheit aufgrund der Teilung Deutschlands konzentrierten sich zudem die alte Bundesrepublik und die DDR prioritär auf die Aufklärung des jeweils anderen deutschen Staates.

Beide Seiten hatten also ein klares Feindbild und damit einen eindeutigen nachrichtendienstlichen Gegner, gegen den alle Aufklärungsmittel eingesetzt wurden als da sind: Anwerbung und Einsatz von Agenten, Informationsabschöpfung von Reisenden, Flüchtlingen und Emigranten, Telefonüberwachung, fernmelde-elektronische Aufklärung und, last but not least, akribisches Studium von Presseerzeugnissen.

Die gesamte politische, militärische, wirtschaftliche und wissenschaftlich-technische Lage interessierte, und zwar sowohl die grundsätzlichen Gegebenheiten als auch insbesondere die aktuelle Entwicklung. Je detaillierter die Erkenntnisse über den Gegner waren, um so genauer das Bild über die dortige Situation; denn daraus, vor allem aus sich abzeichnenden Veränderungen, ließen sich jene Indikatoren herausfiltern, die im Sinne einer Frühwarnung die Gefahr minderten, durch irgendwelche unliebsame Entwicklungen überrascht zu werden. Um diesem hohen Anspruch zu genügen, bedurfte es deshalb nicht nur eines umfassenden Aufklärungsansatzes, sondern auch einer sorgfältigen, professionellen Analyse der gewonnenen Informationen, das heißt mit Sachverstand und frei von ideologischen Scheuklappen, denn nachrichtendienstliche Auswerter sind Analytiker und keine Propagandisten.

Das war nicht immer so, jedenfalls nicht im Bundesnachrichtendienst, in dessen Auswertung ich viele Jahre hauptamtlich tätig war und den ich gleichzeitig für die Hauptverwaltung Aufklärung der DDR auskundschaftete. Erst gegen Ende der 60er Jahre, als der BND zunehmend Akademiker vor allem für die Auswertung einstellte, wurde sein Lagebild erheblich sachlicher und weniger ideologiebestimmt, während der Rückgriff auf die Offizierskameraden aus der Wehrmachtabteilung ›Fremde Heere Ost‹, aber auch aus der SS in der Ära Gehlen politisch entsprechend eingefärbte, kämpferische Lageberichte über die sozialistischen Staaten gezeitigt hatte. Für mich als politische Grenzgängerin war diese Umorientierung des BND von Vorteil, war ich doch nicht versucht, meine politische Gesinnung in die Lageberichte einfließen zu lassen.

Womit sich zugleich die Frage beantwortet, wie ich es als Kundschafterin der DDR in aller Welt geschafft habe, für den BND jene ›Feindstaaten‹ aufzuklären, für die mein Herz schlug: Ich musste mich eben nicht verbiegen, um nicht aufzufallen, sondern bemühte mich um eine sachliche Analyse. Soweit ich mir aufgrund eigenen Einblicks ein Urteil erlauben kann, dominierte zumindest in späteren Jahren die Sachinformation auch die Analysen der HV A, trotz partiellen Rückgriffs auf das gängige ideologische Vokabular.

Nach meinen Feststellungen verfügte der BND aufgrund seines nachrichtendienstlichen Potentials über ein recht umfassendes und detailliertes weltweites Lagebild. Natürlich konnte er nicht uneingeschränkt mit dem nachrichtendienstlichen Hauptpartner, den amerikanischen Diensten, konkurrieren; dafür war deren personeller Ansatz einfach zu gigantisch. Aber dort, wo der BND über gute Informationszugänge oder Abhörmöglichkeiten verfügte wie beispielsweise in Bezug auf die DDR, war seine Leistung nicht zu unterschätzen, selbst wenn seine menschlichen Quellen weitgehend von den DDR-Diensten gesteuert waren.

Durch ein weitverzweigtes System des Informationsaustausches mit den Partnerdiensten, vor allem im Rahmen der NATO, konnten überdies Aufklärungslücken im Großen und Ganzen geschlossen werden, allerdings unter der Gefahr, dadurch für nationale Sonderinteressen der Partner wie beispielsweise Frankreich eingespannt zu werden.

Mit der Einführung der elektronischen Datenverarbeitung in die nachrichtendienstliche Auswertung in den 70er Jahren wurde verstärkt an der Zielsetzung gearbeitet, auch für den politischen Bereich ein indikatorenbasiertes Frühwarnsystem zu erarbeiten, so wie es die militärische Aufklärung mit ihrer Konzentration auf gegnerische Truppenbewegungen und Rüstungsprojekte schon längst besaß.

Den Anstoß hierfür gab der Tod Titos 1980. Für diesen Fall hatte der BND ein krisenpolitisches Szenario unterstellt, wonach die Sowjetunion einen Vorwand schaffen würde, um Jugoslawien wieder politisch an sich zu binden und dort eine eigene, auch militärische Präsenz zu etablieren. Die Vorstellung, Moskau könnte sich am Mittelmeer, dem ›mare nostrum‹, festsetzen, erschien dem Westen als ein noch schlimmeres Schreckgespenst als das einer sowjetischen Präsenz am Arabischen Golf.

In der Folgezeit setzte sich ein Expertenteam des BND zusammen, um alle möglichen Ereignisse und Vorgänge aufzulisten, die eine Lageentwicklung in diese Richtung indizieren könnten. Alle zusammen sollten schließlich ein – auch auf andere Staaten und Regionen anwendbares – Frühwarnsystem ergeben, das schon im Anfangsstadium ein Alarmsignal auslöst, um erste Maßnahmen eines politischen Gegensteuerns in Gang zu setzen.

War aber schon die Erarbeitung eines solchen Thesaurus mühsam, so scheiterte das Projekt sehr rasch an der Frage, wie die einzelnen Indikatoren zu werten und mit welcher Gewichtung sie dem Rechner vorzugeben seien, damit dieser nicht unbegründet Alarm schlüge. Unter dem Strich blieb letztlich die Feststellung, dass nicht eine noch so große Anzahl von Rohinformationen und deren Vernetzung, sondern ihre auf Sachkenntnis und Erfahrung basierende verifizierende Auswertung Früherkennung und damit Frühwarnung ermöglicht. Das hieß: Trotz des immer vielfältigeren und präziseren technischen Aufklärungsinstrumentariums ist der menschliche Faktor, sei es als Agent oder als Auswerter, eine unverzichtbare Größe im nachrichtendienstlichen Geschäft. Das gilt im Übrigen genauso für die militärische Aufklärung. Dank der fernmelde-elektronischen Ausspähung tut sie sich recht leicht, Truppenbewegungen und -konzentrationen auszukundschaften. Für sich genommen sind sie jedoch kein Indikator für eine drohende aggressive Militäraktion. Dazu bedarf es einer parallelen Aufklärung ihres Zwecks, was wiederum eine Ausleuchtung der Absichten und Ziele einer politischen Führung bedingt.

Trotz aller Aufklärungserfolge, die ein Nachrichtendienst erzielen mag, liegt die adäquate politische Umsetzung seiner Erkenntnisse außerhalb seiner Kompetenz. Dies ist allein Sache der Regierung, in deren Auftrag er arbeitet. Es ist inzwischen kein Geheimnis mehr, dass manche der dem BND angelasteten Misserfolge nicht von ihm zu verantworten sind, sondern auf eine bestimmte politische Interessenlage bzw. Haltung der Bundesregierung zurückgehen. Auch die HV A musste zumindest in der zweiten Hälfte der 80er Jahre diese Erfahrung machen, als sich die Honecker-Führung zunehmend selbstherrlich-ignorant ihren Lageerkenntnissen immer mehr verschloss.

In einer solchen Situation politischer Einsichts- und Handlungsverweigerung wird das nachrichtendienstliche Ziel einer Früherkennung zwecks Frühwarnung so eklatant unterlaufen, dass das Vertrauen zwischen politischer und nachrichtendienstlicher Führung nachhaltig gestört wird bzw. dienstinterner Frust die weitere Arbeit lähmt.

Im BND habe ich zweimal eine derartige Situation erlebt. Das betraf zum einen die sowjetische Intervention Ende Dezember 1979 in Afghanistan. Schon weit in deren Vorfeld hatte der BND im Verbund mit der CIA die Truppenkonzentration an der sowjetisch-afghanischen Grenze aufgeklärt und war aufgrund der politischen Indikatoren zu der Auffassung gelangt, dass der Kreml zum Einmarsch entschlossen war. Um so mehr fühlten sich die zuständigen Fachleute wie vor den Kopf gestoßen, als sie von ihrem Abteilungsleiter zu hören bekamen, er würde das nicht glauben, und eine Weitergabe ihrer Berichte nach Bonn untersagt wurde.

Wie wir dank Egon Bahr inzwischen wissen, war er persönlich über seine *back channel* zum sowjetischen Nachrichtendienst beizeiten über die Interventionsabsicht Moskaus informiert worden – ein Instrumentarium, das während des Kalten Krieges wiederholt eingesetzt wurde, um unerwünschte Reaktionen der Gegenseite in der Folge eines Überraschungsmomentes zu vermeiden. Aber im Fall Afghanistan *wollte* die Bundesregierung vom sowjetischen Einmarsch ›überrascht‹ werden, um nicht im Vorfeld gegensteuern zu müssen. Zweifellos kam ihr der Einmarsch sehr gelegen, offenbarte er doch das hässliche, nämlich aggressive Gesicht Moskaus just zu einem Zeitpunkt, wo Bonn innenpolitisch unter dem erheblichen Druck der Gegner des NATO-Nachrüstungsbeschlusses stand.

Auch für die USA war die sowjetische Intervention ein Geschenk des Himmels, hatten sie doch Monate zuvor im Zuge der iranischen Revolution in der Region massiv an Boden verloren.

Der zweite Fall, in dem die Frühwarnung des BND nicht griff, betraf die Involvierung deutscher Firmen in den Bau einer Chemiefabrik im libyschen Rabta, hinter der sich – im Unterschied zum Afghanistan-Fall – ein deutschamerikanischer Interessenkonflikt auftat. Nachdem diplomatische Vorstöße der USA in Bonn nicht gefruchtet hatten, lancierte Washington auf der nachrichtendienstlichen Schiene eine entsprechende Meldung, die Pullach auch

Egon Bahr, Erfinder der Formel »Wandel durch Annäherung« und in den 70er und 80er Jahren der Mann im Hintergrund. Hier mit Hans Modrow in seinem Büro im Berliner Willy-Brandt-Haus, 2015

umgehend an das Kanzleramt weiterleitete, wo sie dann aber monatelang im Panzerschrank eines Abteilungsleiters angeblich ›vergessen‹ wurde, so dass der Bundeskanzler eines Handlungszwangs enthoben war.

Wie in solchen Fällen üblich, weiß die Politik auch stets einen Schuldigen zu präsentieren: Das ist per se der Nachrichtendienst. Im Fall Rabta musste allerdings auch der zuständige Abteilungsleiter im Kanzleramt als ›Bauernopfer‹ seinen Hut nehmen.

Vor dem Hintergrund des Ost-West-Konflikts und einem auf gegenseitiger atomarer Abschreckung beruhenden Frieden kam der nachrichtendienstlichen Aufklärung wissenschaftlich-technischer Entwicklungen eine eigene Bedeutung zu. Denn jede Störung des bestehenden Gleichgewichts der Kräfte in Europa konnte die Gefahr eines heißen Krieges heraufbeschwören oder – was realistischer schien und deshalb in der Argumentation des Westens bevorzugt herangezogen wurde – gegenüber dem feindlichen Block politisch erpressbar machen, wie auch immer dies zu verstehen war, in der Regel jedoch nicht hinterfragt wurde. Aus Sorge, die andere Seite könnte zumindest zeitweilig einen rüstungstechnischen Vorsprung und damit eine gewisse Überlegenheit erlangen, wurden entsprechende Vorhaben und Neuentwicklungen, Konzeptionen und Strategien mit Argusaugen beobachtet, um sie möglichst rasch durch geeignete Maßnahmen zu kompensieren bzw. zu konterkarieren.

Es war so etwas wie der Wettlauf zwischen Hase und Igel, unter jeweiligem Rollentausch zwischen den beiden Seiten, so dass jede Seite für sich in Anspruch nehmen konnte, durch Wiederherstellung des Gleichgewichts des Schreckens den Frieden gesichert zu haben, während die andere an der Rüstungsschraube drehte. Allerdings mussten die Sowjetunion und ihre Bündnispartner für diese immer kostspieligere Art der Friedenssicherung bekanntlich einen immens hohen Preis bezahlen: den ihres rapiden wirtschaftlichen Niedergangs.

Unsere Konferenz hat sich die Frage gestellt, ob im Kalten Krieg die Spionage der Friedenserhaltung diente? Zu jedem Zeitpunkt habe ich diese Frage für mich mit einem klaren JA beantwortet. Als Kundschafterin der HV A habe ich mich bewusst in den Kampf um die Erhaltung des Friedens in Europa eingebracht, der zugleich Frieden und Sicherheit beider deutscher Staaten gewährleistete. Angesichts des politisch-militärischen Antagonismus zwischen Ost und West ging es darum, den Status quo zu erhalten und alle Versuche zu verhindern, das bestehende Gleichgewicht der Kräfte in Europa zu zerstören. Denn mit dem auf beiden Seiten angesammelten riesigen Arsenal an Atomwaffen ließ sich eher leben als mit der latenten Gefahr militärischer Überlegenheit einer Seite und einem daraus resultierenden politischen Vabanque-Spiel.

In meinen Augen drohte diese Gefahr zuvörderst von westlicher Seite, auch wenn der Osten einen erheblich höheren Anteil seines Bruttosozialprodukts in die Rüstungsproduktion steckte. Denn der Westen verfügte über ein beträchtlich größeres wirtschaftliches und wissenschaftlich-technisches Potential als der Osten und die Versuchung war groß, diese Fähigkeiten im Zuge des Wettrüstens voll auszuspielen. Hinzu kam das latente Interesse Bonns, den von den Siegermächten des Zweiten Weltkriegs aufgezwungenen Atomwaffenverzicht durch Erlangung einer Mitsprache über den Einsatz atomarer Waffen im Rahmen der NATO zu unterlaufen.

Da Deutschland im militärstrategischen Kalkül der Blöcke potentieller Hauptkriegsschauplatz war und die USA sich stets weigerten, auf einen atomaren Erstschlag zu verzichten, war die Gefahr einer Apokalypse auf deutschem

Boden keineswegs nur hypothetisch. Angesichts des Bonner Alleinvertretungsanspruchs und der Weigerung, die DDR-Staatsangehörigkeit anzuerkennen, gab es überdies politischen Zündstoff, aus dem unversehens ein gefährlicher Brandherd entstehen konnte.

Zudem hatte sich seit der neuen Ostpolitik Brandts und insbesondere seit der Konferenz über Sicherheit und Zusammenarbeit in Europa (KSZE) der Ost-West-Konflikt auf das nicht minder gefährliche Feld der ideologischen Penetrierung verlagert. Wie schon in früheren Jahren, als Bundeskanzler Adenauer mit dem Slogan der ›Abstimmung mit den Füßen‹ Deutschlandpolitik betrieb, war hier die DDR naturgemäß besonders angreifbar, da über die modernen Kommunikationsmedien ungehindert erreichbar. Hinzu kam das starke wirtschaftliche Gefälle zwischen Ost und West, dem die DDR trotz aller Anstrengungen und Erfolge nicht beikommen konnte, waren doch ihre objektiven Bedingungen als kleinerer und industriell schwächerer Teil Deutschlands von Hause aus erheblich schlechter. Schwachstellen bieten bekanntlich Angriffsfläche, und als Schmuddelkind der Teilung Deutschlands war die DDR ständig den subtilen Angriffen der Bundesrepublik auf politischem, wirtschaftlichem und humanitärem Gebiet ausgesetzt.

Diese durch Aufklärung abwehren zu helfen und damit zur Stabilität der DDR und des Status quo beizutragen, war fraglos Arbeit für den Frieden in Europa.

Erst die sowjetische Selbstschwächung infolge der Unfähigkeit Gorbatschows, seinen neuen innen- und westpolitischen Kurs zu beherrschen, brachte es mit sich, dass die ›Wende‹, eben die Veränderung des Status quo in Europa, friedlich verlief und nicht zum heißen Krieg geriet, wie es in den Jahrzehnten zuvor stets zu befürchten stand.

Ich halte es allerdings für wichtig auch zu betonen, dass

meine Tätigkeit als hauptamtliche Mitarbeiterin des BND nicht unbedingt gegen den Frieden in Europa gerichtet war. Denn auch der Bundesnachrichtendienst verstand seine Arbeit als ›Spionage für den Frieden‹. Naturgemäß betrachteten meine früheren Kollegen die Welt und insbesondere die Lage in Europa entgegengesetzt zur Sichtweise der HV A: Für sie war der Osten der potentielle Aggressor, den man durch umfassende Aufklärung in den Schranken eines friedenssichernden Status quo halten musste, jedenfalls in Europa, mochten sich auch angesichts neuer Konfliktfelder die Einflusssphären in der Dritten Welt verschieben.

Selbst als die Erosionsprozesse in Osteuropa in der Folge der Politik Gorbatschows nicht mehr zu übersehen waren, erschien ein Zusammenbruch des sozialistischen Systems und damit der europäischen Nachkriegsordnung für den BND unvorstellbar, was ihm später einmal mehr die Schelte der Medien einbrachte, gewichtige Entwicklungen verschlafen zu haben.

Die enorme Schnelllebigkeit unserer Zeit und die neuen Dimensionen des internationalen Terrorismus bringen es mit sich, dass in der Retrospektive die Ära des Kalten Krieges einen zunehmend friedlichen Anschein bekommt und das ungeheure Ausmaß der Bedrohung, sich gegenseitig zu vernichten, aus dem Bewusstsein der Menschen schwindet. Denn es ist leichter sich vorzustellen, Opfer eines heimtückischen Attentats zu werden als mit Millionen von Menschen im atomaren Inferno unterzugehen. Für uns Aufklärer hingegen war ein solches Inferno eine durchaus reale Gefahr. Sie gebannt zu haben, ist auch unser Verdienst.«

Wie viel bin ich denn nun dem BND wert gewesen?
60.000 DM, wie die Presse schrieb,
oder 100.000 DM, wie Ihre früheren Kollegen sagen?

Gabriele Gast bei dem MfS-Oberst,
der sie an den BND verraten hatte, 1997

Kapitel 5
Festnahme – Prozess – Haft

In der DDR war am 18. März 1990 ein neues Parlament gewählt worden. Unter massiver Einmischung der westdeutschen Parteien siegte die »Allianz für Deutschland«, weil sie einen raschen Anschluss der DDR an die Bundesrepublik versprochen hatte. Mit zwei Staatsverträgen war der Untergang der DDR besiegelt worden. Auf Wunsch des Bundeskanzlers Helmut Kohl, der auf jeden Fall einen 41. Jahrestag der DDR am 7. Oktober verhindern wollte, sollte die Existenz der DDR am 2. Oktober 1990 um 24 Uhr enden.

Gabriele Gast notierte am 30. September in ihr geistiges Tagebuch: »Als ich an diesem klaren Herbstmorgen nach Innsbruck startete, bemerkte ich nicht den Wagen, der mir folgte. Ich hätte ihn bemerken können, wenn ich mich, wie früher, gegen eine mögliche Observation abgesichert hätte. Doch seitdem die nachrichtendienstliche Zusammenarbeit mit der DDR eingestellt, die HV A aufgelöst war, seitdem ich meine geheimdienstliche Ausrüstung vernichtet hatte, wäre es merkwürdig erschienen, wenn ich mich dennoch nach den Regeln der Konspiration verhalten hätte.

So traf mich meine Festnahme gleichsam aus heiterem Himmel. Doch wann immer ich später den Ablauf der Ereignisse rekonstruierte, war ich heilfroh, völlig überrascht worden zu sein. Was wäre gewesen, wenn ich die Observation bemerkt hätte? Ich wäre vermutlich in Panik geraten, weil ich keinen Ausweg aus der Situation gefunden hätte.

Zu versuchen, mich in die DDR abzusetzen? Diesen Weg gab es seit dem Fall der Berliner Mauer nicht mehr, und jetzt, wenige Tage vor der Vereinigung beider deutscher Staaten, wäre er mir schon gar nicht in den Sinn gekommen. Nach Österreich fliehen? An diese Möglichkeit hatte ich bislang nie gedacht, weil ich in Deutschland meine Heimat sah.

Ich hätte im Ernstfall kein Problem damit gehabt, östlich der Elbe ein neues Heim für mich und mein Kind aufzubauen. Ich wusste, dass ich dabei auf umfassende staatliche Hilfe zählen könnte. Doch in Österreich? Zwar mochte ich dieses Land, hatte dort häufig meinen Urlaub verbracht. Aber dort hätte ich ganz aus eigener Kraft ein neues Leben beginnen und noch einmal von vorn anfangen müssen. Ich hätte nicht den Mut gehabt, eine solche Entscheidung meinem Sohn gegenüber zu verantworten.

Es wundert nicht, dass sich in den vielen Presseberichten über meinen ›Fall‹ kein einziges Wort zu meinem Vorbehalten fand. Denn dann hätten die Medien – und ebenso der BND – einräumen müssen, wie weit die sensationellen Berichte über meine Verhaftung von der Wahrheit entfernt waren. Aus dem Umstand, dass ich am Grenzübergang Mittenwald-Scharnitz festgenommen wurde, hatte man nämlich messerscharf geschlossen, ich hätte von meinen Partnern in der HV A im letzten Moment eine Warnung erhalten und mich ins Ausland absetzen wollen. Schon einen Tag zuvor hatte der BND gemeint, Anzeichen für eine derartige Absicht festzustellen. War doch seiner Observationsgruppe am Nachmittag mein ›sehr unruhiges Verhalten‹ aufgefallen. Peinlich nur, dass die Observanten weder meine Abwesenheit noch meine späte Heimkehr von der Bergtour bemerkten, obwohl das Entladen der Kletterausrüstung aus meinem Wagen schwerlich zu übersehen war. So bleibt unerfindlich, wen und was der BND

Gabriele Gast und Gotthold Schramm, Odense 2007

an jenem Nachmittag, während ich im Wettersteingebirge auf dem dem Großen Waxenstein benachbarten Zwölfers die Rast genoss, beobachtete und ihn behaupten ließ, ich würde in nervöser Eile Fluchtvorbereitungen treffen.

Situationsbedingt war mir nicht im Entferntesten zum Lachen zumute, und dennoch war diese abenteuerliche Unterstellung einfach zu komisch. Welche Fantasielosigkeit! Wäre ich tatsächlich wie Richard Kimble auf der Flucht gewesen, hätte ich doch niemals im eigenen Wagen und mit meinen Ausweisen in der Handtasche einen Grenzübergang angesteuert. Vielmehr wäre ich – ganz unverfänglich – als Bergsteigerin über die grüne Grenze marschiert. Ich kenne schließlich manchen Steig, auf dem man völlig unbehelligt zwischen Bayern und Österreich wechseln kann. Das nenne ich einen Fluchtweg, und nicht die Durchfahrt am offiziellen Grenzübergang!

Während ich also unterwegs war, um pünktlich um neun Uhr Karl-Heinz in Innsbruck zu treffen, folgte mir mit kurzem Abstand die Observationsgruppe des BND, erfasst von zunehmender Nervosität, als sie erkennen muss-te, dass mein Weg schnurstracks aus dem deutschen Hoheitsgebiet herausführte. Was tun? Die Situation verlangte nach einer Entscheidung. Man entschied, den Grenzposten anzurufen und ihn zu bitten, den goldfarbenen Ascona mit dem amtlichen Kennzeichen M-ZS 89 anzuhalten. Ein dringender Fall von Amtshilfe!

Unterdessen hatte ich den Mittenwalder Grenzposten erreicht. Noch herrschte wenig Verkehr, die paar Autos vor mir waren rasch abgefertigt. Wie gewohnt hielt ich in langsamer Weiterfahrt meinen Ausweis hin, bereit, bis zum nächsten Stopp im österreichischen Grenzort Scharnitz zu beschleunigen.

Doch plötzlich war nichts mehr wie gewohnt.

›Ihren Führerschein, bitte‹, sagte der Grenzbeamte. Wieso das, fragte ich mich. Sollte ich zu schnell gefahren sein, eine Radarkontrolle übersehen haben? Unmöglich wäre das nicht, ich hatte mich beeilt, war recht zügig gefahren. Höchst ärgerlich, wenn nun ein ›Schnellzugzuschlag‹ abkassiert würde. Aber was soll's, irgendwann erwischt es einen eben.

Der Beamte ließ sich Zeit, meinen Führerschein zu prüfen. ›Parken Sie bitte dort drüben‹, gebot er mir nun, ›und kommen Sie dann bitte mit.‹«

In dieser Phase merkte Gabriele Gast noch immer nicht, was die Glocke geschlagen hatte. Sie wähnte sich, nachdem alle Spuren ihrer HV A-Tätigkeit verwischt worden waren, in Sicherheit.

»Beamte eilten an mir vorbei. Ich wurde ungeduldig und sprach einen an. ›Jetzt möchte ich bitte endlich wissen, was los ist!‹

›Kommen Sie bitte mit.‹ Er führte mich durch jene Tür, hinter der zuvor der Grenzkontrolleur verschwunden war. Dahinter befand sich die Einsatzzentrale. Noch einmal verlangte ich nach einer Erklärung. ›Es liegt ein Haftbefehl gegen Sie vor. Er ist aber noch nicht ausgestellt. Genaueres wissen wir auch nicht. Sie müssen warten bis wir Antwort aus München haben.‹«

Mit dieser Aussage war alles klar. »Ich wusste, dass es einen einzigen, freilich gravierenden Grund gab, mich zu verhaften. Trotzdem erschien es mir absurd, dass ich jetzt, wo meine geheime Zusammenarbeit mit der HV A beendet war, wo auch der BND seine Spionage gegen die DDR eingestellt hatte und überhaupt in Deutschland nichts mehr so war wie früher, das ich ausgerechnet jetzt, wo eine völlig neue Zeit anbrach, verhaftet werden sollte. Ich konnte nicht daran glauben, so sehr ich auch instinktiv begriff, dass das, was sich hier anbahnte, der Ernstfall war.«

Gegen 9.30 Uhr betraten zwei Männer in Zivil den Raum. Gabriele Gast kannte die beiden vom Sehen, es waren Kollegen aus der Sicherheitsabteilung. Der eine hielt ihr seinen Dienstausweis vors Gesicht. Den gleichen Ausweis besaß auch sie, nur mit anderen Eintragungen.

»›Ich verhafte Sie wegen Landesverrats und geheimdienstlicher Tätigkeit für eine fremde Macht‹, schnarrte mein Kollege. Am liebsten würde er mir an die Gurgel gehen, schien es. Er kochte vor Zorn.

Mit einigem Erstaunen stellte ich fest, dass seine kaum beherrschte Wut mich nicht beeindruckte. Eigentlich empfand ich gar nichts. Nur in meinem Kopf arbeitete es unaufhörlich. Was hatte mein Kollege in seiner Erregung gesagt? Ich verhafte Sie! Er muss den Verstand verloren haben, dachte ich. Er kann keine Verhaftung vornehmen, er ist doch kein Richter. Er kann nicht einmal eine Festnahme verfügen, wenn es rundum von Polizei wimmelt. Das ist Amtsanmaßung, er hat keine exekutive Funktion. Und wie kommt er dazu, mich des Landesverrats zu beschuldigen? Der ist doch nicht ganz dicht!

›Wir bringen Sie jetzt nach München zum Bayerischen Landeskriminalamt‹, redete der rot Angelaufene weiter.«

Und nun begann es im Kopf von Gabriele Gast zu arbeiten. Hatte ihr Verbindungsführer vor einigen Monaten nicht gesagt, sie hätte nichts zu befürchten, alle Unterlagen über ihre Zusammenarbeit mit der HV A seien vernichtet worden? Entsprach dies der Wahrheit, oder hatten seine Worte nur dazu gedient, sie zu beruhigen? Dann aber hätte er sie angelogen.

»Ich verwarf den Gedanken wieder. Wir kannten uns schon zu lange und waren einander freundschaftlich verbunden. Eher hätte er mich gewarnt, angesichts der politischen Situation sei meine Sicherheit zweifelhaft, statt mich wider besseres Wissen glauben zu machen, mir drohe keine Gefahr. Könnte jemand, der von mir wusste, mich bei den westdeutschen Geheimdiensten hingehängt haben? Angestrengt dachte ich nach, mit welchen Mitarbeitern der DDR-Aufklärung ich zusammengetroffen war. Es waren nicht viele, einige von ihnen schon verstorben. Auch erschien mir der Gedanke absurd, ein Kontaktmann könnte mich verraten haben. Keinen von denen, die ich kannte, hielt ich dazu fähig. Waren nicht in den Jahren der Zusammenarbeit enge persönliche Bindungen entstanden? Die waren doch nicht bloß vorgegaukelt, sondern logische Folge der Konspiration, unter der wir alle zu leben hatten und tätig gewesen waren. Im BND war das nicht anders. Auch dort schmiedete ein Gefühl der Solidarität, das oftmals bis zur uneingeschränkten Identifizierung reichte, die Führungsleute mit ihren Quellen zusammen. Hatte ich nicht wiederholt Ärger mit dem einen oder anderen Führungsoffizier bekommen, wenn ich eine Quellenmeldung als untauglich verworfen hatte und er diese Bewertung als persönlichen Angriff auf ›seine‹ Quelle interpretierte? Nein, es war unvorstellbar, dass einer meiner Führungsleute nun, da die Zusammenarbeit eingestellt war, mich auf den Müllhaufen der Geschichte geworfen haben könnte.

Wie aber sonst konnte der BND von meiner heimlichen Verbindung zur HV A erfahren haben? Irgendeiner, den ich nicht kannte, der aber von mir wusste, musste geredet haben. Schon kurz nach der ›Wende‹ hatte es Fälle von gravierendem Verrat gegeben. Einige Verräter waren beim BND untergekommen, von diesen nicht nur abgeschöpft und ausgequetscht, sondern auch mit allerlei nützlich scheinenden Arbeiten beschäftigt worden.«

Gabriele Gasts Vermutung, dass sie Opfer eines Verrats geworden sein könnte, war keineswegs abwegig. Später sollte sich diese Annahme bestätigen.

Zunächst kam sie in Untersuchungshaft. »Die Zellentür blieb ständig verschlossen. Ich empfand das als völlig normal in einem Gefängnis. Erst einige Tage später erfuhr ich von der Sozialpädagogin der Anstalt, dass das keineswegs normal war, sondern Folge einer gegen mich verhängten ›Einzelhaft‹.

Über den Dächern von Pullach

Dieser Begriff umschrieb beschönigend den Sachverhalt der Isolationshaft, die es – bis auf ganz wenige, gesetzlich festgelegte Ausnahmen – in der BRD theoretisch nicht gab, weil sie gegen das in allen Menschenrechtsbestimmungen enthaltene Verbot der Folter oder unmenschlichen Behandlung verstieß.

›Es wird schwer für Sie werden, verdammt schwer‹, sagte Frau Petri unvermittelt und schaute mich dabei prüfend an. ›Wie ich sehe, haben Sie besondere Haftauflagen.‹

›Haftauflagen? Davon weiß ich nichts. Man hat mir nichts gesagt.‹

›So?‹ Frau Petri zog das ›o‹ vielsagend in die Länge. ›Für Sie ist strenge Einzelhaft angeordnet. Das heißt dauernde Trennung von den Mitgefangenen. Sie können an keiner Gemeinschaftsveranstaltung teilnehmen, kein Fernsehen, keine Gruppenstunden, kein Gottesdienst. Auch den Hofgang müssen Sie alleine machen. Kein Gespräch mit den anderen Frauen. Sie werden immer allein sein, immer in Ihrer Zelle eingesperrt sein.‹

›Das macht mir nichts aus‹, gab ihr entschlossen zur Antwort. ›Ich bin froh, wenn man mich in Ruhe lässt. Ich will niemanden sehen.‹

›Sagen Sie das nicht! Im Moment mag das zwar so sein. Doch im Knast können die Tage sehr lang werden, besonders wenn man allein ist.‹

›Das werde ich schon durchstehen. Ich brauche nur eine vernünftige Beschäftigung.‹

In einer vagen Hoffnung, Frau Petri könnte mir eine einigermaßen sinnvolle Arbeit verschaffen, sah ich sie erwartungsvoll an. Doch ihr Blick machte alle Hoffnungen zunichte.

›Gerade das ist ein riesiges Problem hier. Die Arbeit im Knast können Sie vergessen. Gerade mal ein bisschen Nähen, Putzen oder Verpacken. Eben das, wovon man meint, es sei einer Frau angemessen. Für Sie ist das überhaupt nichts, und die paar Pfennige, die dafür bezahlt werden, sind auch nicht der Rede wert. Sie müssen sich selbst ein Arbeitsprogramm einfallen lassen, eine anspruchsvolle Beschäftigung, damit Sie sich geistig fit halten und das ständige Alleinsein überstehen. Eine Sprachausbildung vielleicht oder ein Fernstudium. Sie müssen sich unbedingt Gedanken darüber machen. Sie ahnen ja nicht, wie sehr die Haft, noch dazu eine Einzelhaft, innerlich lähmt und zersetzt.‹

Erst Wochen später fand ich in den ersten Ermittlungsakten, die mir Bertram, mein Anwalt, zur Kenntnis gab, eine Kopie der richterlichen Anordnung der strengen Einzelhaft. Sie war mit dem ›Gegenstand des Verfahrens‹ begründet worden.

Mit diesem Argument hätten natürlich alle Kundschafter, die nach der Wende strafrechtlich verfolgt wurden, in Isolationshaft genommen werden können. Doch das war nicht der Fall. Nicht einmal gegen meinen früheren BND-Kollegen Alfred Spuhler, der Ende 1988 verhaftet worden war, hatte man derartige Sondermaßnahmen verhängt. Die Anordnung solcher Hafterschwerung, die im übrigen auch nicht von den Vorschriften der Untersuchungshaftvollzugsordnung gedeckt war, blieb allein auf mich beschränkt. Eingedenk des wütenden Blickes meines Kollegen von der Sicherheitsabteilung, der mir am Grenzübergang Mittenwald in Anmaßung richterlicher Kompetenz meine Verhaftung erklärt hatte, beschlich mich die dumpfe Ahnung, dass die Anordnung der Einzelhaft ein Racheakt des BND sein könnte. Das wies ihn zwar als schlechten Verlierer aus. Aber als Triumphator war er bei meiner Festnahme ohnehin nicht erschienen.«

Später, nach der Entlassung aus der Strafhaft, kam Gabriele Gast wiederholt auf das Problem der Einzelhaft zu sprechen oder zu schreiben. Sie prangerte die Isolationshaft als Isolationsfolter und damit als Menschenrechtsverletzung an. Und da diese nicht auf Guantanamo oder in einer Diktatur, sondern in der Bundesrepublik erfolgt war, machte sie die BRD und niemand anderes dafür haftbar. Die Reflexion dieser 15 Monate ist ein sehr präzises Psychogramm, was – neben aller Wur, die sie berechtigt erzeugt – großen Einmaligkeitswert besitzt.

»Die Bundesrepublik Deutschland behauptet von sich, die Menschenrechte umfassend zu achten und zu schützen. Menschenrechtsverletzungen, wie sie in vielen Ländern, insbesondere der Dritten Welt, an der Tagesordnung sind, gäbe es in diesem Lande nicht. Auch und nicht zuletzt deshalb sei Deutschland ein Rechtsstaat.

Diese Behauptung ist eine Lüge.

Es gibt Menschenrechtsverletzungen auch in Deutschland – zum Beispiel in Form der Isolationsfolter in deutschen Gefängnissen. Ihr Unterschied zur Isolationsfolter, die möglicherweise anderswo praktiziert wird, besteht – wenn überhaupt – allein darin, dass sie gesetzlich geregelt ist und von einem Richter angeordnet sein muss. Die Bundesrepublik Deutschland ist eben ein Rechtsstaat.

Ich habe in einem deutschen Gefängnis die Isolationsfolter erlitten. Während der Untersuchungshaft, wo ich dem Gesetz zufolge als unschuldig galt, 15 Monate lang. Ich war 23 Stunden täglich allein in einer kleinen Zelle eingesperrt, bei der einen Stunde ›Aufenthalt im Freien‹ war ich ebenfalls allein. Die Isolationshaft war formaljuristisch korrekt vom Ermittlungsrichter angeordnet.

Juristisch zweifelhaft war aber schon ihre Begründung: Sie erfolgte nicht aufgrund einer besonderen ›Verdunklungsgefahr‹ (Nr. 60 UVollzO), sondern wegen des ›Gegenstandes des Verfahrens‹.

Dieser Gegenstand betraf den § 99 StGB: geheimdienstliche Agententätigkeit.

Im Zeitraum meiner Inhaftierung vom 1. Oktober 1990 bis zum 11. Februar 1994 wurden auch viele andere Menschen in der Bundesrepublik Deutschland wie ich wegen nachrichtendienstlicher Tätigkeit für die DDR strafrechtlich verfolgt. Nach meiner Kenntnis wurde aber niemand derart brutalen Haftbedingungen unterzogen. Möglicherweise hing dies damit zusammen, dass ich viele Jahre hauptamtlich für den Geheimdienst der Bundesrepublik Deutschland, den Bundesnachrichtendienst, gearbeitet hatte und die Isolationsfolter einen besonderen Strafzweck erfüllen sollte.

Die Anordnung einer strengen Einzelhaft ging jedenfalls auf den Antrag der Bundesanwaltschaft zurück, hinter der wiederum, auch mit dem Mittel der Zeugenbeeinflussung (Beweise hierfür liegen vor), der Bundesnachrichtendienst agierte. Die Anordnung erscheint aber vor allem deshalb als ein Willkürakt, weil gegen einen anderen Mitarbeiter des Bundesnachrichtendienstes, der im gleichen Zeitraum wie ich wegen geheimdienstlicher Tätigkeit für die DDR inhaftiert war, keine Isolationshaft verhängt wurde.

Isolationshaft, insbesondere über einen längeren Zeitraum vollzogen, ist Folter. Sie deformiert die Psyche, verändert die Persönlichkeit. Sie hinterlässt bleibende seelische Schäden. Isolationshaft schränkt die Fähigkeit zur Verteidigung ein – sie verletzt damit die Rechte der Verteidigung und das Unschuldsprinzip.

Untersuchungshaft in der Form der Isolationshaft bezweckt, den Beschuldigten bzw. Angeklagten mit Blick auf den Gerichtsprozess ›weichzukochen‹ – ein justizielles Selbstverständnis von Gerechtigkeit legitimiert die Folter und verschleiert sie zugleich. Untersuchungshaft in der

Isolationshaft ist Folter

Form der Isolationshaft dient dem Anspruch des Staates auf Sanktion des Rechtsbruchs, auf Strafe.

Sie ist Strafe in ihrer primitivsten Form: der nackten Rache.

In den fünfzehn Monaten der Isolationshaft habe ich zwei Arten psychischer Folter erfahren und durchlitten: in der ersten, etwa ein halbes Jahr dauernden Phase die Qual, die Gegenwart von Menschen und vor allem die Kommunikation mit ihnen entbehren zu müssen, und nachfolgend die Qual, die Gegenwart von Menschen nicht mehr ertragen zu können, ihre Nähe aber ertragen zu müssen.

Im ersten halben Jahr der Isolationshaft beherrschte ein Gefühl grenzenloser Verlassenheit und eine unstillbare Sehnsucht nach menschlicher Nähe alle Empfindungen. Immer wieder ließ die innere Anspannung in Momente tiefster Verzweiflung und des Verlusts von Wert und Sinn solchen Lebens abstürzen. Die Gefahr der Suizidalität war um so größer, als es in solchen Stunden der Depression keine Möglichkeit eines tröstenden Wortes, eines Händedrucks gab.

Gleichzeitig widersetzte sich die Psyche der erzwungenen Einsamkeit, indem sie herbeizuzwingen suchte, was die versperrte Tür vorenthielt. Wie bei einem Blinden übernahm das Gehör die Orientierung, versuchte die trennenden Wände zu überbrücken. Waren jenseits der Tür, auf dem Flur, Geräusche von Menschen zu vernehmen, hastige Schritte oder schlurfender Gang, Stimmengewirr, Singsang oder gar Lachen, so schwand das Gefühl des eingesperrt Ausgesperrtseins, erschien menschliche Nähe gegeben, die die Endlosigkeit der Zeit erträglicher machte. Blieben diese Geräusche aus wie an den Sonn- und Feiertagen, legte sich eine bleierne Schwere über die Zelle.

Irgendwann, nach etwa einem halben Jahr, kehrte die Gewöhnung an die Einsamkeit diese krampfhafte Suche nach menschlicher Nähe um. Nun begann die Qual, die Gegenwart von Menschen ertragen zu müssen, ihre Schritte, ihr Reden, ihr Lachen, die Geräusche von Leben und Geschäftigkeit. Nur das Alleinsein mit sich selbst, die Unterhaltungen der Gedanken, die schriftliche Kommunikation mit Angehörigen und Freunden, die Stille waren zu ertragen, und was immer in diese Stille eindrang und sie störte, bedrängte die Geborgenheit der Zelle. Ich wurde wortkarg, gab den Wärterinnen kaum noch Antwort. Ihre Anwesenheit beim einsamen Hofgang begann zu stören. Jedes Aufschließen der Zellentür erschien wie ein Einbruch in meine geschlossene Welt. Die Ohren wehrten sich gegen jedes noch so leise, noch so angenehme Geräusch, wie beispielsweise die geliebte klassische Musik. So blieb das Radio, das zuvor eine schmale Brücke zur Außenwelt geschlagen hatte, immer häufiger und immer länger stumm.

Unmerklich, wiewohl unaufhaltsam, hatte die Isolation in die Selbstisolation geführt und damit in eine Verfasstheit, die die Einsamkeit erträglich machte. Nur – dieser Zustand währte nicht auf Dauer.

Nach etwa einem Jahr setzte eine innere Erstarrung ein, die mir die Fähigkeit zur Selbstbeschäftigung, zur Arbeit nahm. Bis dahin hatte ich die Tage, Werktage wie Feiertage, in einem strengen Arbeitsrhythmus verbracht, wenn nicht eine depressive Stimmung zur Untätigkeit zwang. Ich war ständig beschäftigt, stellte mir immer wieder neue Aufgaben, um in dem Übermaß an Zeit nicht in lähmende Langeweile zu verfallen. Ich konnte dadurch die Konzentration wahren oder aktivieren. Aber nach einem Jahr ununterbrochener und einsamer Betätigung war ich ausgebrannt. Von einem Tag zum anderen ging nichts mehr: kein Buch vermochte zu interessieren, keine Themenbearbeitung, kein Lernprogramm, keine Handarbeit, und – was das Schlimmste war – ich konnte mich auch meiner Familie nicht mehr mitteilen. Der innere Panzer, der sich in all den Monaten der Isolation herausgebildet hatte, hatte sich geschlossen. Das schützende Schneckenhaus war zugewachsen. Das war die Zeit, wo ich zu ersticken meinte, wo ich mich lebendig begraben fühlte. Aber es war auch eine Zeit, wo ich zu begreifen begann, dass die Justiz Unrecht tat, und aus dieser Erkenntnis die Kraft zum Durchhalten schöpfte.

In diese psychische Verfasstheit fiel die Gerichtsverhandlung. Sie riss mich aus der Einsamkeit und der Abschirmung der Zelle. Von einem Moment zum anderen wurde ich in das Leben außerhalb der Gefängnismauern geworfen, in das Verkehrsgewühl, in menschliche Gesellschaft, in eine Kommunikation mit Menschen und – ins Blitzlicht der Öffentlichkeit.

Nach vierzehn Monaten ständigen Alleinseins begann der Prozess gegen mich damit, dass eine Horde von Pressefotografen über mich herfiel, mich bedrängte, ihre Scheinwerfer auf mich richtete und mir ihre Kameras ins Gesicht hielt. Auch das war rechtsstaatlich, denn sie hatten eine richterliche Genehmigung. Während die Kameras heißliefen, erstarrte ich zu einem Eiszapfen. Aus dieser Erstarrung taute ich erst abends, nach Rückkehr in die Einsamkeit meiner Zelle, auf: mit einem psychischen Zusammenbruch und der flehentlichen Bitte an die hilflosen Wärterinnen, meine Zellentür für die nächsten Jahre nicht mehr zu öffnen, weil das humaner sei als der brutale, entwürdigende Presseüberfall im Gerichtssaal.

In solcher Verfasstheit stand ich die Verhandlung und ihre Begleitumstände durch.

Es bleibt abschließend noch festzuhalten, wie meine Isolationshaft endete und die Rückkehr unter die Menschen verlief.

Es war ein Weg zurück durch die Hölle, die ich auf dem Weg in die Selbstisolation durchschritten hatte.

Nach Aufhebung der Einzelhaft blieb ich weitere drei Monate ununterbrochen in der Zelle. Wann immer die Tür aufgesperrt und einen Spalt breit geöffnet wurde, stürzte ich hin, um sie zu schließen. Es war unerträglich, sie geöffnet zu sehen und dahinter Menschen wahrzunehmen. Ich ging nicht mehr in den Hof, weil ich nun am allgemeinen Hofgang teilnehmen musste, und die Anwesenheit von Menschen und das Stimmengewirr in diesem Areal, in dem ich fünfzehn Monate lang alleine gewesen war, nicht ertrug. Ich ertrug es nicht, beim Essenholen, Wäschetausch und Duschen anderen Menschen nahe sein zu müssen. Ich schlich mich, wenn überhaupt, als erste oder als letzte hin und war dankbar, wenn mir die Hausarbeiterin solche Wege abnahm.

Dann folgte die Verlegung in eine andere Justizvollzugsanstalt. In einen riesigen, typischen Gefängnisbau, kreuzförmig angelegt mit hohen offenen Hallen, erfüllt von Geschrei und dröhnender Musik. Wieder, wie schon während der Verhandlung, rasteten die Nerven aus, bereitete der Lärm physische Pein. Doch es kam, als es besser zu werden versprach, noch schlimmer: Nach der Verlegung in den offenen Vollzug hatte ich in der Freigänger-Abteilung drei Räume und ein winziges Bad mit acht anderen Frauen zu teilen. Die Zwangs-Isolation führte geradewegs in die Zwangs-Gemeinschaft. Nicht einen Moment war ich mehr allein, Tag und Nacht der Gegenwart anderer Menschen ausgeliefert.

In der äußersten Ecke des Flurs, den Mitbewohnerinnen abgewandt, richtete ich mir einen Arbeitsplatz ein und wünschte mir die Wände der Zelle herbei, um wirklich abgeschirmt zu sein von den anderen Frauen.«

Zu den besonderen Erschwernissen, denen sie ausgesetzt war, zählten für Gabriele Gast die Probleme, die mit ihrer früheren Entscheidung, ein behindertes Kind aufzunehmen, verbunden ware. Anfang 1980 hatte sie sich des Jungen, den ihre Schwester zur Pflege hatte, angenommen. Diese war mit dem Kind überfordert und wollte es ins Heim zurückgeben, was wiederum die Mutter betrübte. Man hatte das Kind in die Familie aufgenommen und konnte es nicht wie ein Gepäckstück zurückexpedieren.

Die Mutter war nicht in der Lage, diese Aufgabe zu übernehmen, sie war in die Jahre gekommen und selbst nicht gesund. Und auch der Bruder sah keine Möglichkeit, das Kind zu sich zu nehmen.

Also lag die Entscheidung bei Gabriele Gast, die es sich damals nicht leicht gemacht hatte.

»Nein, ich konnte nicht, gab mir die Vernunft zur Antwort. Wie sollte ich auch als berufstätige und alleinstehende Frau. Selbst bei bestem Willen hätte ich gar nicht die Zeit gehabt, eine solche Aufgabe zu bewältigen. Aber man muss es!, mahnte mein Gefühl. Man kann den kleinen Kerl doch nicht einfach seinem Schicksal überlassen. Schicksal? Wie kannst du es wagen, den Jungen zu dir zu nehmen, wo du mit einem Bein im Gefängnis stehst! Du musst die Zusammenarbeit mit der HV A beenden. Sonst bringst du das Kind in Gefahr!

Aufhören? Jetzt, wo die NATO mit ihrem Nachrüstungsbeschluss eine neue Runde im Rüstungswettlauf eingeläutet hatte? Wo sie entschlossen war, mit Cruise Missiles – tieffliegende und jede Radarwarnung unterlaufende Marschflugkörper – ein neues Bedrohungspotential gegen die sozialistischen Staaten in Stellung zu bringen? Wie sehr hatte es mich empört, dass die Bundesregierung die Bevölkerung glauben zu machen versuchte, dieses Rüstungsprogramm diene lediglich dem Ziel, die neuen sowjetischen Mittelstreckenraketen SS-20 zu kompensieren, wo es doch ausschließlich darum ging, die USA zu einer nuklearen Verteidigung Europas zu verpflichten, indem man sie im Ernstfall in einen Atomkrieg verwickelte. Nicht vor vermeintlichen Eroberungsgelüsten Moskaus sollten die neuen Waffensysteme schützen, sondern vor einer halbherzigen, nur auf die Sicherheit des eigenen Landes bedachten Bündnistreue der Amerikaner.

Im Ernstfall würden die Deutschen, hüben wie drüben,

das ›Teufelszeug‹ auf den Kopf bekommen, denn Deutschland war als Schauplatz ihres Einsatzes ausersehen, und dann würde es keinen Unterschied mehr machen, ob sie im Strahlenschirm einer sowjetischen oder einer amerikanischen Bombe krepieren. Sie könnten ohnehin nur einmal sterben, und niemand würde eine solche Apokalypse

Auf dem Höhepunkt der Raketen-Krise, von den USA provoziert: Titel von Time Magazin, *Januar 1983*

überleben. Honecker hatte recht: Das ›Teufelszeug‹ musste weg, dafür musste man kämpfen. Die nukleare Erstschlagdoktrin der USA musste ebenfalls weg, sie gefährdete zuvörderst die Deutschen, nicht die Amerikaner. Auch dafür musste man kämpfen.

Ich hatte, als die NATO-Strategen ihre nuklearen Nachrüstungspläne entwarfen, endgültig Position auf der anderen Seite der Barrikade bezogen. ›Ich möchte der SED beitreten‹, hatte ich damals zu Karl-Heinz gesagt, und es hatte ihn tief berührt, in mir die künftige Genossin zu sehen. Fritsch hatte alsbald den Aufnahmeantrag für mich gestellt und Markus Wolf zugeleitet. Dort lag er, noch immer unentschieden. ›Der Minister hat einige Schwierigkeiten damit‹, hatte Fritsch mich einmal als Zwischenbescheid wissen lassen. ›Sicherheitsgründe. Er muss einen Weg finden, wie du in die Partei aufgenommen werden kannst, ohne dass deine Personalien bekannt werden. Wir dürfen die Verbindung zu dir nicht gefährden.‹

Doch nun befand ich mich unversehens in einer Situation, wo die Sicherheit, das Wohlergehen eines Kindes, um das ich mich sorgte, es gebot, mich aus dem gerade erst begonnenen Kampf gegen die westlichen Raketenpläne zurückzuziehen. Das konnte ich genauso wenig verantworten wie eine potentielle Gefährdung jenes Jungen, für den es ein Zuhause zu sichern galt. Du musst aufhören, mahnte mich die Vernunft. Du darfst jetzt nicht aufhören, appellierte mein Gefühl. Jeder wird jetzt auf seinem Posten gebraucht. Auch du!

Niemand ahnte etwas von den tiefen inneren Konflikten, die ich in diesen Wochen mit mir austrug, weder meine Familie noch meine Kollegen, obwohl ich mit ihnen über das Problem sprach. ›Was dein Zeitproblem betrifft‹, meinte Gutmann, mein späterer Chef beim BND, ›so lässt es sich organisatorisch lösen. Wenn du auf Dienstreise bist, kann der Junge solange bei uns bleiben. Auch in den ersten Monaten kann meine Frau ihn tagsüber mitbetreuen. Dann fällt ihm die Eingewöhnung hier leichter, als wenn du ihn im Kindergarten unterbringst.‹

Auch mein Kamerad aus dem gemeinsamen Russischkurs bot seine Hilfe und die seiner Frau an. Mein Zeitproblem verlor an Bedeutung.

Doch würde ich es schaffen, mein Leben so radikal umzustellen, wie die Sorge um ein Kind, obendrein ein körperbehindertes und aufgrund häufiger Wechselbetreuung psychisch geschädigtes Kind, es erforderte?

Ich kannte den Buben nicht persönlich, nur aus den Berichten meiner Mutter. ›Der Junge ist ganz lieb‹, hatte sie erzählt. ›Und die Behinderung ist nicht so schlimm. Er stolpert nur etwas über seine Füße. Man muss ihn eben immer an die Hand nehmen.‹

Ich beschloss, meine Schwester zu besuchen, um den Jungen kennenzulernen. Ich musste ihn sehen und erleben, um mir klarzuwerden, ob ich ihn wie ein eigenes Kind liebhaben und seine Behinderung akzeptieren könnte.

Nie werde ich den Moment unserer ersten Begegnung vergessen, den Blondschopf, der am oberen Treppenabsatz auftauchte, und die Geschicklichkeit, mit der der Kleine auf seinem Hosenboden Stufe für Stufe herunterrutschte, damit er nicht über seine Füße strauchelte und in die Tiefe stürzte. Dann stand er vor mir und strahlte mich an.

›Hallo, ich bin Gaby‹, sagte ich zu ihm und kniete vor ihm nieder.

›Ich bin Harry‹, krähte er fröhlich zurück. ›Ich bin schon fünf Jahre alt. Wie alt bist du?‹

Doch Harry hatte keine Zeit, meine Antwort abzuwarten. Er griff meine Hand und zog mich zur Treppe. ›Ich hab ganz viele Spielsachen. Die will ich dir zeigen.‹

Diesmal stieg er die Treppe hoch, wobei er das Geländer fest umklammerte.

Den ganzen Nachmittag spielte ich mit Harry. Ich hatte mühelos Kontakt gefunden. Aber das hieß nicht viel, Harry zeigte die typische Distanzlosigkeit eines Kindes, das viel herumgestoßen worden war und das bereit war, sich überall einen Platz einzurichten. Das würde einen Wechsel nach München erleichtern. Doch um so schwerer wäre es, sein Vertrauen zu gewinnen und eine verlässliche Bindung aufzubauen.

Seine Behinderung war in der Tat nicht so schwer, als dass ich hätte befürchten müssen, mit seiner notwendigen medizinischen Betreuung überfordert zu sein. Natürlich müsste ich Rücksicht auf die Schwierigkeiten nehmen, die das Schicksal ihm in die Wiege gelegt hatte. Aber damit würde ich zurechtkommen.

Was blieb, war die Entscheidung, meinem Leben mit einem Kind, mit diesem Kind, einen neuen Schwerpunkt, einen Inhalt und Sinn zu geben. Seit einigen Jahren schon, mit zunehmender beruflichen Routine, war ich mir des hohen Preises bewusst geworden, den ich mit meinem Verzicht auf eine eigene Familie für mein berufliches Engagement erbrachte. Wie Hohn klangen mir inzwischen die programmatischen Aussagen der CDU in den Ohren, es sei ein großartiger gesellschaftlicher Fortschritt, dass Frauen nun zwischen Beruf und Familie wählen könnten. Längst hatte ich begriffen, dass es eine Wahl war zwischen Skylla und Charybdis und dass das eine nebst dem anderen Leben Sinn und Erfüllung gab.

Was ich lange von mir gewiesen hatte, weil ich es als ein zu große Belastung empfand, wollte ich jetzt: Sorge für ein Kind tragen. Freilich hätte ich angesichts meines Single-Daseins und meiner beruflichen Pflichten nie den Mut gehabt, selbst ein Kind in die Welt zu setzen oder gar eine

Adoption anzustreben. Es wäre mir egoistisch erschienen. Doch hier war ein Kind, das im Grunde niemand wollte und wo nicht Egoismus, sondern persönliche Zurücknahme mich sagen ließ: Ich will dich!

Im Frühjahr 1980 holte ich Harry zu mir nach München. Von einer Stunde zur anderen war ich Mutter geworden, alleinerziehende Mutter eines Kindes, das mit seinen fünf Jahren bereits über einen ausgeprägten Charakter und vor allem über eine beträchtliche Willenskraft verfügte. Ich musste mir alle Mühe geben, es möglichst schnell kennenzulernen, sein Wesen, seine Eigenheiten und Verhaltensweisen. Außerdem brauchte es eine gute medizinische und psychotherapeutische Betreuung.

Wie ich aus verschiedenen ärztlichen Gutachten ersehen hatte, machte die spastische Lähmung, an der er aufgrund eines postnatalen Atemstillstands litt, eine kontinuierliche Krankengymnastik erforderlich. Der Junge hatte, wie ich schon bei unserer ersten Begegnung feststellte, eine Spitzfußstellung; jede Unebenheit des Bodens ließ ihn deshalb stolpern und hinfallen. In Verbindung mit einer ständigen Knie- und Hüftbeugung und einem extremen Hohlkreuz befand sich der ganze Körper in einer Art Zick-Zack-Stellung, die ihm kaum Halt gab und beim Gehen hin und her pendeln ließ. Zu allem Überfluss schielte Harry; auch mit seinen Augen musste dringend etwas geschehen.

Mehr als ich es mir je hätte vorstellen können, drehte sich mein Leben, mein Alltag nun um das Kind. Ich hatte alle Hände voll zu tun, sowohl meine beruflichen Pflichten als auch die mir neu zugewachsenen Aufgaben zu bewältigen. Die notwendigen Arztbesuche hatten mich schon bald mit Harrys Krankheitsbild vertraut gemacht. Von der Krankengymnastin und der Arbeitstherapeutin lernte ich die verschiedenen Übungen, um selbst mit ihm regelmäßig die Grob- und Feinmotorik trainieren zu können. Als ein Glücksfall erwies sich Gutmanns Angebot, Harry tagsüber in die Obhut seiner Frau zu geben. Nicht nur, dass er dadurch ein Großmaß an persönlicher Zuwendung erfuhr. Auch ich konnte mich erheblich beruhigter auf meine Arbeit in Pullach konzentrieren.

An den Wochenenden gehörte Harry meine ungeteilte Zeit und Aufmerksamkeit. Wir spielten miteinander oder tollten draußen zusammen herum. Ich hatte ihm ein kleines Fahrrad mit Stützrädern geschenkt – Fahrradfahren tut ihm gut, hatte mir der Arzt geantwortet, es stärkt seine Muskulatur und fördert den Gleichgewichtssinn –, und gemeinsam unternahmen wir immer ausgedehntere Ausflüge in den nahegelegenen Forst. ›Ich kann Fahrrad fahren‹, krähte Harry fröhlich, während ich die Luft anhielt, weil er wieder einmal gefährlich auf seinem Vehikel hin und her schwankte.

Abends, wenn Harry nach einer langen Gute-Nacht-Geschichte eingeschlafen war, kam der Zeitpunkt, wo ich an die HV A und an meine dortigen Freunde denken konnte. Über Funk hatte Fritsch mich gebeten, ihm über meinen neuen Lebensalltag zu berichten, wie ich mit meiner Arbeit und vor allem mit dem Kind zurechtkomme. Es gab viel zu erzählen, nicht weil ich es für operativ notwendig hielt, sondern weil ich das Bedürfnis hatte, mich meinen Freunden mitzuteilen, sie um Rat zu fragen, wo ich Probleme sah. Es gab zunächst einige wenige, doch dann immer mehr.

Je länger Harry bei mir war, um so mehr wuchsen sie an. ›Er will testen, ob Sie ihn auch liebhaben, wenn er böse ist‹, hatte die Psychologin zu mir gesagt. Doch das erklärte die Probleme nur, es löste sie nicht.

Wie schon zuvor fotografierte ich meine Berichte und die vereinzelten Informationen aus meinem Arbeitsbereich, die ich angesichts der Knappheit meiner Zeit noch aufbereiten konnte, und übergab das Filmmaterial Kurier Leo bei meinen monatlichen Treffen im Schwimmbad von Tölz. Harry liebte diese Ausflüge nach Bad Tölz; er war eine Wasserratte und konnte vor allem vom Wellenbad nicht genug bekommen, obwohl seine schwachen Beine der ›Brandung‹ kaum standhielten.

Dass ich zwischendurch mit einem Badegast einen Schrankschlüssel tauschte, blieb ihm verborgen.

Im Herbst fragte Fritsch per Funk an, ob es mir möglich sei, Karl-Heinz zu treffen.

Einige Wochen später kamen wir in Bischofshofen zusammen. Karl-Heinz übermittelte mir Fritschs Vorstellungen, wie unsere Zusammenarbeit und vor allem die Treffs künftig gestaltet werden könnten. Er hatte sich inzwischen darauf eingestellt, dass ich nun einen Sohn hatte und wir uns nur noch im Rahmen meiner Urlaubsreisen sehen würden.

›Wenn du einverstanden bist, werden Hans, Stefan und ich oder auch nur ich dazu stoßen. Wo du mit Harry Urlaub machen willst, ist ganz allein deine Entscheidung. Wir richten uns nach dir. Wie wir uns dann sehen können, ist ausschließlich unser Problem.‹

Ich war einverstanden. Künftig könnte ich nach eigenem Gutdünken, das heißt nach den Belangen meines Kindes, meinen Urlaub planen. Es wäre die Sache meiner Freunde, sich danach zu richten. Das war eine akzeptable Grundlage für meine weitere Zusammenarbeit mit der HV A.

›Hast du irgend etwas in nächster Zeit geplant, wo wir uns sehen könnten?‹, fragte Karl-Heinz. ›Hans möchte dich gern sprechen.‹

›Ich werde im Januar mit Harry zwei Wochen nach Badgastein fahren. Ich möchte, dass er Skilaufen lernt. Der

Arzt meinte, ich könnte es einmal versuchen, es sei nur von Vorteil für ihn. Zu Weihnachten werde ich ihm seine ersten Rutscher schenken. Ich bin wahnsinnig gespannt, wie er damit klarkommt. Gleich neben unserer Wohnung haben wir einen Rodelberg, da können wir üben, wenn das Wetter mitspielt. Ja, und das Felsenbad in Gastein wird Harry schon gar nicht verachten. Wenn er draußen im Thermalbecken mit Schneebällen spielen kann, flippt er aus.‹

›Bist du einverstanden, wenn wir ebenfalls nach Gastein kommen?‹

›Ja. Aber stört mir nicht mein Urlaubsprogramm. Harry geht vor!‹

›Nein, nein, da kannst du unbesorgt sein. Wir werden uns ganz nach deinen zeitlichen Möglichkeiten richten.‹

Es war Weihnachten geworden, mein erstes Weihnachten mit Harry. In der Wohnung duftete es nach Mandelplätzchen und Kokosmakronen, und in vielen nächtlichen Arbeitsstunden war ein großes Knusperhaus entstanden, von dem ich in meiner Kindheit stets geträumt hatte, das mir meine Eltern nie schenken konnten, weil es in der Nachkriegszeit nichts gab, woraus man ein Lebkuchenhaus mit Schindeln aus Marzipan, Nougat und Schokoladenplätzchen hätte backen können. Ich konnte es kaum erwarten, Harrys staunenden Blick zu sehen.

Schon die Adventszeit hatte mich hoffnungsfroh gestimmt, dass die größten Schwierigkeiten, mit denen ich bis dahin zu kämpfen hatte, endlich ausgestanden waren. Es war am Nikolaustag gewesen, als Harry nach einem fröhlichen Rodelnachmittag auf unserem ›Bergerl‹ Zeichenstifte und Papier gegriffen und ein großes Haus gemalt hatte – unser Haus und unsere Wohnung. Da wohnen wir, hatte er gesagt und auf die Fensterreihe im ersten Stock gezeigt. Es war das erste Mal, dass er ein gegenständliches Bild gemalt hatte. Bis dahin war er immer nur plan- und ziellos mit den Zeichenstiften über das Papier gefahren.

Nun also war Heiligabend. Harry stand mit großen Augen vor dem Knusperhaus. Er wagte nicht, die Hand nach dem Marzipan auszustrecken, das ihn so sehr reizte.

Du darfst, es ist deines, nickte ich ihm aufmunternd zu. Dann entdeckte er die Skier. Er musste sie sofort ausprobieren. Eingepackt in Pudelmütze und Fäustlinge, die Hände durch die Schlaufen der Stöcke geschoben, stand er auf den kleinen Brettern und versuchte, über einen imaginären Schnee zu gleiten. Der Versuch misslang kläglich. Harry kippte zur Seite und saß auf seinem Hosenboden.

›Morgen werden wir es am Berg ausprobieren‹, tröstete ich ihn. ›Auf Schnee geht es besser als auf dem Teppich.‹

›Versprochen?‹

›Versprochen!‹

Die ersten Übungen am ›Bergerl‹ hatten sich nicht schlecht angelassen. Es schien nicht aussichtslos, Harry das Skilaufen zu lehren. Aber es würde viel Zeit brauchen und noch mehr Geduld. ›Wir fahren bald in Skiurlaub‹, hatte ich ihn getröstet, als einige Tage später ein warmer Regen den Schnee fortschwemmte. ›Dann kannst du einen Kurs machen und jeden Tag üben.‹

Inzwischen waren wir schon fast eine Woche in Badgastein, als Karl-Heinz in unserem Hotel auftauchte. ›Alles in Ordnung?‹

›Bestens!‹

›Wie geht es Harry?‹

›Super. Am liebsten würde er seine Skier mit ins Bett nehmen.‹

›Wann kann ich ihn endlich kennenlernen?‹

›Morgen. Komm zur Talstation der Stubnerkogelbahn. Dort ist Skikindergarten.‹

Harry und Karl-Heinz begrüßten sich fast wie alte Bekannte, als sie sich am nächsten Tag zum ersten Mal begegneten. Als ob er intuitiv gespürt hätte, dass allein er es war, der hier den Ton angab, machte Harry dem überraschenden Besucher klar, was ihm wichtig war und was er partout nicht wollte. Karl-Heinz verfiel unversehens in eine Art Vaterrolle, versuchte, einen Mittelweg zwischen erzieherischer Autorität und nachsichtiger Geduld zu finden. Die beiden mochten sich auf Anhieb. Das war gut. Es schuf eine Basis für künftige Treffen.

Fritsch und Stefan kamen zwei Tage später. Sie hatten ein Quartier in Bischofshofen bezogen, und Karl-Heinz hatte sie dort aufgesucht, um ihnen seine ersten Eindrücke zu schildern. Es war Nachmittag, und nun standen wir alle zusammen am Skikindergarten, um Harry abzuholen.

›Was hältst du davon, wenn wir jetzt schwimmen gehen?‹, fragte ihn Karl-Heinz, ›du und ich und der Stefan hier.‹

›Au fein! Kommst du auch mit Mami?‹

›Nein, Harry, heute nicht. Ich möchte lieber mit Hans einen Kaffee trinken. Aber du kannst mir ja später erzählen, wie es war.‹

Während Karl-Heinz und Stefan mit Harry ins Schwimmbad entschwanden, konnte Fritsch ungestört mit mir sprechen. Er hatte die neuen Gegebenheiten akzeptiert, er bestärkte mich darin, alles mir Mögliche für Harry zu tun, und er versprach, einerseits mit den Fachärzten des renommierten Berliner Krankenhauses Charité zu reden, um herauszufinden, ob es nicht irgendwelche medizinische Hilfe für den Jungen gäbe. Besonders wichtig war es ihm, mir zu versichern, dass er alles, aber auch alles tun würde, um für meine Sicherheit zu sorgen. Das sei er mir und meinem Kind schuldig. Auch Markus Wolf lasse mir das ausrichten.«

So also war Harry 1980 in das Leben von Gabriele Gast getreten und hatte von ihr Besitz ergriffen. Und nun, reichlich zehn Jahre später, hatte sie ihn zurücklassen müssen. Schlimmer noch. Während der Haftzeit von Gabriele Gast begann ein unaufhaltsamer Prozess der Entfremdung zwischen beiden, bewusst gefördert von der Psychologin des Spastiker-Zentrums. Harry hatte eine Lehre als Nachrichtengerätemechaniker begonnen und konnte in jener Zeit im Lehrlingswohnheim des Spastiker-Zentrums wohnen, musste es aber nach Abschluss der Lehre verlassen. Er fand keine Arbeit und lebte als Arbeitsloser von Sozialhilfe in einer kleinen Sozialwohnung. Gabriele Gast schrieb zu dieser Entwicklung: »Mitte 1993, etwa anderthalb Jahre nach unserem letzten Kontakt, sah ich Harry während eines Hafturlaubs zum ersten Mal wieder. Wir waren uns fremd geworden, und ich spürte, dass es keine Basis für einen Neuanfang gab. Harry ging längst seine eigenen Wege, und in seiner Lebensplanung gab es offenkundig keinen Platz für mich. Gleichwohl rebellierte alles in mir gegen ein solch desaströses Ende von zehn ungemein schweren und doch unendlich beglückenden gemeinsamen Jahren. Ich schlug ihm vor, uns über alles auszusprechen. Er willigte ein. Doch es kam nicht zu dem vereinbarten Treffen.«

Am 25. Juni 1991 begann vor dem 3. Strafsenat des Bayerischen Obersten Landesgerichts in München der Prozess »wegen geheimdienstlicher Tätigkeit in einem besonders schweren Fall«. Das Verfahren dauerte ein halbes Jahr, am 19. Dezember 1991 erging das Urteil: sechs Jahre und neun Monate Haft.

Wenige Wochen vor Prozessbeginn hatte der BND in einem Schreiben an den Generalbundesanwalt Gabriele Gast beschuldigt, eine Reihe seiner Quellen aus den Raum Leipzig und Dresden an die DDR verraten zu haben.

Obwohl man in Pullach genau wusste, dass die Mitarbeiterin Dr. Gast zu keinem Zeitpunkt Zugang zu Quellendaten hatte, wurde dies behauptet. Mit der Denunziation war die Erwartung verbunden, dass dieser »Verrat« im Strafantrag angemessene Berücksichtung finden würde.

Das war nicht die einzige Pullacher Schweinerei. Der BND bot auch einen Zeugen an, einen ehemaligen Mitarbeiter der HV A. Dieser sei allerdings, so deutete man an, nur »nach entsprechender Vorbereitung« durch den BND zu einer Aussage vor der Bundesanwaltschaft bereit. Auch juristische Laien wussten, dass dies Zeugenbeeinflussung hieß und gegen rechtsstaatliche Prinzipien verstieß. Entweder sagte ein Zeuge aus, was er wusste, oder er schwieg. Eine von der Anklage gewünschte Aussage – nämlich um den Angeklagten zu belasten – war unzulässig und wertlos.

Der Zeuge wurde in den Zeugenstand gerufen. »Fast musste man Mitleid mit ihm haben, wie er da, unsicher und schlotternd vor Angst, sich mühte, eine dem BND gefällige Aussage abzuliefern, ohne sich zugleich der vorsätzlichen Falschaussage schuldig zu machen«, erinnerte sich später Gabriele Gast. »Sein Auftritt nahm immer groteskere Züge an, je mehr die gesamte Aufklärungstätigkeit der MfS-Bezirksverwaltung Karl-Marx-Stadt, über die meine operative Führung lief, in seiner Aussage auf die Quelle ›Gisela‹ zusammenschmolz. Welche nachrichtendienstlichen Informationen auch immer dort eintrafen – sie schienen von ›Gisela‹ zu stammen. Welche Anweisung auch immer einer Quelle erteilt wurde – sie schien ›Gisela‹ zu gelten. ›Gisela‹, ›Gisela‹, ›Gisela‹.

›Wie lange hat der BND vor Ihrem Auftritt hier mit Ihnen gesprochen‹, fragte anschließend mein Verteidiger den Zeugen.

›Zwölf Stunden‹, gab er leise zur Antwort.

›Danke, das genügt. Keine weiteren Fragen.‹«

Im Februar 1994 erfolgte – unter Inanspruchnahme der Regelungen für die Halbstrafe – die Entlassung aus der Strafhaft. Gabriele Gast war zwar wieder ein freier Mensch, doch innerlich immer noch unfrei, wie sie sagte. Die Haft, das ganze System der Pression, Bevormundung und Reglementierung ließen sich nicht von einem Tag auf den anderen Tag abschütteln, als seien sie nur ein böser Traum gewesen. »Ich brauchte rund zwei Jahre, um die innere Anspannung und eine reflexhafte Unterwürfigkeit los zu werden, die Unsicherheit zu überwinden und wieder Selbstvertrauen zu gewinnen. Wie manisch getrieben stürzte ich mich in die Arbeit; das nahm die Zeit zum Grübeln und gab das Gefühl, gebraucht zu werden. Von einem normalen Leben war das wahrlich weit entfernt.«

Dass sie – im Unterschied zu den meisten anderen DDR-Kundschaftern – nach der Haftentlassung in eine gesicherte Existenz zurückkehren konnte, verdankte sie weder der Justiz noch ihren früheren Partnern in der Hautpverwaltung Aufklärung. Diese hatten mit eigenen Existenzproblemen zu kämpfen. »Zu verdanken habe ich es allein meiner Familie und meinen westdeutschen Freunden. Sie standen mir in der Not bei, hielten mir die Treue und bewahrten mir ihr Vertrauen. Das heißt zwar nicht, dass sie meine Kundschaftertätigkeit billigten. Aber sie hießen auch nicht den ungleichen Umgang der Politik mit der deutsch-deutschen Spionage gut.«

Die bohrende Frage nach dem Verräter, der sie den westdeutschen Strafverfolgungsorganen ausgeliefert hatte, ließen Gabriele Gast in den Jahren der Untersuchungshaft, während des Prozesses und im Strafvollzug keine Ruhe. Es ging ihr nicht nur darum, seinen Namen zu erfahren, sondern sie wollte ihn auch zur Rede stellen. Irgendwann erfuhr sie, dass es sich um einen der Stellvertretenden Leiter der Abteilung IX in der Zentrale handelte, ein Genosse Oberst. Nie hatte sie etwas mit ihm zu tun gehabt, er war ihr gänzlich fremd. Karl-Christoph Großmann lebte noch immer in Berlin-Lichtenberg. Sie suchte ihn Jahre nach ihrer Haftentlassung auf.

»Ein giftiges Kläffen antwortete meinem Klingeln und steigerte meine gespannte Aufmerksamkeit. Ich stand im zwölften Stock eines ehemals ansehnlichen, inzwischen aber heruntergekommenen Plattenbaus in Ostberlins Frankfurter Allee. Unzählige Male war ich in den schlaflosen Nächten der vergangenen Jahre hier gestanden, geradezu zwanghaft hatte es mich hierhergezogen, um jenes letzte Kapitel meines Lebens, das mich geradewegs ins Gefängnis geführt hatte, innerlich abschließen zu können.

Wochenlang hatte mich damals, nach meiner Verhaftung, der Gedanke betäubt, von einem leitenden Mitarbeiter der HV A um schnöden Geldes willen an den BND verraten worden zu sein. Je mehr ich mit der Zeit über ihn erfahren und je mehr die Isolationshaft und die Perspektivlosigkeit meines Daseins mich niedergedrückt hatten, um so mehr war meine Fassungslosigkeit in Hass auf diesen Menschen umgeschlagen. Wenn, wie es schien, mein Leben gelaufen war, sollte er nicht glauben, sich seines Judaslohns erfreuen zu können. Ich hatte nichts mehr zu verlieren, alle ethischen Werte hatten ihren Sinn eingebüßt. Allein der Gedanke, es dem Verräter eines Tages heimzuzahlen, gab mir die Kraft und meiner trostlosen Existenz eine Perspektive.

Inzwischen waren sieben Jahre vergangen und von meiner Wut auf ihn allein Abscheu und Verachtung geblieben. Gewalt war ohnehin nicht meine Sache, und es wäre auch zweifellos fatal gewesen, ihn noch mit dem Glorienschein eines Märtyrers zu umgeben. Ich wollte ihn zur Rechenschaft ziehen, ihn mit den menschlichen Folgen seines Tuns konfrontieren. Sein Verrat, in der Anonymität und unter den finanziellen Lockungen des BND so leicht begangen, sollte Gesicht bekommen.

Nun also stand ich vor der Wohnungstür, hinter der mein ›Judas‹ lebte bzw. der ›Kardinal‹, wie sinnigerweise sein Deckname beim Verfassungsschutz lautete: Karl-Christoph Großmann, ehemals Oberst der HV A und stellvertretender Leiter der Abteilung gegnerische Nachrichtendienste. Ich hatte nie etwas mit ihm zu tun gehabt. Sein Bild, jenes runde, selbstzufriedene Gesicht, kannte ich nur aus Presseberichten der Nachwendezeit; die Bundesanwaltschaft ermittle gegen ihn, hatte man dazu geschrieben, weil er angeblich dem Auftrag Mielkes nachgegangen sei, den Überläufer Stiller im Westen ausfindig zu machen und zu liquidieren.

Eine üble Figur, hatte ich intuitiv empfunden und mich immer wieder gefragt, warum um Himmels willen Markus Wolf ihn auf einen so sensiblen Posten gesetzt hatte.«

Warum Großmann, der sie doch überhaupt nicht kennen durfte, da Wolf Anweisung erteilt hatte, dass alles, was »Gisela« betraf, ausschließlich an ihn oder an Abteilungsleiter Harry Schütt gehen sollte, überhaupt von ihr wusste, konnte Gabriele Gast alsbald rekonstruieren. »Schütt und Karl-Christoph Großmann waren über viele Jahre ein enges nachrichtendienstliches Gespann gewesen, und Schütt hatte gegenüber seinem Adlatus geredet, ausführlich und detailliert. Er war, wie ich später selbst erlebte, eine Plaudertasche.«

Und nun stand sie 1997 in der Frankfurter Allee vor der Wohnungstür von diesem Großmann.

»Hinter der Wohnungstür machte sich jemand mit einem Schlüssel zu schaffen, zugleich bemüht, den kläffenden Hund zur Raison zu bringen. Dann öffnete sich die

Tür einen Spaltbreit, gerade genug, um ein Gesicht freizugeben. Das Gesicht hatte wenig Ähnlichkeit mit jenem Pressefoto. Es war erheblich älter, schmaler und gräulich. Die Züge wirkten allerdings immer noch hart.

›Sind Sie Karl-Christoph Großmann?‹, fragte ich, um mich zu vergewissern.

Er nickte.

›Ich möchte Sie sprechen‹, fuhr ich fort, ›ich bin Gabriele Gast.‹

Ich war darauf gefasst, dass Großmann mir die Tür vor der Nase zuschlagen würde und dass ich, um dies zu verhindern, rasch den Fuß zwischen die Öffnung stellen müsste. Doch er stand wie erstarrt, wirkte gleichermaßen überrascht wie schockiert. Er hatte mich wohl beim Öffnen der Tür sofort erkannt. Wortlos ließ er mich ein.

Der Hund überschlug sich fast. ›Er ist Besucher nicht gewöhnt‹, sagte Großmann entschuldigend. Während er sich vergeblich mühte , das Tier und zweifellos sich selbst zu beruhigen, blieb mir Zeit, mich in der Wohnung umzuschauen. Sie machte einen ärmlichen Eindruck, so wie der Hausherr selbst, dessen abgewetzte Kleidung weder auf die einst gut dotierte Stellung noch auf das vom BND gezahlte Verratsgeld schließen ließ. Es schien ihm nicht gutzugehen, stellte ich mit Genugtuung fest.

Nachdem der Hund an die Leine gelegt war, kehrte endlich Ruhe ein. Großmann bot mir an, Platz zu nehmen. Dass ich immer noch meinen Mantel trug, schien er nicht zu bemerken.

›Wie war das damals beim BND‹, begann ich das Gespräch, ›wie war die Reaktion, als Sie sagten, dass es neben Alfred Spuler noch eine Kundschafterin der HV A in seinen Reihen gebe?‹

Wie nicht anders zu erwarten, wehrte Großmann vehement ab.

›Das war nicht ich‹, erwiderte er in fast herrischem Ton, als sei die Überzeugungskraft seiner Worte nur eine Frage des Nachdrucks und der Lautstärke. ›Da sind Sie völlig falsch orientiert. Sie müssen auf der Linie Potsdam suchen‹, womit er auf meinen ersten Kurier anspielte. ›Und es ist eine Unverschämtheit von Wolf, zu behaupten, ich hätte 100.000 DM vom BND dafür bekommen. Nichts habe ich bekommen, rein gar nichts!‹

›Über den Lohn, den man Ihnen gezahlt hat, können wir später noch sprechen‹, entgegnete ich kühl. ›Wenigstens geben Sie damit schon mal zu, dass Sie mich beim BND verraten haben. Hören Sie also auf, diesen Sachverhalt zu bestreiten. Es ist bloße Zeitverschwendung. Im Übrigen waren Sie lange genug im Nachrichtendienst tätig, um zu wissen, dass ein solcher Verrat nicht anonym bleibt. Schon gar nicht, wenn er die Grundlage eines Strafverfahrens bildet. Das geht in die Ermittlungsakten ein, so oder so. Ich darf Ihnen mal Ihre Aussage vorlesen, damit wir zur Sache kommen können.‹

Großmann wurde aschfahl, als ich ihn mit seiner Aussage beim BND konfrontierte. Jetzt half kein Leugnen, kein Verdrängen mehr. Jetzt war der Moment der Wahrheit da: dass er von allem Verrat, der der nachrichtendienstlichen Tätigkeit anhaftet, den übelsten begangen hatte. Er sank in sich zusammen.

Nach der ›Wende‹ habe er unter großem Druck der westdeutschen Behörden gestanden, erklärte er. Die Bundesanwaltschaft hätte zwei Ermittlungsverfahren gegen ihn eingeleitet, weil sie ihn für den Selbstmord von zwei inhaftierten Quellen verantwortlich gemacht hatte.

›Dann hätte es leicht noch ein drittes Ermittlungsverfahren werden können‹, sagte ich eisig. Großmann sah mich entsetzt an, als werde ihm erst jetzt die Tragweite seines Tuns bewusst. ›Das habe ich nicht bedacht‹, murmelte er.

Von ehemaligen Mitarbeitern der HV A hatte ich längst erfahren, dass Karl-Christoph Großmann immer Nutznießer des politischen Systems gewesen war, skrupellos, egoistisch, geldgierig. Er hatte stets wie die Made im Speck gelebt, Privilegien wie das der Jagd genossen. Sein Selbstwertgefühl und seine Habgier aber hatte das alles nicht befriedigt. Er galt als ein ausgezeichneter Nachrichtendienstler. Gleichwohl war er nie aus dem Schatten Schütts getreten. Immer war er der zweite Mann geblieben. Er hatte zu trinken begonnen, Spesengelder veruntreut, sich in krumme Geschäfte gestürzt. Wolf hatte merkwürdigerweise gezögert, ihn auf einen anderen Posten zu versetzen. Erst nach Wolfs Ausscheiden holte sein Nachfolger Werner Großmann das Versäumte nach.

›Als erfahrener Nachrichtendienstler waren Sie sich der Folgen bewusst, die Ihr Verrat für mich und mehr noch für meinen Sohn zeitigen würde‹, fuhr ich fort. ›Wie billig zu glauben, sich darüber hinwegmogeln zu können, indem Sie meine Entscheidung, ein behindertes Kind anzunehmen, zu einem *sozialen Tick* abstempelten. Dabei wussten Sie genau, dass der Preis, den Sie für Ihre Niedertracht kassierten, vor allem von meinem Sohn zu bezahlen war. Sie wussten, dass ich alleinerziehend war und mein Sohn mit meiner Verhaftung sein Zuhause verlieren würde. Das alles wussten Sie, doch es hat Sie von Ihrem Verrat nicht abgehalten. Nun sollten Sie wissen, dass Sie damit das Leben meines Sohnes ruiniert haben. Ich selbst habe mir letztlich zu helfen gewusst. Aber mein Sohn nicht. Er war zu jung.‹

›Ich bin doch davon ausgegangen, dass der BND die Sache unter den Teppich kehrt und Ihnen nichts passiert‹, warf Großmann in einer letzten, verzweifelten Suche nach einer Schutzbehauptung kleinlaut ein. Dem BND sei es doch höchst unangenehm gewesen zu erfahren, dass er eine Kundschafterin der HV A in seinen Reihen hatte.

Im Übrigen hätten auch andere Mitarbeiter der HV A ihr Wissen verkauft; es habe allgemein eine Stimmung des *Rette sich, wer kann!* geherrscht. Schließlich sei es nicht jedem gegeben gewesen, wie Wolf Bücher zu schreiben und damit Geld zu verdienen.

Mit hängendem Kopf saß Großmann vor mir. Ein gebrochener Mann. Zerbrochen auch an der Verachtung und Vereinsamung, die sein feiger Verrat nach sich gezogen hatten.

›Ich weiß, dass ich das alles nicht wieder gutmachen kann‹, murmelte er mit gesenktem Blick. ›Es ist nun einmal passiert, und ich kann es nicht ungeschehen machen.‹

Ein Anflug von Mitleid durchzuckte mich. Doch Großmann hatte es nicht verdient. Es verschaffte Genugtuung zu sehen, dass er nun sein Leben in diesem Bewusstsein fristete. Es würde hoffentlich länger dauern als meine Haft.

›Wie viel bin ich denn nun dem BND wert gewesen? 60.000 DM, wie die Presse schrieb, oder 100.000 DM, wie ihre früheren Kollegen sagen? Haben Sie nicht wenigstens mal einen Augenblick darüber nachgedacht, dass Sie mit Ihrem Verrat einen ›Goldesel‹ geschlachtet haben? Von mir hätten Sie doch viel mehr Geld erpressen können! Was, meinen Sie wohl, ist die Freiheit wert?‹

Großmann wandt sich. Nicht, weil ich ihm unverblümt die Fähigkeit zu schwerster krimineller Handlung unterstellt hatte. Ihm machte allein der Gedanke zu schaffen, dass alle Welt womöglich erführe, für welche Summe er käuflich gewesen war.

›Ich kann Ihnen kein Geld geben. Ich habe selber nichts‹, wich er aus.

›Glauben sie etwa, ich würde von Ihrem dreckigen Geld auch nur einen Pfennig nehmen? Werden Sie glücklich damit, wenn Sie es können.‹

Freilich hatte ich nicht den Eindruck, dass das Kopfgeld des BND Großmann Glück gebracht hatte. Er schien allein von einer kärglichen Rente zu leben, mit der Bonn die früheren Mitarbeiter des MfS abstrafte. Das konnte auch seine Verbitterung erklären. Vor allem aber erhärteten dies Vermutungen, die ich kurz darauf von ehemaligen HV A-Mitarbeitern erfuhr. Großmann habe wahrscheinlich seinen Judaslohn in eine Nachtbar investiert, die sein Sohn 1991 gekauft und mit beträchtlichem finanziellen Aufwand renoviert hatte. Doch gleich einem Akt von himmlischer Gerechtigkeit sei das Lokal kurz vor der Eröffnung abgebrannt. Die Frage, ob dabei Brandstiftung im Spiel gewesen sei, hatte nie geklärt werden können. Es gab aber keinen unter Großmanns früheren Kollegen, der nicht Schadenfreude und Genugtuung empfand.

Immer noch in meinen Mantel gehüllt, wandte ich mich grußlos zum Gehen. Ich hatte genug gesehen und gehört. Dieser armselige, verbitterte Mann war es nicht wert, dass ich ihm noch länger meine Aufmerksamkeit widmete. Es war mir gleichgültig, wie es ihm ging und wie er mit seinem Verrat lebte. Er war mir gleichgültig. Mochte er sich ruhig in eine Opferrolle flüchten, wenn es ihm half, seinen öden Alltag zu ertragen. Nicht für einen Moment hätte ich mit ihm tauschen mögen. Auch nicht um den Preis der Freiheit.«

Unmittelbar nach diesem Treffen mit Großmann suchte mich Gabriele Gast auf. Sie berichtete sachlich, und in unserem Urteil waren wir uns einig. Mehr als Verachtung aber war unter den gegebenen Umständen als Strafe nicht möglich.

Doch vielleicht war das auch gut so.

Sicher hatte ich ein sehr idealistisches Bild von der DDR. Aber immer auch die motivierende Hoffnung, dass sie fähig wäre, die Übel abzustellen und sich dem Ideal anzunähern. Der Kapitalismus mit seinem menschenverachtenden Gewinnstreben erschien mir hingegen immer als pervers und im Grunde nicht verbesserungsfähig.

Gabriele Gast
in einem Schreiben an Ulla und Klaus Eichner,
10. Juli 1999

Kapitel 6
Zerbrochene Freundschaft

Die Hauptverwaltung Aufklärung war zu Beginn der 50er Jahre unter maßgeblicher Mitwirkung von Markus Wolf aufgebaut und bis 1986 von ihm erfolgreich geführt worden. Danach schied er aus dem Dienst aus und begann sich auf die Schiftstellerei zu verlegen. Im Herbst 1989 war er wieder aufgetaucht. Wolf hatte sich am 4. November mutig vor die Genossen des MfS gestellt und dafür auf dem Alexanderplatz wütende Pfiffe der meisten Demonstranten einstecken müssen. Zunächst hatte er sich der Verfolgung durch Flucht ins Ausland entzogen. Im September 1991 wurde er an am österreichisch-deutschen Grenzübergang Bayerisch Gmain festgenommen. 1993 wurde er in Düsseldorf wegen Landesverrat und Bestechung zu sechs Jahren Haft verurteilt. Aufgrund einer Grundsatzentscheidung des Bundesverfassungsgerichts, wonach Mitarbeiter der HV A in der DDR nicht strafrechtlich zu verfolgen seien, da sie im Auftrag eines souveränen Staates und im Einklang mit dessen Gesetzen spioniert hätten, wurde auch das Urteil gegen Wolf aufgehoben. 1997 erhielt er eine zweijährige Bewährungsstrafe wegen Freiheitsberaubung, Nötigung und Körperverletzung in vier Fällen. Und wegen Aussageverweigerung in einem Spionageprozess nahm man ihn drei Tage in Beugehaft. Bis zu seinem Tod 2006 publizierte er mehrere Bücher, in mehreren berichtete er auch über Freunde, Kollegen und »Quellen«. So auch über Gabriele Gast, die sich mit ihm überworfen hatte.

»Gabriele Gast gehört zu jenen, die es mir besonders schwer machten, die Fäden zu durchtrennen, die mich mit Jahrzehnten der Arbeit im Nachrichtendienst verbanden. Diese Frau war ein weißer Rabe, eine Ausnahmeerscheinung in einer von Männern dominierten Welt. Als einzige Frau war sie im BND in eine Spitzenposition gelangt als Chefanalytikerin für die Sowjetunion und Osteuropa und dadurch für uns zu einer Quelle geworden, von der jeder Nachrichtendienst nur träumen kann. Lange Zeit war es ihre Aufgabe, aus sämtlichen wichtigen Informationen den Lagebericht für den Bundeskanzler zu erstellen.

Bei oberflächlicher Bekanntschaft lief man leicht Gefahr, Gaby Gast mit ihrem komplizierten Charakter, ihrer hohen Intelligenz und Bildung dem Typ kühler emanzipierter Frauen mit ausgeprägtem Ehrgeiz zuzurechnen. Ein solches Psychogramm würde ihr Wesen jedoch völlig verfehlen, weil es ihre Sensibilität, ihre Einzigartigkeit und ihre Anteilnahme am anderen außer Acht lässt. Die Mitarbeiter meines Dienstes, die den ersten Kontakt zu ihr aufnahmen und sich öfter mit ihr trafen, als dies noch möglich war, ohne dass man zu große Gefahren einging, könnten mehr dazu sagen, wenn sie noch lebten. Beide waren kluge Männer, die sich nicht nur durch Geduld, die Kardinaltugend des Aufklärers, auszeichneten, sondern auch durch großes psychologisches Einfühlungsvermögen. Für Gaby waren sie väterliche Freunde und Vermittler einer Weltsicht, die zu der ihren wurde. Durch sie fühlte Gaby Gast sich einer Gemeinschaft zugehörig, die für eine gute Sache eintrat, für ein edles Ideal. Auch bei anderen Menschen bürgerlicher Herkunft, die sich für unseren Dienst engagierten, habe ich immer wieder festgestellt, dass eine solche starke Bindung ihr auffälligstes Motiv war.

Ihr soziales Verantwortungsgefühl beschränkte sich nicht auf die Theorie; als ihr Bruder und seine Frau ein

*Markus Wolf mit Johanna Olbrich, die als »Sonja Lüne-
burg« eine wichtige Kundschafterin der HV A in Bonn
war, auf dem XI. Parteitag der SED in Berlin, 1986*

schwerbehindertes Kind adoptierten und sich dieser emotionalen Belastung nicht gewachsen sahen, übernahm
Gaby die zeitaufwendige und seelisch aufreibende Pflege
des Jungen, weil sie nicht wollte, dass er in ein Heim abge-
schoben wurde.

Als Gaby Gast Ende der 60er Jahre an ihrer Dissertation über die politische Rolle der Frau in der DDR arbeitete, besuchte sie erstmals die DDR, um dort zu recher-
chieren, und lernte die beiden Mitarbeiter meines Dienstes
kennen. Ab 1968 wurde ein Mitarbeiter der HV A, der
sich Gaby gegenüber als Karl-Heinz Schmidt ausgab, zu
ihrem ständigen Betreuer, und das Verhältnis zu ihm entwickelte sich zu einer Liebesbeziehung.

Einige Zeit nach ihrer Promotion 1973 bei Klaus Mehnert, dem bekannten Osteuropaspezialisten, bot ihr der BND eine Stelle als Analytikerin an. Die strengen Bedingungen ihres neuen Arbeitgebers erlaubten keine Reisen in die DDR mehr. Treffen mussten während Gabys Urlaubstagen umständlich in Drittländern arrangiert werden.

Ihre Arbeit für uns war hervorragend. Sie hatte Zugang zu vielen außenpolitischen Interna der Bundesrepublik und der NATO und zu Berichten über die Einschätzung der Lage im Ostblock. Ihr verdankten wir ein Wissen über die Sicht des Westens auf den Osten, das uns erlaubte, die richtige Wertung zu haben, als Anfang der 80er Jahre die polnische Innenpolitik ihre dramatische Veränderung erlebte.

Die Analysen, die sie für uns verfasste, zeugten von ihrer herausragenden Fähigkeit, das Wesentliche zu erfassen und darzustellen. Ich weiß, dass ihre Vorgesetzten beim BND diese Einschätzung geteilt haben. Wenn wir Originaldokumente benötigten, fertigte sie Mikrofilmkopien an, die sie in Toiletten- oder Kosmetikartikeln versteckte. Anfangs fand die Übergabe statt, indem Gaby Gast die präparierten Gegenstände im Toilettenabteil der Züge versteckte, die von München in den Osten fuhren, doch das war zu riskant und zu umständlich, und deshalb übernahm dies ein Kurier, der in München, vorzugsweise in Umkleidekabinen von Schwimmbädern, das Material entgegennahm.

Da Gaby Gast sich in kurzer Zeit zu einer unserer Spitzenquellen entwickelt hatte, fand ich es ratsam, mich Mitte der 70er Jahre selbst mir ihr zu treffen. Wir begegneten uns in einem Bungalow an der jugoslawischen Adriaküste. Die Atmosphäre war zu Anfang gehemmt, doch je länger wir uns unterhielten, umso ungezwungener und fesselnder wurde das Gespräch mit dieser Frau, deren wacher und lebhafter Intellekt mich tief beeindruckte.

Als wir uns einige Jahre später wiedersahen, war sie vom Dauerstress der Konspiration, von ihren persönlichen Problemen und von der Bürde der Verantwortung für das Kind gezeichnet. Als wir uns einmal über den Nürnberger Kriegsverbrecher-Prozess unterhalten hatten, hatte sie mir danach einen Bildband über Nürnberg geschickt, in den sie geschrieben hatte: »Neues Nürnberg – Altes hinter neuen Fassaden oder Neues in wiedererstandenen alten Gemäuern? Dreißig Jahre nach – Nürnberg – muss der Kampf weitergehen.« Diesen Kampfgeist sah ich ungemindert in ihr.

Probleme waren daraus erwachsen, dass der Kontakt zwischen ihr und uns immer unpersönlicher, immer marginaler geworden war, so dass sie sich zu fragen begonnen hatte, ob sie nichts weiter als ein »Schräubchen im Getriebe« sei. Bei unserem Gespräch erfuhr ich, wie wichtig es ihr war, mit dem, was sie für uns tat, etwas Sinnvolles zu leisten. Meine anfänglichen Befürchtungen, sie wolle sich zurückziehen, hatte ich zu Unrecht gehegt. Gaby wollte nur offen mit mir über ihre Situation und ihre politischen Sorgen sprechen. Sie prognostizierte, dass autonome Reformbewegungen über Polen hinaus im ganzen Ostblock Fuß fassen würden. Sie sah die größere Selbständigkeit der kleineren Staaten, ihr gewachsenes Selbstbewusstsein, als logische Folge vornehmlich ökonomischer Prozesse. Meine Sorge über Stagnation im sozialistischen System, vor allem nach dem Tod Andropows, konnte ihr gewiss nicht verborgen bleiben.

Es war eine Begegnung, bei der wir sehr ernsthaft miteinander sprachen und die uns nachdenklich zurückließ.

Die Karriere unserer Spitzeninformantin in Pullach schien unaufhaltsam nach oben zu führen. Welche hohe Wertschätzung sie in ihrer Behörde genoss, lässt sich daraus ablesen, dass sie 1986 beauftragt wurde, für den Bundeskanzler einen Geheimbericht abzufassen über den Verdacht, dass westdeutsche Firmen in Libyen am Bau einer Fabrik für chemische Waffen beteiligt waren. Ein Jahr später wurde sie zur stellvertretenden Leiterin der Ostblockabteilung des BND befördert.

Nach dem Zusammenbruch der DDR fand noch ein Treffen Anfang 1990 in Salzburg statt, bei dem letzte Dinge mit ihr besprochen wurden. Alle Unterlagen, die mit ihr zu tun hatten, waren bereits vernichtet worden, so dass ihre Identität nicht enthüllt werden konnte. Aber das war ein Irrtum. Wie sich herausstellen sollte, waren einige Mitarbeiter der HV A auf den Gedanken verfallen, sich im wiedervereinigten Land dadurch Vorteile zu sichern, dass sie andere denunzierten.

Karl-Christoph Großmann (mit Werner Großmann nicht verwandt) tat sich dabei besonders hervor. Er lieferte den entscheidenden Hinweis auf Gaby, weil er mitangehört hatte, wie sich andere Mitarbeiter darüber unterhielten,

Markus Wolf und der Résistance-Kämpfer Ernst Melis bei der Vorstellung eines Buches über Anton Ackermann, im Auslandsnachrichtendienst der Vorgänger von Wolf, 2005

dass eine Frau mit einem behinderten Kind im BND für uns arbeitete. Im Spätherbst 1990 wurde sie an der österreichischen Grenze festgenommen.

Nach der schockierenden Meldung ihrer Verhaftung habe ich mich gefragt, ob ich sie damals, Mitte der 80er Jahre, hätte freigeben sollen, indem ich ihr offen meine Zweifel anvertraut und ihr eingestanden hätte, dass der ›reale Sozialismus‹ sich auch für mich als ein Trugbild herausgestellt hatte, an das ich nicht mehr glauben konnte. In einem Brief aus der Untersuchungshaft schilderte sie mir ihre Lage und besonders ihr Entsetzen, als sie begriff, dass ein leitender Offizier unserer Zentrale sie verraten hatte, dass genau das eingetreten war, was meinen wiederholten Versicherungen zufolge nie und nimmer hätte eintreten können.

Zwei Jahre vergingen zwischen unserem Briefwechsel und unserer Wiederbegegnung bei meinem Prozess. Dass ihr Auftritt als Zeugin, die aus der Haft vorgeführt wurde, sie nervlich belastete, merkte man an ihrer Anspannung. In der Prozesspause konnten wir uns ungestört unterhalten, und wir vereinbarten, uns sobald wie möglich zu treffen, um ausführlich über alles zu sprechen, was uns bewegte.

Anfang Februar 1994 war es soweit – Gaby Gast war nach Verbüßung der Hälfte ihrer Haftstrafe wieder auf freiem Fuß. Ende März besuchte sie mich. Wir unternahmen stundenlange Spaziergänge und redeten bis tief in die Nacht.

Wieder und wieder kam sie auf das zurück, was sie in den Haftjahren gequält hatte, die Frage nach den Quellen des detaillierten Wissens ihrer Vernehmer. Das Verhalten Karl-Heinz Schmidts, ihres ›Karliceks‹, der vor Gericht ganz anders hieß, und ihres letzten Führungsoffiziers wurde für sie zu einer herben Enttäuschung. Nach ihrer

Rückkehr schrieb sie mir, dass unsere Gespräche die Aufarbeitung ihrer Vergangenheit für sie erträglicher machen würden, obschon sie auch neu Verwundungen erlitten habe.

Wahrheiten können nicht nur hilfreich, sondern ebenso schmerzhaft sein. Gerade aus diesem Brief spürte ich ihre Charakterstärke und ihre Sensibilität gegenüber Lebensfragen. Deshalb möchte ich daran glauben, dass wir uns auf unserem ›Weg der Erkenntnis‹ auch künftig immer wieder treffen werden. Dass nicht verlorengeht, was an die Stelle nachrichtendienstlicher Zusammenarbeit getreten ist: eine Freundschaft.«

Die alles in allem doch versöhnliche Darstellung der Beziehungen zwischen dem ehemaligen Aufklärungschef und der einstigen Spitzenquelle in Pullach teilte Gabriele Gast, wie aus verschiedenen Äußerungen ersichtlich, nicht. Sie berichtete Ende der 90er Jahre auch über ihre erste Begegnung, die sie weniger warmherzig als Wolf in Erinerung hatte. »Karl-Heinz hatte mir im Frühjahr 1975 den Wunsch des HVA-Chefs übermittelt, mit mir zusammenzutreffen. Falls ich dazu bereit sei, sollten wir gemeinsam beraten, wann und wo sich dies bewerkstelligen ließe. Ich hatte nicht lange gebraucht, dem Wunsch Wolfs zuzustimmen, schließlich war ich neugierig auf den Chef der HV A, von dem im BND so viel die Rede war und der dort gewissermaßen kollegialen Respekt genoss«, begann sie sachlich die Schilderung des ersten Zusammentreffens.

»Am Nachmittag trafen unsere Besucher ein. Trotz der freundlichen Begrüßung blieb die Atmosphäre steif. Fritsch hatte mir den HV A-Chef als Minister vorgestellt und redete ihn stets förmlich mit ›Genosse Minister‹ an. Niemals wäre ich deshalb auf die Idee gekommen, in den beiden zwei gute Freunde zu vermuten. Um so mehr irritiert mich rückblickend dieser einem bürgerlichen Statusdenkenden entliehene Hang zum Formalismus. Schon damals hatte mich das Zeremoniell überrascht, bei Repräsentanten eines sozialistischen Staates hatte ich es einfach nicht erwartet. Mir war sofort klar, dass ich selbst hier, bei einem nachrichtendienstlichen Treff, die Etikette wahren musste. Wolf machte keine Anstalten, mir eine weniger förmliche Anrede zu erlauben.

Gleichwohl wirkte er nicht unsympathisch. Nur distanziert, obschon er sich jovial nach meinem und Karl-Heinz' Befinden sowie dem bisherigen Verlauf unseres Treffens erkundigte und den als Treffort ausgewählten Bungalow lobte.

Es war unverkennbar, dass Wolf eine gewisse Aura umgab und er sich seiner Wirkung absolut bewusst war. Dennoch wirkte er bei Weitem nicht so unnahbar wie mein oberster Chef, der BND-Präsident Wessel. Dieser war so sehr Offizier, dass ihm die militärische Disziplin selbst den Anflug eines Lächelns zu verbieten schien. Ich wusste, dass auch Wolf einen Generalsrang bekleidete. Wie er allerdings in legerer Freizeitkleidung vor mir stand, konnte ich ihn mir in Uniform nicht vorstellen. Vielleicht lag es auch nur daran, das ich allem militärischen Gehabe nicht viel abgewinnen konnte.

Das Gespräch wandte sich allmählich den nachrichtendienstlich interessierenden Fragen zu. In allen Einzelheiten erkundigte sich Wolf nach meiner Tätigkeit im BND, nach dem thematischen Spektrum meines Sachgebiets, den Informationen, die ich bearbeitete oder zur Kenntnis erhielt, und den Kollegen mit denen ich tagtäglich zu tun hatte.«

Bereits hier, bei aller Sympathie füreinander und weltanschaulicher Übereinstimmung, deutete sich der Unterschied an, der sowohl charakterlichen als auch sozialen Ursprungs war. Aber in politischer Hinsicht war man sich völlig einig.

»Wolf beendete unser erstes Treffen mit der Aufforderung, ich möge die Gelegenheit unseres Zusammenseins nutzen, ihn über die politische Groß- und Kleinwetterlage zu befragen. Schon bald waren wir in ein intensives Gespräch über aktuelle wie auch grundsätzliche Aspekte der Ost-Westpolitik und der Situation in den sozialistischen Staaten verwickelt. Es war die erste einer Reihe von langen Diskussionen, die ich bei meinen nachfolgenden Begegnungen mit dem HV A-Chef führte, denn der politische Gedanken- und Meinungsaustausch wurde zu einem festen Programmpunkt unseres Treffens.«

Die intelligente, selbstbewusste Gabriele Gast, was Wolf ebenfalls bemerkte, hielt mit ihrer Meinung nicht hinterm Berg. Das schätzt sie selbst so ein: »Manche Frage, die ich mit dem HV A-Chef diskutierte, mag ihm damals ziemlich indiskret oder provokativ erschienen sein. Gleichwohl wich er niemals aus.

Allerdings mochte er auch nicht meine Kritik an dogmatischen Positionen der DDR und an überängstlichen Reaktionen teilen, mit der ich ihn häufig konfrontierte. Stets fand er Erklärungen auch für so fragwürdige Entscheidungen der sowjetischen und DDR-Führung wie die Ausbürgerung von Alexander Solschenizyn und Wolf Biermann und war bemüht, durch Darlegung von Hintergründen das Verständnis zu fördern.

Was auch immer ich mit Wolf diskutierte – nie kam ihm ein Wort der Kritik an der politischen Haltung Ostberlins oder Moskaus über die Lippen. Es hätte sich auch nicht mit seinem Selbstverständnis als Repräsentant des zweiten deutschen Staates vertragen.

Als wir uns verabschiedeten, äußerte Wolf den Wunsch mich im nächsten Jahr wiederzusehen. Er würde sich freuen, wenn ich es zeitlich ermöglichen könne.« Natürlich ließ sich das »zeitlich ermöglichen«. Im Sommer 1976 traf man sich in Jugoslawien, an der kroatischen Adria-Küste, wo Gabriele Gast bereits Urlaub machte. »Einige Tage später trafen Wolf und Fritsch in Begleitung des Verbindungsführers Stefan in Trogir ein. Diesmal war die Atmosphäre erheblich unverkrampfter. Nun begrüßte man sich schon als gute Bekannte, was den HV A-Chef zur Frage ermutigte, mich duzen zu dürfen. Seinerseits bot er mir das ›Du‹ aber nicht an, weshalb es zunächst bei einer eigentümlichen Mischung von gleichermaßen vertrautem wie distanziertem Umgang miteinander blieb. Erst einige Jahre nach der ›Wende‹, als ich Wolf mangelnde Solidarität mit den Kundschaftern vorhielt, nahm er plötzlich Anstoß daran, dass ich ihn siezte.«

Das ist in der Tat merkwürdig, wobei es in der DDR durchaus üblich war, dass sich die Genossen untereinander duzten, egal, in welcher Funktion sie waren.

Markus Wolf und sein Nachfolger Werner Großmann, 2006

»Wolf begann sogar von seinem Vater und von seinem Bruder Konrad zu erzählen, von ihrem künstlerischen Schaffen und der politischen Wirkung, die ihre Werke gezeitigt hatten. Ich fühlte mich in einer sehr direkten Weise in das politisch-künstlerische Wirken seiner Familie einbezogen und empfand die Offenheit, mit der er über sie sprach, als besonderen Vertrauensbeweis. Erst nach weiteren Treffen, als Wolf sich immer wieder diesem Thema zuwandte, überkam mich eine Ahnung, dass es ihn fast zwanghaft beherrschte.

Stets sprach er von seinem Vater und Bruder in einer eigentümlichen Mischung aus elitärem Stolz, als sei die familiäre Zugehörigkeit sein ganz persönliches Verdienst, und aus einer subalternen Bewunderung, die angesichts seiner herausgehobenen Stellung verblüffte. Die erkennbar starke emotionale Bindung Wolfs an seine Familie und sein Pflichtgefühl gegenüber deren künstlerischem Erbe weckten in mir große Sympathie. Doch es irritierte mich zugleich, wie er hieraus eine moralisch überhöhende Autorität auch für sich persönlich ableitete. Sicher schmeichelte diese Selbsterhöhung seiner Eitelkeit. Aber das war nur ein vordergründiger Effekt, der zur Erklärung nicht ausreichte. Mehr noch schien er dieser Selbsterhöhung zu bedürfen, um sein – ohnehin nicht unterentwickeltes – Selbstwertgefühl zu stärken. Das hatte ich nicht von einem Mann erwartet, der zwar nicht im Rampenlicht von Kunst und Politik stand, sich aber mit großen beruflichen Erfolgen und einer perfekten Abschirmung einen Namen gemacht hatte, der weit über die Fachwelt hinaus griff: der ›Mann ohne Gesicht‹ – eine Legende.

Doch Wolf wollte mehr sein als der legendenumwobene Geheimdienstchef, für mehr bewundert werden als nur für seine nachrichtendienstlichen Leistungen. Er wollte öffentliche Anerkennung, wollte wie sein Vater und sein Bruder eine *Autorität* sein, die ihre moralische Kraft aus dem eigenen Genius und nicht aus einem Staatsamt schöpfte.

Es ist schwer zu sagen, welchen der beiden – seinen Vater oder seinen Bruder – Markus Wolf mehr bewunderte. Zu unterschiedlich war ihre Wirkung auf ihn. Konrad war ihm erkennbar näher, greifbarer, der Vater hingegen stand auf dem Podest. Dessen literarische Werke waren zu Klassikern der Arbeiterbewegung geworden, zu einem zeitgeschichtlich-dokumentarischen Erbe. Deshalb überraschte auch Wolfs Wunsch nicht, ein weiteres Treffen mit mir in Jugoslawien im Sommer 1978 in die Nähe von Dubrovnik zu verlegen, damit man gemeinsam nach Cotour fahren könnte, zum Schauplatz eines der Werke Friedrich Wolfs. Es war Markus wichtig, jene Bucht kennenzulernen, in der sich im Ersten Weltkrieg das Drama zutrug, das seinem Vater als Stoff für ein vielbeachtetes Bühnenstück gedient hatte. (*»Die Matrosen von Cattaro«* – *K. E.*)

Mit den Bruder Konrad verbanden den HV A-Chef vor allem die politischen Gegenwartsfragen, ihre künstlerische Umsetzung sowie deren Wirkung auf das künstlerische Schaffen.

Wie sehr Markus auf seinen jüngeren Bruder fixiert war, wie stark ihn dessen Ansichten beeinflussten, enthüllte sich mir allerdings erst nach dessen Tod. Möglicherweise ist sich Wolf selbst erst durch dieses einschneidende Erlebnis dessen bewusst geworden. Wenn er sich heutzutage in der Rolle eines frühzeitigen Kritikers der zunehmend erstarrenden DDR sieht, so projiziert er damit zuvörderst die Haltung seines Bruders auf sich selbst. Denn nicht aus Markus' intellektueller Rationalität, sondern aus Konrads künstlerischem Freigeist erwuchsen die Bedenken gegen die Politik der Honecker-Führung. Es war Konrad, nicht Markus, der sie reflektierte und artikulierte und der dem in die Staatsräson eingebundenen Bruder Denkanstöße gab, die fast der Häresie (*Ketzerei – K. E.*) nahe kamen. Markus war viel zu sehr in politischen Rücksichtnahmen befangen, als dass er sich mit eigener Kritik exponiert hätte.«

Möglicherweise war hier Gaby Gast dichter an der Wahrheit, als es Markus Wolf lieb sein konnte. Von der kritischen Distanz, die er post mortem gegenüber der DDR und deren Führung verspürt haben wollte, hatte damals in seiner Umgebung niemand etwas mitbekommen.

»Subalterne Bewunderung« für die Künstler Konrad und Friedrich Wolf. Markus Wolf in Mosambik, 1978

1977 trafen sich der Geheimdienstchef und seine Spitzenquelle in der DDR. »Wolf hatte sich alle Mühe gegeben, mir einen denkwürdigen Aufenthalt zu bereiten. Das entsprach der Politik seines Hauses, die er mit seinem Lebensstil ebenso geprägt hatte wie mit seinem strategischen und taktischen Denken. Zweifellos sollte der zuvorkommende Umgang mit den Kundschaftern Eindruck machen und die Verbindung festigen. Auch die Einladungen in Nobelrestaurants bei meinen Auslandstreffen mit Fritsch und Schiefer waren keineswegs selbstlos, sondern dienten solch vordergründigen Zielen.

Ein derartiges Zweckdenken ärgerte mich mehr noch als die zumeist sterile Atmosphäre, in der wir alle eine aufgepfropfte Rolle spielen mussten; es hinterließ den schalen Beigeschmack, letztlich doch nur ›Quelle‹ und nicht Mitstreiter zu sein. Vielleicht reagierte ich in dieser Hinsicht aber auch nur besonders empfindlich.«

Nein, ich glaube das nicht. Die sensible Gaby Gast hat sehr genau beobachtet und präzise analysiert. Aber: »Der Gedanke, dass mir oder überhaupt einem Kundschafter etwas passieren könnte, dass wir womöglich für lange Zeit eingesperrt würden, hatte für Wolf etwas Quälendes.

Ich kannte diese besorgte Unruhe von Schiefer; er war stets in eine hochgradige Nervosität verfallen, wenn sich einer seiner Mitarbeiter nicht pünktlich von einem operativen Einsatz zurückgemeldet hatte und das Gefühl persönlicher Verantwortung zentnerschwer auf ihm lastete. Wolf machte da keine Ausnahme, auch wenn er mit dem Problem rationaler umgehen konnte als Schiefer.

Von meinen Pullacher Kollegen, die in der operativen Beschaffung des BND arbeiteten, wusste ich zudem, dass dieses Problem keinen Nachrichtendienst verschont. Denn es ist das ethische Kernproblem nachrichtendienstlicher Tätigkeit schlechthin: mit der Anwerbung von Agenten, ihrer Anstiftung zum Verrat und ihrer strafrechtlichen Kriminalisierung unmittelbar verantwortlich zu werden für das Schicksal dieser Menschen und uneingeschränkt verantwortlich zu sein für das initiierende eigene Tun, ohne das es das Tun der anderen nicht gäbe.«

Nun muss man relativierend hinzufügen, dass unter den Bedingungen der deutschen Zweistaatlichkeit und der Entspannung im Falle des Auffliegens von Agenten immer noch die Möglichkeit des Austauschs bestand, wovon beide Seiten Gebrauch machten. Allerdings muss man wissen, dass die Enttarnung von Günter Guillaume 1974 deutliche Spuren auch und besonders in der Führung der HV A hinterlassen hatte. Guillaume war Ende 1975 zu dreizehn, seine Frau Christel zu acht Jahren verurteilt worden. Beide saßen noch ein, und es war nicht absehbar, dass sie vor der Zeit – etwa im Rahmen eines Austausches oder eine Begnadigung freikommen würden. Beide sollten, was wir heute wissen, erst 1981 ausgetauscht werden, bis dahin waren sie in der Bundesrepublik inhaftiert.

»Es war diese Zusage Wolfs, die mir unabdingbar schien, um das persönliche Risiko meiner Kundschaftertätigkeit im BND zu tragen. Tatsächlich hatte der HV A-Chef auch keinen Augenblick gezögert, mir die Gewissheit zu geben, dass er alles, aber auch alles in seiner Macht Stehende tun würde, um mich im Ernstfall herauszupauken. Das bedeutete zwar nicht, dass mir im Falle einer Enttarnung eine längere Haft grundsätzlich erspart bliebe. Das wäre, wie gerade der Fall Guillaume zeigte, absolut unrealistisch gewesen. Aber ich war mir sicher, eine womögliche Haft leichter zu überstehen, wenn ich die Gewissheit hätte, dass auf den politischen und diplomatischen Kanälen um meine Freilassung gerungen würde.«

Die letzte persönliche Begegnung zwischen Wolf als Chef der DDR-Auslandsaufklärung und Gabriele Gast erfolgte Ende Mai 1986. »Nicht in unseren kühnsten Träumen hätten wir uns vorstellen können, dass wir uns sieben Jahre später unter gänzlich anderen politischen und persönlichen Verhältnissen wiedersehen würden – vor einem westdeutschen Obergericht: Wolf in der Rolle des Angeklagten und ich als unfreiwillige Zeugin.

Dass unsere letzte Zusammenkunft nur wenige Tage vor seinem Rücktritt vom Amt stattfand, ist sicher nicht der Planung des HV A-Chefs entsprungen, sondern ein bezeichnender Zufall. Seit längerem wie üblich vereinbart und vorbereitet, wurde das Treffen dadurch unversehens zum Abschied von der Kundschafterin, die er über viele Jahre als Innenquelle im BND persönlich geführt hatte. Denn inzwischen hatte ihn eine Entwicklung überrollt, die nicht mehr seinen Vorstellungen und Wünschen entsprach, sondern der Entscheidung Mielkes.

Es waren die dramatischen Entwicklungen im Privatleben Wolfs, die einen raschen Führungswechsel in der HV A erzwungen hatten. Mit dem Austragen seiner Eheprobleme in aller Öffentlichkeit, was ihn nicht nur in die Optik des BND gebracht hatte, sondern diesem auch eine klassische Anbahnungsmöglichkeit eröffnete, war der HV A-Chef schlagartig zu einem Sicherheitsrisiko geworden. Deshalb hatte Mielke es plötzlich furchtbar eilig, dem Wunsch Wolfs nach Pensionierung nachzukommen. Bis dahin hatte er sich diesem Wunsch hartnäckig verschlossen, jedoch nicht, weil er – wie Wolf behauptet – seine eigene Amtsentlassung und die seiner Politbüro-Kollegen befürchtete, wenn der erheblich Jüngere vor dem Älteren in den Ruhestand träte, sondern weil er sich die HV A ohne deren langjährigen Chef nicht vorstellen konnte. Unabhängig davon, wie Mielke persönlich zu Wolf stand: Er empfand Hochachtung vor dessen Leistung und wollte ihn nicht verlieren, schon gar nicht in einer Zeit zunehmender innen- und außenpolitischer Schwierigkeiten, die den Bedarf der DDR-Führung an zuverlässigen Informationen rapide steigerten.

Ich fand einen zutiefst deprimierten Wolf vor, als ich wieder, von Wien über die Tschechoslowakei kommend, in Oberwiesenthal eintraf. ›Ich habe mich entschlossen, von meinem Amt zurückzutreten‹, erklärte er mir. ›Schon seit Jahren ist das mein Wunsch. Nun ist es endlich soweit. Ich möchte endlich Zeit haben ein Buch zu schreiben. Ich habe es meinem Bruder auf dem Sterbebett versprochen. Das Projekt ist seine Idee, er konnte es nicht mehr vollenden.‹

Ich verstand, wie wichtig es Wolf war, sich der Aufgabe zu stellen, die sein Bruder ihm hinterlassen hatte. Von meinen früheren Begegnungen mit dem HV A-Chef wusste ich nur zu gut, wie stark er auf Konrad fixiert war, wie sehr es dessen künstlerisches Talent bewunderte und wie ihn die politische Botschaft seiner Werke beschäftigte.

Mit Botschafter a. D. Kurt Berliner, einst Offizier im besonderen Einsatz (OibE), auf Wolfs Datsche in Prenden

Was ich nicht verstand, war seine melancholische Stimmung. Sie konnte unmöglich der Trauer um den Bruder entspringen. Konrad war inzwischen vier Jahre tot. Selbst bei unserem letzten Treffen war der HV A-Chef nicht so bedrückt gewesen wie jetzt.

Hätte ich schon damals gewusst, dass er eines Abschieds vom Amt nicht bedurfte, um das unvollendete Projekt seines Bruders zu bearbeiten, ich hätte seine Stimmungslage zu deuten vermocht: dass es ein Aufruhr der Gefühle war gegen eine schmähliche Entlassung aus dem Amt, ein Aufruhr auch gegen den Verlust einer Stellung, die seinem persönlichen Ambitionen inzwischen optimal entsprach. Denn längst hatte Mielke dem Wunsch Wolfs, sich dem Nachlass seines Bruders widmen zu können, stattgegeben, hatte ihn von den Leitungsaufgaben freigestellt und ihm ein beträchtliches Maß an Freizeit eingeräumt. Der Rücktrittswunsch des HV A-Chefs war damit gegenstandslos geworden. Nun hatte er hinreichend Zeit für sein persönliches Anliegen und ohne dafür die Privilegien seiner hohen Stellung als stellvertretender Minister opfern zu müssen. Während Werner Großmann Aufgaben und Pflichten des HV A-Chefs wahrnahm, repräsentierte Markus Wolf die Aufklärung und das Ministerium. Solange, bis seine private Situation in derart heftige Turbulenzen geriet, dass er für den Auslandsnachrichtendienst und für das Staatssicherheitsministerium untragbar wurde.

Von all dem findet sich in seiner Autobiografie nichts. Das nimmt auch nicht wunder, würde es doch die Legende nachhaltig beschädigen, die sich in vielen Jahren um seine Person rankte: der ›Mann ohne Gesicht‹, der ›beste deutsche Geheimdienstchef dieses Jahrhunderts‹. Man stelle sich vor: Dieser ›beste deutsche Geheimdienstchef‹ wurde im Alter und auf Freiersfüßen wandelnd für eben jenen Dienst, den er in vielen, arbeitsreichen Jahren aufgebaut und zu großen Erfolgen geführt hat, zu einem Sicherheitsrisiko! Für einen Geheimdienst bedeutet das schlicht eine Katastrophe.

Doch es scheint dem Metier weniger fremd zu sein, als es zunächst den Anschein hat: Auch die westdeutschen Dienste hatten mit dem Übertritt des ersten Verfassungsschutzpräsidenten Otto John in die DDR und mit der nachrichtendienstlichen Tätigkeit des stellvertretenden MAD-Chefs Joachim Krase für die HV A schon lange vor der Affäre Wolf ihre handfesten Pleiten.

Wolf wartete noch mit einer zweiten Überraschung auf: In einer kurzen, feierlichen Ansprache hieß er mich in den Reihen der politischen Avantgarde der Arbeiterklasse willkommen und überreichte mir, nebst einem Strauß roter Nelken, das Parteibuch der SED. Ich war sprachlos. Schon längst hatte ich meine Bitte um Aufnahme in die Staatspartei der DDR als erledigt betrachtet, zulange hatte sich das Prozedere hingezogen, zu ausweichend waren die Antworten auf meine Fragen gewesen, was denn nun mit meinem Antrag sei. Man scheint mich nicht in der Partei haben zu wollen, hatte ich schließlich angenommen. Bin ja auch kein Arbeiterkind und lebe inmitten des Klassenfeindes. Auch jetzt, als der HV A-Chef das Parteibuch aushändigte, druckste er nur entschuldigend herum, dass Komplikationen die Sache leider sehr verzögert hätten. Welche Gründe es tatsächlich waren, sagte er nicht. Ich kenne sie bis heute nicht, da Wolf inzwischen meint, sich nicht mehr daran erinnern zu können. Das ist mehr als ärgerlich. Denn wie ich mittlerweile weiß, wurden andere Kundschafter nicht so lange hingehalten und der beantragte Parteibeitritt binnen weniger Monate vollzogen.«

Diese Hinhaltetaktik war mehr als ärgerlich, sie war beleidigend. Aber bis heute hat niemand in Erfahrungen bringen können, welche Motive dahinter steckten, und wenn es sich nicht um Absicht gehandelt hatte, wer für diese Nachlässigkeit verantwortlich war.

»Missmutig blätterte ich in dem roten Dokument. Plötzlich blieb mein Blick an einem Wort hängen. Ich erstarrte. Wieder und wieder las ich, was mir wie ein Fausthieb brutal ins Gesicht schlug: KANDIDAT. Ich war noch nicht *Mitglied* der SED geworden, sondern zunächst deren Probandin. Ich musste mich erst noch ein Jahr lang politisch bewähren, ehe ich die höheren Weihen der Mitgliedschaft erhalten konnte. Ich bebte vor Zorn. Damals, vor über sieben Jahren, als ich den Wunsch geäußert hatte, der Partei beizutreten, hatte ich unverblümt gesagt, man möge nicht auf die Idee kommen mich erst einmal als Kandidatin aufzunehmen. Ich hätte lange genug den Kopf hingehalten für die DDR und die SED und dabei mehr als nur meine politische Reife bewiesen. Ich dächte nicht daran, mich von ›Etappenhasen‹, die von dem Kampf an der ›unsichtbaren Front‹ nichts wüssten, gerade mal einer Probezeit wert befinden zu lassen.

Inzwischen hatte ich weitere sieben Jahre als Kundschafterin gearbeitet, persönliche Risiken und Gefahren auf mich genommen und musste mir jetzt bedeuten lassen, dass ich mich nunmehr auch politisch *bewähren* dürfe. Ich fühlte mich tief in meiner Seele beleidigt.

Was Wolf an diesem Tag so feierlich begonnen hatte, endete in einem wahren Fiasko.

›Was glaubt ihr denn, wer ihr seid?‹, brach es aus mir heraus. ›Sieben Jahre lasst ihr mich auf die Parteiaufnahme warten. Sieben Mal schon hättet ihr die Kandidatenzeit aussitzen können, wenn denn eure Formalisten meinen, sie sei unverzichtbar. Was ihr hier mit mir macht, ist eine Unverschämtheit.‹

Ich warf das Parteidokument auf den Tisch. ›Steckt es weg! Sofort! Ich will es nie wieder sehen!‹«

Wolf war klug genug, die Beleidigung als solche zu erkennen – auch ohne den emotionalen Ausbruch von Gabriele Gast. Dass er sie nicht verhindert hatte, offenkundig billigend in Kauf nahm, schließlich hatte er ihr das Dokument überreicht, spricht nicht unbedingt für ihn.

»Die HV A schien mir zunächst ohne Markus Wolf unvorstellbar: Der nachrichtendienstliche Alltag ging aber auch ohne ihn weiter. Wolf hatte mich beim Abschied gebeten, mit seinem Amtsnachfolger, seinem langjährigen Stellvertreter Werner Großmann, sowie im bewährten Zusammenwirken mit Fritsch, Stefan und Karl-Heinz die Zusammenarbeit fortzusetzen. Das erschien mir angesichts der ermutigenden politischen Entwicklungen, die sich seit der Machtübernahme Gorbatschows in Osteuropa abzuzeichnen begannen, selbstverständlich. Zwar missfiel mir die zunehmende Verhärtung des innen- und außenpolitischen Kurses der DDR. Doch ich erachtete es nur als eine Frage der Zeit, bis sich auch in der Ostberliner Führung der überfällige Generationswechsel vollziehen würde und damit der Weg frei wäre für dringend notwendige Reformen. Seit dem wirtschaftlichen Aufschwung der DDR nach dem Mauerbau war in dem Arbeiter- und Bauernstaat eine bürgerliche Gesellschaft mit zwar bescheidenem, aber nicht zu übersehendem Wohlstand entstanden, die zu ihrer Weiterentwicklung einer mutigen Politik der Modernisierung und Liberalisierung bedurfte und nicht ideologischer Engstirnigkeit und kleinkarierter Pression.

Schon kurze Zeit nach Wolfs Abschied vom Amt und einige Monate bevor der BND aufgrund der Berichterstattung im *Neuen Deutschland* des Wechsels an der Spitze der HV A gewahr wurde, ließ Werner Großmann mir seine Bitte übermitteln, die Kooperation wie bisher weiterzuführen. Damit war klargestellt, dass der neue HV A-Chef

Werner Großmann übernahm 1986 die Funktion von Markus Wolf. Hier mit Rainer Rupp, der als Quelle »Topas« im NATO-Hauptquartier in Brüssel arbeitete, 2011

nicht daran dachte, in die bewährte Verbindungsführung einzugreifen, sondern dass sie bei Fritsch verbleiben sollte. Zwischen ihm und mir war längst eine vertrauensvolle, freundschaftliche Beziehung entstanden, und jede Veränderung hätte sich nur störend auswirken können. Selbst ein persönliches Treffen Großmanns mit mir, um das er gleichzeitig gebeten hatte. Mir schien, dass kein Platz mehr sei für neue Mitstreiter, nach dem ich in den vielen Jahren der Zusammenarbeit mit meinen Partnern zu einer fast verschworenen Gemeinschaft verwachsen war. Vielleicht war es auch einfach nur eine Reaktion auf die diversen Präsidenten- und Abteilungsleiterwechsel im BND, die ich mittlerweile erlebt hatte und die dazu zwangen, sich immer wieder auf neue Ansichten und Marotten einzustellen. Dazu hatte ich keine Lust mehr. Wie sehr ich Großmann mit solchen Vorbehalten Unrecht tat, wurde mir erst Jahre später, während meiner Haft und bei unserem persönlichen Kennenlernen nach meiner Haftentlassung, bewusst.«

Ende Januar 1990 traf sich Gabriele Gast noch einmal mit Karl-Heinz. Inzwischen war Honecker demissioniert und auch sein Nachfolger Krenz hatte bereits das Handtuch geworfen, der Ministerrat unter Stoph hatte einer Modrow-Regierung Platz gemacht, und aus dem Ministerium für Staatssicherheit war ein Amt für Nationale Sicherheit geworden, an dessen Spitze Wolfgang Schwanitz, ein Stellvertreter Mielkes, gestellt worden war. Doch der gesellschaftliche Druck war enorm.

»Unser nachrichtendienstlicher Gesprächsstoff erschöpfte sich in zwei lapidaren Sätzen: ›Die Arbeit ist ab sofort eingestellt. Du sollst alle nachrichtendienstlichen Hilfsmittel Leo zur Vernichtung geben.‹ (*Leo war ihr Verbindungsmann zur HV A – K. E.*)

Damit endete nach 21 Jahren eine geheimdienstliche Zusammenarbeit, die uns persönlich zwar durch Höhen und Tiefen geführt hatte, operativ hingegen stets erfolgreich verlaufen war – bis auf das politische Desaster, in dem unsere Verbindung endete.

Doch das hatten nicht wir zu verantworten.«

Auf ihr kritisches Verhältnis zu Wolf ging Gabriele Gast auch in einem Gespräch mit dem *Neuen Deutschland* ein, das die Zeitung am 22. März 1999 veröffentlichte. Auf die direkte Frage, warum sie mit Wolf gebrochen habe, antwortete sie: »Zum Bruch kam es im Mai 1995 im Zusammenhang mit der Verfassungsgerichtsentscheidung zur Strafbarkeit der deutsch-deutschen Spionage. Weil absehbar war, dass allein die westdeutschen HV A-Kundschafter als uneingeschränkt strafbare Fallgruppe übrigbleiben würden, hatte ich Markus Wolf gebeten, in seinen öffentlichen Erklärungen auf die grundrechtswidrige Ungleichbehandlung der deutsch-deutschen Spionage hinzuweisen. Doch er hielt sich bedeckt. Mehr noch: Mit Blick auf seinen zweiten Prozess liebedienerte er gegenüber der Justiz, indem er sagte, im Rechtsstaat könne letztlich jeder zu seinem Recht kommen, wenn er nur hartnäckig und ausdauernd darum kämpfe.

Ich empfand diese Aussage als einen Dolchstoß in den Rücken. Ich hatte wie andere Kundschafter alle nationalen Rechtsmittel ausgeschöpft, ohne Recht zu erfahren. Auch die europäische Rechtsebene, die Menschenrechtskommission in Strasbourg, die mir nun offenstand und wo ich seit über drei Jahren eine Beschwerde anhängig habe, bietet mir angesichts der involvierten politisch-staatlichen Interessen so gut wie keine Chance, zu meinem Recht zu kommen.

Dann begann Markus Wolf auch noch, sich in eine politische Oppositionsrolle innerhalb der DDR zu argumentieren. Das war der zweite Dolchstoß. Er ging mehr noch als der erste zu Lasten der Kundschafter, stempelte er uns doch zu politischen Narren ab.

Ich bedeutete Wolf, solche Legendenbildungen zu unterlassen. Aber er war von der opportunistischen Schönrederei seiner Biografie nicht mehr abzubringen.

Damit war der Bruch unvermeidlich.

Dass Wolf in seiner Autobiographie gleichwohl um meine Freundschaft wirbt, erachte ich als den untauglichen Versuch, mich in eine moralische Pflicht ihm gegenüber zu nehmen.«

Ich habe Gabriele Gast in einem Brief wissen lassen, dass ich ihre Sicht auf Markus Wolf, die sie auch im Interview mit dem *ND* und in ihrem Buch artikuliert und damit öffentlich gemacht hatte, zwar verstünde, aber nicht teile. Auf meine differenzierte Beurteilung schrieb sie meiner Frau Ulla und mir am 12. April 1999: »Zunächst einmal freue ich mich, dass Ihr mein Buch als einen Positionsbezug zugunsten unseres politischen Kampfes erachtet. Das war mir selbst ein ungemein wichtiges Anliegen beim Schreiben, und ich war froh, dass der Verlag dies uneingeschränkt akzeptierte: Er hat mir keine politischen Aussagen aus dem Manuskript gestrichen oder verwässert, sondern sie uneingeschränkt mitgetragen; ein Glücksfall sozusagen, denn das ist bei westdeutschen Verlagen nicht selbstverständlich.« Sodann bekannte sie sich neuerlich zu ihrer Entscheidung, für die DDR zu arbeiten. »Ja, ich hatte zutiefst politische Gründe, mich eurem Kampf anzuschließen. Dass man mich nun dafür mitunter für politisch naiv hält, stört mich nicht. Trotz aller Fehler und Erstarrung im Realsozialismus – unsere Grundüberzeugungen haben sich weder als falsch erwiesen noch sind sie passé, wie der Neokapitalismus und Neomilitarismus, die sich nun gar erdreisten, im Gewand der Humanität daherzukommen, belegen.

Aufgrund meiner politischen Haltung hat es mich auch so tief getroffen, dass ich so lange auf die Aufnahme in die SED warten musste und mir Wolf bis heute eine Erklärung dafür schuldig geblieben ist. Ich hätte kein weiteres Aufheben darum gemacht, auch in meinem Buch nicht, hätte ich nicht durch Gespräche mit anderen Kundschaftern erfahren, dass der Wunsch nach Parteibeitritt der HV A keine Probleme bereitete, bei den Mitstreitern wurde das binnen eines halben Jahres durchgeführt. Warum es bei mir nicht klappen wollte, weiß nur Wolf, und er schweigt sich darüber aus.«

Wie tief diese Art der Zurückstellung, ja Zurückweisung Gabriele Gast getroffen hatte, war noch immer, nach anderthalb Jahrzehnten, spürbar. Und darum ließ sie meine Verteidigung meines, unseres ehemaligen Chefs nicht gelten. »Dass Du, lieber Klaus, mit meinen Ausführungen über Wolf Probleme haben würdest, war mir klar. In Deiner Stellungnahme habe ich aber nichts gefunden, was mich widerlegt.

Ich teile Deine Meinung, dass Wolf nach 1986 in eine kritische Distanz zur DDR-Führung und deren Realsozialismus gegangen ist und sich deshalb – neben Modrow – zu einem Hoffnungsträger entwickelt hat; das war auch das Lagebild des BND. Aber das war erst *nach* seinem Rücktritt vom Amt und eben nicht dessen Grund, wie er seit 1995 behauptet. Der Grund für seinen Rücktritt sind die Sicherheitsprobleme, die die Ereignisse in seinem persönlichen Bereich heraufbeschworen hatten; die Einwendung von Klaus, Mielke habe Wolf nicht so ohne weiteres in die Wüste schicken können, vielmehr habe E. H. da einiges mitzureden gehabt, ist mir eine weitere Bestätigung, dass es ganz gewichtige, über die familiären Eskapaden hinaus gehende Gründe gab, eben Sicherheitsbelange, sich vom erfolgreichen HV A-Chef zu trennen.

Vor diesem Hintergrund, vor allem des Verlustes seiner Privilegien, kostete es Wolf dann auch nicht viel, sich als Parteigänger Gorbatschows politisch zu profilieren, was wiederum ins Bild seines vorherigen systemkonformen Schweigens passt. Nun hatte er ja nichts mehr zu verlieren, konnte vielmehr mit Blick auf die DDR-interne Stimmung nur gewinnen – an Ansehen und Reputation. Angesichts seines hohen Selbstwertgefühls und seiner Egozentrik war es geradezu logisch, dass er nach 1986 den Weg des vielbeachteten Kritikers gegangen ist. Seine Entlassung ›Knall auf Fall‹ muss ihm furchtbar zugesetzt haben; ich habe ihn ja in jenen Tagen erlebt, er war ein Häufchen Elend, ganz in Selbstmitleid verfallen. Mit seinem reformpolitischen Engagement konnte er sich hingegen wieder als eine Führungsperson profilieren. Er hatte dann ja auch großen Zulauf.«

In einem weiteren Brief, der vom 10. Juli 1999 datiert, kommt Gabriele Gast noch einmal auf das Thema zurück. »Wenn ich Wolf vorgeworfen habe, wie beispielsweise in dem Film von Lew Hohmann (»*Der Mann ohne Gesicht*«, *1998 – K. E.*), er hätte uns als Kundschafter seine Vorbehalte gegen die Politik der DDR-Führung mitteilen und zur Einstellung unserer Arbeit auffordern müssen, so diente mir dieses Argument immer nur als eine Art ›Nebenkriegsschauplatz‹, weil ich den eigentlichen Grund für seinen Rücktritt erst im Buch ansprechen wollte. Deshalb konnte ich ihn in meinen Vorhalten immer nur indirekt angehen, und manchmal kam ich mir vor wie eine Katze, die um den heißen Brei herumschleicht. Wolf musste aber wissen, dass ich noch gewichtigere Argumente auf Lager habe. Doch er hat – hartnäckig seine neue politisch-oppositionelle Selbstsicht vertretend – das Spielchen mitgemacht. In meinem *ND*-Interview vom 22. März habe ich dann zum ersten Mal die Konsequenzen ausgesprochen, die seine geschönte Selbstdarstellung gerade für uns Kundschafter, aber genauso für seine hauptamtlichen Mitarbeiter hat: dass er uns allesamt damit zu politischen Deppen abstempelt.

Für mich war das der Moment, wo ich mich von ihm persönlich missbraucht gefühlt habe. Aber vielleicht hat er uns auch in all den Jahren zuvor für seine persönliche Interessen benutzt. Mein Bild von ihm hat jedenfalls schwere Schatten bekommen.«

Gegen subjektives Empfinden kann man schwerlich etwas sagen, da lässt sich kaum etwas objektivieren.

»Wisst Ihr, ich wäre sehr froh, wenn ich die Kritikpunkte an M. W. mit ihm diskutieren könnte. Das muss keineswegs öffentlich sein, ich strebe nicht nach einer Profilierung, die letztlich nur dem politischen Gegner dient (allerdings lasse ich mich durch dieses Argument auch nicht von notwendiger Kritik abhalten; wie wir heute wissen, wäre auch die DDR mit einer solchen Einstellung besser gefahren). Doch seit etwa drei Jahren, seit den öffentlichen Retuschen an seiner Biografie, scheut Wolf das Gespräch mit mir. Selbst Andrea ist das aufgefallen. Ich werte dieses Verhalten Wolfs als ein indirektes Eingeständnis, dass er in einem Disput mit mir keine so guten Karten hat. Mit anderen Worten: Er ist nicht nur selbstbezogen, er ist auch feige. Aber bekanntlich liegt beides zumeist dicht beieinander.

Ich gebe euch recht: In der DDR wäre ich sicher eine Bürgerbewegte geworden, wäre angesichts der Missstände mit den Ritualen der Selbstbeweihräucherung über Kreuz gekommen. Sicher hatte ich ein sehr idealistisches Bild von der DDR. Aber immer auch die motivierende Hoffnung, dass sie fähig wäre, die Übel abzustellen und sich dem Ideal anzunähern. Der Kapitalismus mit seinem menschenverachtenden Gewinnstreben erschien mir hingegen immer als pervers und im Grunde nicht verbesserungsfähig.«

*Ob mein politischer Standort lediglich ein vermeintlich
falscher und gar ein unproduktiver gewesen ist, weil die
DDR unterging, mag man an Stammtischen diskutieren.
Die Geschichte wird es nicht kümmern.
Sie verläuft nicht bloß in den Bahnen der Restauration.
Sie kennt ebenso die Perioden des Umbruchs
und der revolutionären Erneuerung. Nichts bleibt, wie es ist.
Dieses eherne Gesetz der Geschichte
gilt auch für den neuen gesamtdeutschen Staat.*

Gabriele Gast

Epilog

Am 25. März 1995 trafen sich in Berlin mehrere ehemalige DDR-Kundschafter, die bereits aus der Strafhaft entlassen worden waren, und gründeten die Initiativgruppe »Kundschafter des Friedens fordern Recht«. Die Bezeichnung wurde auf Anregung von Markus Wolf gewählt.

Neben der Beendigung der Strafverfolgung ehemaliger Kundschafter forderten sie die Rehabilierung der Verurteilten, d. h. die Aufhebung der nach dem 3. Oktober 1990 ergangenen Strafurteile wegen Spionage, die Aufhebung der im Zusammenhang mit den Strafurteilen ergangenen Arbeitsgerichtsurteile und den Erlass der verhängten Verfallstrafen.

Gabriele Gast erinnerte sich: »Ein halbes Jahr nach meiner Haftentlassung kam ich erstmals mit einigen Schicksalsgefährten in Kontakt. Auch sie waren nach der ›Wende‹ aufgrund des Verrats von Überläufern inhaftiert und zu langjährigen Haftstrafen verurteilt worden. Obwohl ich ihre Namen und Biographien nur aus Presseberichten kannte, fühlte ich mich ihnen tief verbunden.

In ›normalen‹ Zeiten hätten die Regeln der Konspiration es nicht zugelassen, dass Kundschafter voneinander wissen oder gar zusammentreffen. Jeder von uns war stets ein Einzelkämpfer gewesen, eingebunden in das Team seiner Führungsleute und strikt abgeschirmt von allen anderen offiziellen und inoffiziellen Mitarbeitern der Nachrichtendienste. Doch mit dem Zusammenbruch der DDR, mit unserer Verhaftung galten die überkommenen Regeln nicht mehr. Nun war es ein persönliches Bedürfnis, die Schicksalsgefährten kennenzulernen, die leidvollen Erfahrungen auszutauschen und insbesondere die Probleme unserer strafrechtlichen Verfolgung zu beraten. Im Frühjahr 1995 trafen einige von uns erstmals zusammen.

Niemand hatte die eklatante Ungleichbehandlung der deutsch-deutschen Spionage nach der Vereinigung von BRD und DDR auch nur im entferntesten akzeptiert, gab es hierfür doch keine rechtliche, sondern nur eine politische Begründung. In strafrechtlicher Hinsicht hatten mittlerweile namhafte Juristen schwerwiegende Bedenken gegen die einseitige Strafverfolgung der DDR-Agenten geäußert. Mit der Vereinigung der beiden deutschen Staaten sei das mittels des Strafrechts geschützte Rechtsgut der äußeren Sicherheit der Alt-Bundesrepublik in Bezug auf die DDR weggefallen; die Bestrafung der Kundschafter habe mithin keine Rechtsgrundlage mehr.

Aber in der aufgeheizten politischen Stimmung der Nach-Wende-Zeit schien das unpassend. Denn längst schon mussten ideologische, nicht juristische Begründungen, herhalten, die unterschiedliche strafrechtliche Behandlung von westdeutscher und DDR-Spionage zu rechtfertigen. Die DDR-Aufklärung habe »offensive« Ziele verfolgt und nicht lediglich »defensive« wie die BND-Spionage, urteilte der Bundesgerichtshof in den traditionellen Kategorien der Ost-West-Konfrontation, als sei Pullach nur eine ›Keksfabrik‹ und kein offensives, dem Kalten Krieg entsprungenes Handlungsinstrumentarium der Bundesregierung.

Es fand sich auch niemand unter uns, der nicht die fortgesetzte Strafverfolgung der DDR-Kundschafter im vereinten Deutschland als bedeutsame Verletzung des Grundrechts auf Gleichheit vor dem Gesetz empfunden hätte. Waren doch mit der deutschen Vereinigung nicht nur die Agenten des BND in der DDR, sondern auch die anderer westlicher Geheimdienste automatisch von jeglicher Straf-

Gabriele Gast, 2007

verfolgung freigestellt worden. Ja, der neue gesamtdeutsche Staat hatte nicht einmal Anstalten gemacht, jene DDR-Bürger, die für den sowjetischen Geheimdienst KGB gearbeitet hatten, zur ermitteln und strafrechtlich zu belangen, obwohl er aus den Unterlagen der Gauck-Behörde von dieser Praxis wusste. Vielmehr schien es, als müsse die strafrechtliche Tabuisierung der früheren DDR-internen Aktivitäten des neuen sowjetisch-russischen Partnerdienstes des BND durch eine umso verbissenere Jagd auf die DDR-Kundschafter kompensiert werden.

Doch damit nicht genug. Wie wir nun erfuhren, hatte eine massive Ungleichbehandlung von West- und Ost-Agenten längst Gesetzeskraft erlangt. Bereits im Herbst 1992 hatte der Deutsche Bundestag mit dem Ersten SED-Unrechtsbereinigungsgesetz allen westdeutschen und westlichen Agenten, die seit der Kapitulation des Hitlerreichs 1945 in der Sowjetischen Besatzungszone bzw. in der

DDR verurteilt worden waren, die Möglichkeit der Rehabilitierung und Entschädigung eröffnet, weil ihre Verurteilung ›politischer Verfolgung gedient‹ habe. Darüber war nichts in der Presse zu lesen, obwohl sie sich vorzugsweise jeden Details annahm, das ›Schlapphüte‹, die ›Krake Stasi‹ und den ›Unrechtsstaat DDR‹ betraf.

Keinen Aufschrei hatte man von der PDS-Bundestagsgruppe vernommen, dass hier kurzerhand der DDR das Recht eines jeden souveränen Staates abgesprochen war, sich mit dem Mittel des Strafrechts gegen feindliche Spionage zu schützen. Keinen Juristen, keinen Historiker hatten die zahlreichen Sachfehler des Gesetzes bedenklich gestimmt, die unumgänglich waren, um auch noch den letzten Agenten der nationalsozialistisch belasteten ›Organisation Gehlen‹ als einen Verteidiger der freiheitlich-demokratischen, rechtsstaatlichen Ordnung rehabilitieren zu können.

Wenn das die neuen Rechtsnormen im vereinten Deutschland waren, dann hatten wir DDR-Kundschafter allen Grund, unsere Verurteilung als Unrecht zu erachten – als politisch motiviertes Unrecht. Denn der Gesetzgeber hatte die westliche Agententätigkeit gegen die DDR nunmehr als ein Mittel der politischen Auseinandersetzung definiert – was sie in der Ost-West-Konfrontation des Kalten Krieges in der Tat war –, und ihre strafrechtliche Verfolgung als eine politische Verfolgung. Was er für seine eigene Spionagetätigkeit und für seine eigenen Agenten in Anspruch nahm, konnte er schlechterdings dem politischen Gegner nicht in Abrede stellen. Unsere Strafverfolgung war somit kein Akt justizieller Verbrechensbekämpfung, sondern nichts anderes als eine rechtswidrige politische Verfolgung, und unsere Kriminalisierung wie die der DDR immanenter Bestandteil dieser politischen Verfolgung.

Wir beschlossen, uns gemeinsam dagegen zur Wehr zu setzen, auf rechtsstaatlicher Ebene und mit den Mittel eben dieses Rechts, auch wenn es noch so aussichtslos schien. In Anlehnung an die frühere Terminologie der DDR, um uns auch begrifflich gegen die Versuche unserer Kriminalisierung abzugrenzen und weniger im Sinne eines politisch-ideologischen Glaubensbekenntnisses gaben wir unserer Gruppe den Namen ›Kundschafter des Friedens fordern Recht‹. Unsere Ziele lagen auf der Hand: Einstellung der Strafverfolgung der DDR-Spionage, Freilassung aller noch inhaftierten DDR-Kundschafter sowie Rehabilitierung und Entschädigung der Kundschafter, so wie es Bonn für seine eigenen Agenten und die des Westens verfügt hat.

Natürlich waren wir nicht so naiv anzunehmen, unseren Forderungen alsbald Gehör verschaffen zu können. Vielmehr waren wir uns bewusst, auf ziemlich verlorenem Posten zu stehen. Doch das bildete keinen Grund, uns mit dem erlittenen Unrecht abzufinden. Die Politik hatte zwar die Macht besessen, dieses Unrecht zu verfügen. Aber sie konnte uns nicht zwingen, es zu akzeptieren.

Systematisch begannen wir nun Kontakt zu Schicksalsgefährten aufzunehmen, insbesondere zu denjenigen die sich noch in Haft befanden. Aufgrund unserer eigenen Erfahrungen wussten wir nur zu gut, dass bereits eine persönliche Verbindung und die Möglichkeit zum Gedankenaustausch ihnen beträchtlich helfen konnte; denn nicht wenige von ihnen waren ebenfalls von ihren Führungsleuten alleingelassen oder gar verraten worden. Nun konnten wir erste Zeichen der Solidarität setzen und ein wenig dazu beitragen, menschliche Enttäuschungen zu mildern.

Als nicht minder wichtig und nützlich erwies sich der Informationsaustausch über die jeweiligen Haftbedingungen und die Strafvollstreckungspraxis, konnte er doch unseren Kameraden im Bemühen um Vollzugslockerungen sowie eine vorzeitige Haftentlassung handfeste Argumente liefern. Diese Fragen wurden von den Justizbehörden der Bundesländer und ebenso von der Bundesanwaltschaft in fast schon willkürlich anmutender Weise unterschiedlich gehandhabt.«

Soweit der Kommentar von Gabriele Gast auf die Gründung der Gruppe, wofür ein Beschluss des Bundesverfassungsgerichts vom 15. Mai 1995 den unmittelbaren Anlass geliefert hatte. Dieser hatte im Umgang mit der deutsch-deutschen Spionage ein Dreiklassenstrafrecht begründet. Wer in der DDR gegen den Westen spioniert, aber die DDR dabei nie verlassen hatte, wurde nicht mehr belangt. Wer im westlichen Ausland spioniert hatte, sollte im Falle der Auslieferung an Deutschland bestraft werden, wer aber für die DDR als Bundesbürger, also auf westdeutschem Territorium, gearbeitet hatte, sollte die ganze Härte der nunmehr gesamtdeutschen Justiz erfahren. Der angerufene Europäische Menschenrechtsgerichtshof erklärte sich als dafür nicht zuständig, mit der Bundesrepublik wollte man sich offenkundig nicht anlegen.

»Selbstverständlich beschritten wir auch den Weg, den das Gnadenrecht absteckt. Niemand sollte uns vorhalten können, wir hätten nicht alles versucht, die noch inhaftierten Kundschafter freizubekommen. Für mich selbst hätte ich zwar nie um einen Gnadenerweis gebeten, es widerstrebte mir, die dabei unabdingbare Unterwürfigkeit, ›Schuldeinsicht‹ und ›Reue‹ an den Tag zu legen. Doch für einen schwerkranken Kameraden Großmut und Verzeihung zu erbitten, war etwas anderes.«

Durchaus mit Bitterkeit beantwortete Gabriele Gast die Frage, was von dem Engagement der Kundschafter geblieben sei: Arbeitslosigkeit, Rentenverluste, Schuldenberge, zerbrochene Ehen und zerstörte Familien. Aber nicht nur deshalb hält sie den Kampf für die Rehabilierung der

Kundschafter für notwendig. »Er ist unverzichtbar, weil die Rehabilitierung aller in der DDR verurteilten westlichen Agenten eine rechtliche Schieflage geschaffen hat, die auch mit einer Amnestie für die DDR-Kundschafter nicht wieder ins Lot zu bringen wäre.

Natürlich könnte eine Amnestie auch heute noch in Einzelfällen helfen, die gravierenden materiellen Folgen der Strafverfolgung, wie beispielsweise die ruinöse Anordnung von Verfallsgeldern zu mildern. Aber in strafrechtlicher Hinsicht ist es für sie zu spät, würde sie doch eine durch Strafverbüßung bereits getilgte Schuld wieder aufleben lassen.«

Da es keine Schuld mehr gibt, wenn es sie denn, worüber die Rechtsgelehrten streiten mögen, zum Zeitpunkt der deutschen Vereinigung überhaupt noch gegeben hat, so Gabriele Gast weiter, gibt es auch nichts scheinbar großmütig zu amnestieren. »Soll unsere politische Strafverfolgung wiedergutgemacht werden, so bedarf es auch unsere Rehabilitierung, soweit sich Unrecht, und das gilt auch für rechtsstaatliches Unrecht, überhaupt wiedergutmachen lässt.«

Oft sei angesichts ihrer persönlichen Bilanz ihrer Kundschaftertätigkeit gefragt worden, ob dies alles denn die Sache wert gewesen sei. »Doch immer musste ich mit der Antwort enttäuschen, dass die Frage zwar menschlich verständlich, aber zugleich höchst unpolitisch sei.

Gewiss, vordergründig und noch dazu aus der Retrospektive urteilend, haben sie recht. Aber stets übersehen sie dabei die konkrete zeitgeschichtliche Konstellation zum Zeitpunkt meines Handelns und dass diese nicht deshalb schon an Relevanz verliert, weil sie im Rückblick plötzlich unbedeutend scheint. Sie war vielmehr die Realität, in der sich wesentliche Jahre meines Lebens vollzogen und ich meinen politischen Standort fand.

Ob dieser lediglich ein vermeintlich falscher und gar ein unproduktiver gewesen ist, weil die DDR unterging, mag man an Stammtischen diskutieren. Die Geschichte wird es nicht kümmern. Sie verläuft nicht bloß in den Bahnen der Restauration. Sie kennt ebenso die Perioden des Umbruchs und der revolutionären Erneuerung. Nichts bleibt, wie es ist. Dieses eherne Gesetz der Geschichte gilt auch für den neuen gesamtdeutschen Staat.«

Die »Gesellschaft für rechtliche und humanitäre Unterstützung e. V.« (GRH), 1993 in Berlin ins Leben getreten, half und hilft den wegen ihres Handelns für die DDR von der Strafverfolgung Betroffenen und leistete Widerstand gegen Unrecht, politische, wirtschaftliche und soziale Ausgrenzung sowie gegen Hetze und Verleumdung. »Wenngleich bei Aufklärern, besonders bei den in der alten BRD ansässigen, durchaus eine Spezifik vorliegt, so gehören sie zum Kreis der Betroffenen. Ihnen gehören unsere uneingeschränkte Solidarität und Unterstützung«, erklärte 2003 Prof. Siegfried Mechler, damals Vorsitzender des eingetragenen Vereins, zu dem die Arbeitsgruppe »Aufklärer« gehört.

»Im Zusammenhang mit dem Anschluss der DDR an die BRD gab es nicht wenige bedeutende Politiker und Strafrechtler der BRD, die die Strafbarkeit von Spionage für Ost und West verneinten oder in Frage stellten. Forderungen nach Gleichbehandlung wurden erhoben. Die in der Folge von der Bundesregierung betriebene Strategie der Delegitimierung der DDR hatte jedoch auch für die Kundschafter Strafverfolgung und soziale Ausgrenzung zur Folge.

Alle unsere Versuche, eine Gleichbehandlung von Agenten der Nachrichtendienste der DDR und der BRD zu erreichen, wurden zurückgewiesen. Der in der Zeit des Kalten Krieges praktizierte Agentenaustausch mit dem damit verbundenen gegenseitigen Straferlass war vergessen. Die noch während der Modrow-Regierung aus der Haft entlassenen Agenten westlicher Dienste wurden dagegen rehabilitiert und per Gesetz aus vollen Kassen fürstlich belohnt, die Kundschafter der DDR-Dienste hart bestraft, um ihre Renten und Pensionen gebracht, mit hohen Verfallstrafen belegt und ins soziale Aus gestellt, was mit politischer und persönlicher Ächtung verbunden wurde.

Allein gegen Bürger der Bundesrepublik wurden über 3.000 Ermittlungsverfahren eingeleitet, fast 400 Anklagen erhoben und 250 Freiheitsstrafen verhängt. Darunter drei Aufklärer mit je zwölf Jahren Freiheitsentzug, sechs bekamen zwischen neun und zwölf Jahren und siebzehn von ihnen erhielten Strafen zwischen fünf und acht Jahren. Auch in dieser schwierigen Situation zeigten die Kundschafter menschliche Größe. Sie verdienen unsere uneingeschränkte Hochachtung.«

Anlagen

Nicht aufgegeben

Rezension der Erinnerungen von Gabriele Gast
in der jungen Welt *vom 26. März 1999*

Gabriele Gast wurde 1943 in Remscheid geboren, studierte Politische Wissenschaften und promovierte mit einer Arbeit über die DDR-Frauenpolitik. Während eines Aufenthaltes bei Verwandten 1968 in Karl-Marx-Stadt wurde sie von Mitarbeitern der Hauptverwaltung Aufklärung (HV A) kontaktiert, verliebte sich in einen von ihnen und wurde nach mehreren weiteren Treffen für eine Zusammenarbeit mit der HV A gewonnen. 1973 bot ihr der BND eine Stelle als Auswerterin an. Bis 1990 arbeitete sie im Sowjetunion-Referat der Politischen Auswertung. Nach Verrat durch einen HVA-Oberst wurde sie im Herbst des Anschlussjahres verhaftet, zu sechs Jahren und neun Monaten Freiheitsstrafe verurteilt und 1994 aus dem Strafvollzug entlassen: Bayern hatte sich – anders als z. B. die SPD-regierten Bundesländer – dazu entschlossen, die Strafhalbierung auch auf politische Häftlinge anzuwenden.

Denn natürlich war und ist der Fall Gast ebenso wie der aller anderen verurteilten westdeutschen HV A-Mitarbeiter ein Fall politischer Justiz. Er hat mehr mit ungezügelter Rachsucht und der generellen Abrechnung mit der DDR zu tun als mit Rechtsgründen: Nach dem Beitritt der DDR zur Bundesrepublik entfiel jeder Verfolgungs- und Strafgrund. Seit 1990 regieren aber bekanntlich in der Bundesrepublik höchst offiziell doppelte juristische und moralische Standards.

Gabriele Gast erinnert daran, dass es der damalige SPD-Vorsitzende Hans-Jochen Vogel war, der 1990 den Gesetzentwurf von FDP und CDU/CSU für eine Amnestie der DDR-Spionage gegen die Bundesrepublik mit dem üblichen »Stasi«-Gedröhn zu Fall brachte. Als 1992 der Bundestag rückwirkend alle in Ostdeutschland seit 1945 verurteilten Westagenten »wegen politischer Verfolgung« rehabilitierte, rührte sich auch in der PDS-Bundestagsgruppe nicht viel; immerhin, so Gast, wurde der DDR das Recht eines souveränen Staates abgesprochen, sich strafrechtlich gegen Spionage zu schützen. Außerdem erhielt die Organisation Gehlen damit sozusagen den nachträglichen Persilschein: Sie ist seit dem 8. Mai 1945 laut diesem »SED- Unrechtsbereinigungsgesetz« demokratisch völlig legitimiert.

Der antikommunistische Verfolgungsfuror, der die Bundesrepublik seit ihrem Bestehen prägt, wird allerdings noch übertroffen durch die Schäbigkeit jener Ostdeutschen, von denen Gabriele Gast nach 1990 moralische Unterstützung erwarten konnte – der Verrat gegen Bezahlung wirkt da nur als schnelleres »Ankommen«.

Eine Auswahl: Markus Wolf, mit dem sie während ihrer HV A-Tätigkeit mehrfach zusammentraf, der sie mit dem »Vaterländischen Verdienstorden in Gold« ausgezeichnet und in die SED aufgenommen hatte (nicht ohne Eklat: Von der Aufnahmebitte Gabriele Gasts bis zur Überreichung des Parteibuches vergingen sieben Jahre), schrieb der Inhaftierten, im Unterschied zu ihr »fehle ihm die Zeit zum Nachdenken und Schreiben«.

Hans Modrow, an den sie sich als früheren Ministerpräsidenten der DDR wandte, ließ ihr mitteilen, sie möge sich »doch um Hilfe und Unterstützung an die Kirche als karitative Organisation wenden«. Gregor Gysi nach ihrer Haftentlassung: »Was ich denn eigentlich wolle, schließlich hätte ich gegen die Strafrechtsbestimmungen meines Staates verstoßen!«

Politische Motivation spielt in diesen Äußerungen keine Rolle mehr. Gabriele Gast hat ihre auch nach 1990 nicht aufgegeben, ohne viel davon her zu machen. Ihr Buch ist ein Dokument großer Energie, noch größerer Tapferkeit und Unversöhnlichkeit gegenüber Umständen, die es verdienen, bekämpft zu werden. Es erzählt sachlich, unprätentiös und spannend von den Umständen ihrer Verhaftung, den ersten Kontakten mit der Hauptverwaltung Aufklärung, der Arbeit im BND und einigen prominenten Figuren. Am Schluss steht das Gespräch mit jenem Oberst, der sie an den BND auslieferte, plastisch wiedergegeben und daher um so deprimierender. Ihr Buch handelt zwangsläufig von Schlappheit nicht nur unter Schlapphüten.

Zu einem Satz wie: »Und ein Geheimdienstler ist, wenn es denn zum Schwur kommt, zuallererst ein Mann« (S. 99) möchte man ihr gratulieren. Und die Bemerkung über die bemerkenswerte Ruhe um KGB-Konfidenten in der DDR ersetzt ganze politische Traktate: »Vielmehr schien es, als müsse die strafrechtliche Tabuisierung der früheren DDR-internen Aktivitäten des neuen sowjetisch-russischen Partnerdienstes des BND durch eine um so verbissenere Jagd auf die DDR-Kundschafter kompensiert werden.« (S. 342)

Arnold Schölzel

Kundschafter sind keine politischen Narren

Gabriele Gast über ihre Arbeit für die HV A im BND,
über Romeo-Affären, Skrupel, Pannen und Verrat.
Interview im Neuen Deutschland *vom 22. März 1999*

Etliche Enttäuschungen hat Dr. Gabriele Gast nach 1990 erfahren müssen. Sie hat Freunde verloren – und ihren Adoptivsohn, ein behindertes Kind, das sie mit fünf Jahren zu sich nahm. Von einer abrechnungswütigen Justiz stigmatisiert. Nach ihrer Verhaftung war die über zwanzig Jahre als Topagentin der Hauptverwaltung Aufklärung tätige Politologin einsamer als in Zeiten ihres Doppellebens.

Die zu sechs Jahren und neun Monaten verurteilte ehemalige Regierungsdirektorin Gabriele Gast schloss sich nach der Haftentlassung mit anderen wegen DDR-Spionage verurteilten Bundesbürgern zur Initiativgruppe »Kundschafter des Friedens fordern Recht« zusammen, die sich für die Einstellung der Strafverfolgung der DDR-Spionage sowie Rehabilitierung verurteilter HV A-Agenten einsetzt.

Dr. Gabriele Gast arbeitet in einem Münchener Ingenieurbüro.

Sie waren eine »Topspionin« der HV A, Ihre Enttarnung eine weitere Peinlichkeit für den bundesdeutschen Geheimdienst. Erfüllt Sie dies mit Stolz?
Stolz ist nicht das richtige Wort. Ich empfinde Genugtuung, dass ich dazu beitragen konnte, den jahrzehnte-

langen geheimdienstlichen Angriff des Bundesnachrichtendienstes gegen die DDR weitgehend erfolgreich abzuwehren. Bekanntlich war der zweite deutsche Staat das Hauptaufklärungsgebiet des BND. Dieser scheute weder Kosten noch Mühen, um durch nachrichtendienstliche Anwerbung von DDR-Bürgern oder Einschleusung eigener Agenten geheime Informationen namentlich aus den Bereichen Politik, Militär, Wirtschaft und Wissenschaft der DDR zu beschaffen.

Für Ihre dieser Tage erscheinenden Erinnerungen wählten Sie den Titel »Kundschafterin des Friedens«. Wie definieren Sie den Unterschied zu Agent oder Spion?

Der Titel geht auf den Vorschlag des Eichborn-Verlages zurück. Meinerseits gab es natürlich keine Einwände. Jenseits der ideologischen Befrachtung des Begriffs »Kundschafter« in der DDR bevorzuge ich ihn, weil er den aufklärenden, sicherheitspolitisch präventiven Charakter meiner Tätigkeit für die HV A am Besten zum Ausdruck bringt. Zu recht sagt man, dass ein erkannter Gegner kein Gegner mehr ist, weil die Politik rechtzeitig auf eine drohende Gefahr reagieren und sie damit abwenden kann. Zudem ist der Begriff »Kundschafter« eine Abgrenzung gegen westdeutsche Bestrebungen, die Mitarbeiter der HV A, vor allem die inoffiziellen, zu kriminalisieren. Immerhin haben uns die Gerichte, auch mir, eine »kriminelle Energie« bescheinigt. Der Begriff »Spion« und selbst dem an sich neutralen Begriff »Agent« haftet dieses moralische Unwerturteil an. Der BND nennt seine Quellen deshalb nicht Spione, sondern »nachrichtendienstliche Verbindungen«. Das ist mir zu bürokratisch. Da finde ich das Wort »Kundschafter«, das schon Moses gebrauchte, erheblich treffender.

Vehement wehren Sie sich dagegen, dass Ihr Fall in die Schublade der berühmt-berüchtigten »Romeo-Affären« der HV A abgelegt wird. Aber begann nicht auch Ihre Tätigkeit bei der HV A mit einer Liebesbeziehung?

In der Tat. Es ist aber Unsinn, jede Liebesbeziehung bei geheimdienstlicher Tätigkeit in das »Romeo«-Klischee zu pressen, so wie es die Medien in meinem Fall gemacht haben. Leider neigen diese dazu, Nachrichtendienst und Sex als eine Art siamesische Zwillinge zu erachten, weil dies mehr Spannung verspricht und sich gut verkaufen lässt. James Bond lässt grüßen.

Sie beklagen jedoch, dass Ihr damaliger Partner »keine Skrupel« gehabt hatte, »meine Gefühle zum Zweck nachrichtendienstlicher Anwerbung auszunutzen«. Kennt dieses Geschäft Skrupel?

Moralische Skrupel jedenfalls nicht, sonst würde sich ein Geheimdienst um den Erfolg bringen, nämlich das Eindringen in die Bastionen des politischen Gegners und somit um die Erfüllung seines regierungsamtlichen Auftrags. Nicht einmal das Strafrecht bildet eine Barriere, vor der Nachrichtendienste zurückschrecken, auch die westlichen nicht. Nötigung und Erpressung sind da noch die geringsten Übertretungen des Gesetzeskodexes. Mitunter mangelt es sogar am Respekt vor dem Wert des menschlichen Lebens – trotz aller Bekenntnisse zu den Menschenrechtsbestimmungen.

Ihre Liebe zu dem HV A-Mitarbeiter, der Sie angeworben hatte, verebbte. Sie brachen aber nicht auch die Beziehungen zur HV A ab. Warum?

Als ich mit Karl-Heinz S. brach, beruhte meine Zusammenarbeit mit der HV A längst schon auf einer fundamentalen politischen Überzeugung. Durch die Arbeit an

Kundschafter sind keine politischen Narren

Gabriele Gast über ihre Arbeit für die HVA im BND, über Romeo-Affären, Skrupel, Pannen und Verrat

Ein Foto aus längst vergangener Zeiten: Gabriele Gast und Markus Wolf in trauter Gemeinsamkeit in Dresden, 1981. Die Freundschaft ist in die Brüche gegangen.

Interview: Karlen Vesper

▶ *Gabriele Gast: Kundschafterin des Friedens. J. Heym Tragsessein der DDR beim BND. Blättbern Verlag, Frankfurt (Main). 384 S., geb., 44 DM.*

Interview im Neues Deutschland *vom 22.März 1999*

meiner Dissertation war ich zu der Erkenntnis gelangt, dass die DDR – im Gegensatz zur BRD – frauenpolitisch den richtigen Weg eingeschlagen hatte. Auch sah ich die Chance, dass sich das Land, trotz vieler systemarer Mängel, in eine bessere Richtung entwickeln könnte – wenn der immense politische und wirtschaftliche Druck nachließe, der seitens der BRD auf ihr lastete. Ich hatte also keinen Grund, auch mit der HV A zu brechen, nur weil meine Beziehung zu Karl-Heinz S. zerbrochen war. Zudem bestanden inzwischen sehr enge Freundschaften mit anderen HV A-Mitarbeitern. Die waren mir wertvoll. Ich mochte sie nicht wegen des Bruchs mit S. einfach über Bord werfen.

Ihre Entscheidung, für die HV A zu arbeiten, fiel innerhalb einer Stunde. Ist dies nichts angesichts der Tragweite eines solchen Schrittes überstürzt? Waren Sie sich, damals 25 Jahre jung, des Risikos bewusst?

Die Entscheidung mag überstürzt erscheinen. In einer solchen Situation ist man sich dessen aber nicht bewusst. Es wird einem keine Möglichkeit gelassen, über alle Fragen, zuvörderst die des Risikos, eingehend nachzudenken. Das kennzeichnet eben einen guten Anwerber. Er redet die Spionagetätigkeit wie das Risiko klein, verspricht Unterstützung und Hilfe, lockt mit Vergünstigungen oder aber droht mit Unannehmlichkeiten – und lässt einem vor allem keine Zeit zum Nachdenken. Das geht übrigens noch eine ganze Weile so weiter. Bedenken sind nicht von jetzt auf gleich zu überwinden. Die Neigung ist zu groß, wieder »abzuspringen«.

Was war die brisanteste, wertvollste Information, die Sie der HV A anboten?

Ich hatte im BND mit so vielen Informationen zu tun – mir ist es einfach unmöglich zu sagen, was *die* Top-Meldung war. Das hängt mit den tagespolitischen Prioritäten sowie den Hinweisen aus anderen Quellen zusammen, die eine Information, vor allem wenn es sich um einen Ersthinweis handelt, besonders wertvoll erscheinen lassen. Viele der von mir weitergegeben Berichte waren für die HV A bzw. die DDR von großem Interesse. Möglicherweise kann nicht einmal Markus Wolf einen ganz bestimmten Bericht als *die* Spitzeninformation ausmachen.

Ich selbst erachte die rechtzeitige Warnung eines KGB-Offiziers vor der drohenden Verhaftung in der BRD, in die er gerade zu einem Einsatz reisen wollte, als die wichtigste und wertvollste Information, die ich nach Ostberlin geben konnte. Ich glaube, dies wird auch den BND, der davon bislang nichts wusste, besonders schmerzen.

Wie schützt man sich davor, nicht schizophren zu werden, wenn man mit dem einen Geheimdienst per Arbeitsvertrag liiert und zugleich für einen anderen geheim tätig ist?

Die gleichzeitige Arbeit für zwei Geheimdienste (und die Verwendung verschiedener Decknamen) führt nicht zwangsläufig zur »Schizophrenie«. Immerhin unterliegt auch dieses Geschäft der Routine: Mit der Zeit gewöhnt man sich daran. Allerdings bewirkt es eine gewisse Vereinsamung. Beim nachrichtendienstlichen Gegner, in dessen Umfeld man lebt und auch freundschaftliche Beziehungen pflegt, muss man sich aus Gründen der eigenen Sicherheit immer bedeckt halten. Die engen persönlichen Kontakte zum anderen Dienst, in meinem Fall die HV A, konnten dies nur zum Teil wettmachen. Man bleibt schon in einem erheblichen Maße auf sich allein gestellt, muss also genau wissen, warum man das auf sich nimmt. Das schützt auch am Besten vor innerer Zerrissenheit.

War die HV A wirklich der erfolgreichere deutsche Geheimdienst?

Ernsthaft kann das niemand bestreiten. Das lag nicht nur oder nicht einmal primär an der im Vergleich zur DDR offeneren westdeutschen Gesellschaft. Auch heute noch tut man sich in Westdeutschland schwer, sich einzugestehen, dass die DDR auf eine ganze Reihe von Bundesbürgern, und nicht nur auf angebliche intellektuelle Schwärmer, eine erhebliche politische Anziehungskraft ausübte. Das förderte die Bereitschaft, sie gegen den ständigen Druck Bonns zu unterstützen. Aus diesem Reservoir konnte die HV A schöpfen. Vergleichbares hatte der BND in der DDR nicht.

Den BND mit dem Etikett »Pannen, Pech und Pleiten« zu versehen, liegt Ihnen aber auch fern. Obgleich Ihre Arbeit über 20 Jahre unentdeckt blieb?

Der BND hatte wenig Chancen, meine Tätigkeit für die HV A zu entdecken. Dafür haben wir, wie ich meine, zu umsichtig operiert. Andererseits mangelt es den Sicherheitlern des BND an Fantasie und Flexibilität. Sie betreiben ihr Geschäft viel zu bürokratisch, sind insoweit berechenbar. Das hat mir geholfen. Trotz dieser Pleite für den BND würde ich ihn nicht grundsätzlich als »Pannenverein« bezeichnen. Das hieße, sein Potential und seine Aktivitäten grob zu unterschätzen.

Waren »Pannen«, vergessene Sicherheitskopien, ungelöschte Daten etc., daran Schuld, dass HV A-Listen nach der »Wende« in den Besitz von CIA und BND gelangten?

Solange ich nicht zweifelsfrei weiß, auf welche Weise die westlichen Dienste, allen voran die CIA, in den Besitz von HV A-Material gelangten, enthalte ich mich einer Bewertung. Schon gar nicht mag ich auf der Basis der vielen Desinformationen urteilen, die in diesem Zusammenhang von interessierter Seite in die Welt gesetzt worden sind, um die so erfolgreiche HV A zu »entzaubern«.

Sollten ihr in der Wendezeit gravierende Fehler unterlaufen sein, wird sich die Initiativgruppe »Kundschafter des Friedens fordern Recht«, der ich angehöre, kritisch damit auseinandersetzen. Aber wir lassen uns nicht durch diffuse Gerüchte und unbewiesene Behauptungen gegen die ehemaligen hauptamtlichen Mitarbeiter der HV A, die zumeist auch unsere Freunde waren und es größtenteils noch sind, blindlings aufhetzen.

Sie meinen, dass Geheimdienste für die von ihnen angeworbenen Agenten verantwortlich sind, gerade, wenn diese in Bedrängnis geraten.

Nicht nur die Geheimdienste, auch die sie beauftragenden Regierungen. Denn sie sind die Initiatoren, die treibende Kraft der Agententätigkeit. Außerdem werden Agenten in aller Regel mit der Zusicherung geködert, dass man ihnen im Fall einer Verhaftung beisteht. Das Problem liegt zuvörderst in der Doppelzüngigkeit der Politik, jedenfalls in der alten Bundesrepublik. Einerseits wollte sie auf eine nachrichtendienstliche Ausspähung anderer Staaten nicht verzichten, andererseits bei der Enttarnung ihrer Agenten aber nichts damit zu tun haben – selbst wenn im Einzelfall die Todesstrafe drohte. Dieses Herausstehlen aus eigener Verantwortung hat in einigen Fällen nachweisbar Schuld gezeitigt.

Letztlich fühlten auch Sie sich im Stich gelassen. Es war die Zeit des großen Tohuwabohu in der Noch-DDR. Wie viele Enttäuschungen haben Sie damals erfahren?

Da ist einmal der leitende Mitarbeiter der HV A, Karl-Christoph Großmann, der mich beim BND für eine stattliche Prämie verraten hat. Dann Karl-Heinz S., der nach meiner Verhaftung auf Tauchstation ging und plötzlich mit der ganzen Sache nur aufgrund der Weisungen seiner Vorgesetzten, nicht jedoch aus eigener Initiative zu tun gehabt haben wollte. Markus Wolf lebte nur noch seinen eigenen Interessen, und Hans Modrow empfahl mir gar die Kirche statt der sozialistischen Partei als den geeigneteren Ansprechpartner in Sachen Solidarität.

Aber es gab auch gegenteiligere Erfahrungen. Mir persönlich unbekannte ehemalige HV A-Mitarbeiter, die sich schützend vor mich stellten, um noch Schlimmeres zu verhüten. Sie haben meinen Dank und Respekt.

Mit Ex-HV A-Chef Wolf verbindet sie nichts mehr. Wie kam es zum Bruch?

Zum Bruch kam es im Mai 1995 im Zusammenhang mit der Verfassungsgerichtsentscheidung zur Strafbarkeit der deutsch-deutschen Spionage. Weil absehbar war, dass allein die westdeutschen HV A-»Kundschafter« als uneingeschränkt strafbare Fallgruppe übrig bleiben würden, hatte ich Markus Wolf gebeten, in seinen öffentlichen Erklärungen auf die grundrechtswidrige Ungleichbe-

V.r.n.l.: Reiner Rupp; Hans Reichelt, Ex-Vizepremier der DDR; Werner Großmann; Alexander Karin, Militäraufklärung der DDR, Markus und Andrea Wolf, 2004

handlung der deutsch-deutschen Spionage hinzuweisen. Doch er hielt sich bedeckt. Mehr noch: Mit Blick auf seinen zweiten Prozess liebedienerte er gegenüber der Justiz, indem er sagte, im Rechtsstaat könne letztlich jeder zu seinem Recht kommen, wenn er nur hartnäckig und ausdauernd darum kämpfe.

Ich empfand diese Aussage als einen Dolchstoß in den Rücken. Ich hatte wie andere »Kundschafter« alle nationalen Rechtsmittel ausgeschöpft, ohne Recht erfahren zu haben. Auch die europäische Rechtsebene, die Menschenrechtskommission in Strasbourg, die mir nun offenstand, bietet angesichs der involvierten politisch-staatlichen Interessen so gut wie keine Chance, zu meinem Recht zu kommen. Dort ist seit über drei Jahren eine Beschwerde von mir anhängig.

Dann begann Markus Wolf auch noch, sich in eine politische Oppositionsrolle innerhalb der DDR zu argumentieren. Das war der zweite Dolchstoß. Er ging mehr noch als der erste zu Lasten der »Kundschafter«, stempelte er uns doch zu politischen Narren ab. Ich bedeutete Wolf, solche Legendenbildungen zu unterlassen. Aber er war von der opportunistischen Schönrederei seiner Biografie nicht mehr abzubringen. Damit war der Bruch unvermeidlich. Dass Wolf in seiner Autobiografie gleichwohl um meine Freundschaft wirbt, erachte ich als den untauglichen Versuch, mich in eine moralische Pflicht ihm gegenüber zu nehmen.

Nach dem Kollaps des Realsozialismus und dem vermeintlichen Ende des Ost-West-Konfliktes gab es die euphorische Erwartung, auch der geheimdienstliche Krieg fände sein Ende. Eine Illusion, wie sich zeigt. Können Geheimdienste wenigstens wirksam parlamentarisch kontrolliert werden? Oder ist dies auch eine Illusion?

In der Tat ist es eine Illusion zu glauben, Geheimdienste ließen sich durch parlamentarische Gremien, wie immer diese organisiert sind, umfassend kontrollieren. Eine effektive Kontrolle ist nur möglich, wenn alle operativen Vorgänge, auch die sicherheitsmäßig sensibelsten, offengelegt werden. Das läuft jedoch der unabdingbaren Konspiration geheimdienstlicher Tätigkeit zuwider. Die Bereitschaft zum Offnelegen ist also gering, schon aus dem guten Grund, dass dadurch der Quellenschutz beeinträchtigt wrid und ein Geheimdienst Gefahr läuft, in Ineffizienz abzugleiten. Aber auch einer verbesserten dienstinternen Kontrolle sind im Spannungsfeld von Auftragserfüllung und Legalitätsdenken Grenzen gezogen. Soll etwa eine wichtige, erfolgversprechende Operation abgebrochen werden, wenn sie sich zunehmend in rechtlichen Grauzonen entwickelt? Soll gar von vornherein darauf verzichtet werden? Ein Geheimdienstchef, der seinen Dienst nach solchen Gesichtspunkten leitete, verlöre bald die Kontrolle darüber. Der Apparat ginge dann eigenmächtig seinen Aufgaben nach.

Was wären die Voraussetzungen, damit sich Geheimdienste erübrigten?

Dafür ist mit der Globalisierung von Wirtschaft, Politik und Kommunikation die entscheidende Voraussetzung bereits gegeben. Geheimdienste sind das typische Produkt des Nationalstaatsgedankens. Jeder Staat kundschaftet zum eigenen Nutzen die anderen aus. Mit der internationalen Verflechtung, gerade auch auf informationellen Gebiet, ist der Aufklärungsbedarf durch konspirative Mittel daramatisch zusammengeschmolzen. Dieser Bedarf hat sich, was eben diese Veränderung bestätigt, in den Bereich der Kriminalitätsbekämpfung verlagert. Was wir seit einigen Jahren erleben, ist die Entwicklung der Geheimdienste zu geheimen Staatspolizeien. Eine bedenkliche Entwicklung. Warum also sollte man nicht die – zweifellos notwendige – Aufklärung internationaler Kriminalität und von Terrorismus direkt bei der Polizei ansiedeln? Diese arbeitet seit jeher auch mit verdeckten Methoden. Ebenso könnte das Militär für die unverzichtbare elektronische Aufklärung zuständig und die für die Politik nützliche Auswertung dessen in ein der Regierung angegliedertes Wissenschaftsinstitut verlagert werden? Doch welcher Staat hat schon den Mut, mit gutem Beispiel voranzugehen?

Interview: Karlen Vesper

Herzliche Grüße

Frieden war machbar, Herr und Frau Nachbar: In Bonn erzählten Kundschafter, warum sie für die DDR arbeiteten. Bericht in der jungen Welt *vom 15. Dezember 2003*

Selten erlebte ich eine Stadt mit derart vielen zertretenen Kaugummis auf dem Trottoir; die Bürgersteige der Innenstadt sehen aus, als hätten sie alle Masern. Ansonsten scheint Bonn mittlerweile im Osten zu liegen, zumindest stehen wie in den meisten Ex-DDR-Städten viele Geschäfte und Restaurants leer.

In diesem bizarren Bonn also diskutierten in einem Hörsaal der Friedrich-Wilhelm-Universität am Donnerstagabend etwa 120 Interessenten mit einstigen Mitarbeitern der Hauptverwaltung Aufklärung (HV A) des MfS. Neugierige Bildungsbürger reiferen Alters, eingefleischte Antikommunisten und unvoreingenommene Jugendliche wollten offenkundig hören, was Menschen wie Gabriele Gast, Dieter Popp oder Wolfgang Hartmann irgendwann veranlasst hatte, für die DDR zu spionieren.

Das dämliche Stereotyp vom guten demokratischen Westspion und vom Spitzel eines Unrechtsstaates ist noch immer sehr lebendig, wie an den vorgetragenen Erklärungen und Fragen zu erkennen war.

Gabriele Gast, im BND Regierungsdirektorin geworden und Mitarbeiterin der HV A seit 1968, machte in Kenntnis beider Dienste souverän klar, dass sich deren Aufgaben nicht sehr unterschieden: Es ging stets darum, die Gegenseite vollständig aufzuklären, um der Politik ein realistisches Lagebild zu vermitteln. Damit sollte verhindert werden, dass auf der eigenen Seite die Illusion militärischer Überlegenheit entstünde, was eventuell aus dem Kalten Krieg einen heißen gemacht hätte. Insofern muss den Spionen beider Seiten bis 1990 zugestanden werden, friedenserhaltend gewirkt zu haben.

Das nahm Dieter Popp zum Anlass, auf die Ungleichbehandlung der Spione aus Ost und West nach dem Ende der DDR hinzuweisen. Popp, der seit 1969 in Bonn lebt, war Resident der Verwaltung Aufklärung der Nationalen Volksarmee (NVA) und führte zwei Jahrzehnte eine Spitzenquelle im Verteidigungsministerium. Er war dafür 1991 zu sechs Jahren Haft verurteilt worden. Die in der DDR verurteilten Westspione wurden 1990 von der Modrow-Regierung auf freien Fuß gesetzt und dann für ihren Friedenskampf im Westen hoch dekoriert. Die Ostspione hingegen kamen vor den westdeutschen Kadi: Es wurden über 3.000 Ermittlungsverfahren eingeleitet, fast 400 Anklagen erhoben und 250 Freiheitsstrafen verhängt – mit insgesamt über 170 Jahren Haft.

Die Vorhaltung aus dem Publikum, das wäre keine Ungleichbehandlung, schließlich habe man für eine »fremde Macht« spioniert, konnte Wolfgang Hartmann leicht als politische Propaganda »enttarnen«. Für die offizielle Bundesrepublik sei die DDR bis 1989 nie Ausland gewesen, sagte der hauptamtliche HV A-Mann, der in Bonn einen hohen Beamten im Auswärtigen Amt unter fremder Flagge geführt hatte. Und Gabriele Gast ergänzte: Wenn sie damals in die DDR gefahren sei, war das für sie immer noch Deutschland. Insofern wollte sie sich als deutsche Patriotin verstanden wissen, die mit ihrer Arbeit geholfen habe, einen Krieg von deutschem Boden aus zu verhindern.

Die herrschende Klasse und die Justiz sahen (und sehen) das anders: Im Dezember 1991 wurde Gast zu sechs Jahren und neun Monaten verurteilt. Gotthold Schramm, seit 1954 bei der HV A, zuletzt Oberst und aktuell Herausgeber des Sammelbandes »Kundschafter im Westen« erinnerte in diesem Kontext daran, dass diese gegen das Grundgesetz verstoßende Verfolgung letztlich aufs Konto der SPD geht. Die CDU/CSU/ FDP-Regierungskoalition hatte am 2. September 1990 im Bundestag einen Gesetzentwurf eingebracht, der eine strafrechtliche Verfolgung inoffizieller und offizieller Mitarbeiter des Auslandsnachrichtendienstes der DDR außer Kraft setzen sollte. Das Gesetz scheiterte im Bundesrat an der SPD-Mehrheit.

Nach der lebhaften, kontroversen Debatte im Hörsaal des Englischen Seminars kam ein älteres Ehepaar nach vorn und erkundigte sich, ob denn Sonja Lüneburg, die wohl im richtigen Leben Johanna Olbrich heiße, noch lebe. Und falls ja, so sollten herzliche Grüße ausgerichtet werden. Man habe seinerzeit gemeinsam in der FDP-Zentrale gut zusammengearbeitet, wenngleich man damals nicht gewusst hätte, dass die sympathische Sekretärin von Martin Bangemann auch für die DDR tätig war.

Robert Allertz

Kein Vergleich

Die HV A der DDR diente nicht nur dem Frieden,
sondern war auch erfolgreicher als der BND.
Beitrag in der jungen Welt *vom 18. September 2008*

In Berlins Mitte, wo einst das Stadion der Weltjugend lag, wächst die Zentrale des Bundesnachrichtendienstes aus dem Boden. Noch bevor die Fundamente gegossen wurden, errichtete man meterhohe Planken, die den Blick auf die Baustelle versperren. Und nachts werfen mehr Scheinwerfer Licht auf die videoüberwachten Sichtblenden, als die DDR-Grenzer jemals anknipsen konnten. Auch ohne das Wissen darum, wer hier was baut, bekommt jeder Spaziergänger mit: Das muss was ganz Geheimes sein.

Noch immer befindet sich die Höhle des Löwen in Pullach bei München und jenseits einer Grenze, die es seit 1990 nicht mehr gibt. Künftig also, man spricht von etwa 4.000 BND-Bediensteten, die ab 2013 hier ihr üppiges Gehalt verdienen sollen*, liegt die Höhle im Herzen des einstigen Gegners. Diese Vorstellung entbehrt nicht einer gewissen Pikanterie, weshalb man sich auch lange in München gegen sie sträubte. 720 Mal eine Million Euro sollen in den Ostberliner Sand gesetzt werden. Am Ende sind es gewiss mehr. Man kennt ja solche Baukalkulationen. 100.000 Quadratmeter Nutzfläche, etwa 25 Fußballfelder voller Schlapphüte … Irre.

Wer spricht da gleich vom Überwachungsstaat und von dessen Ausbau? Ach so, natürlich, das ist der Auslandsnachrichtendienst, der hat überhaupt nichts mit der Innenpolitik zu tun. Und wenn, wie mal wieder im Frühjahr 2008 publik wurde, inländische Journalisten syste-

Die BND-Großbaustelle in der Chausseestraße. Auf der am besten gesicherten Baustelle Deutschlands klauten Diebe im März 2015 Wasserhähne und fluteten den Rohbau. Die Republik hielt sich den Bauch vor Lachen

matisch und ausdauernd bespitzelt und ausgeforscht werden, ist das eine ärgerliche Panne und lässliche Sünde. Wie es eben auch überhaupt nichts mit inneren Belangen zu tun hat, wenn beispielsweise Journalisten auf der Honorarliste des BND stehen.

Als es noch die DDR gab und deren Auslandsnachrichtendienst, die Hauptverwaltung Aufklärung (HV A), interessierte man sich in Berlin (Ost) auch für den Bundesnachrichtendienst in Pullach. Seit langem ist es kein Geheimnis mehr, dass man mit Dr. Gabriele Gast, seit 1973 in diesem Amte, und etlichen anderen überzeugten Sozialisten Spitzenquellen vor Ort besaß. Die Auslandsaufklärung der DDR, das räumen heute selbst ihre Gegner ein, war erfolgreich wie kaum ein anderer Dienst. Ein hinlänglicher Grund, weshalb an die dreißig Top-Spione der DDR in einem Sammelband sich ihrer damaligen

Mit der Fertigstellung des milliardenteuren Bauwerks wird nunmehr im Jahr 2016 gerechnet. Bis dahin bleiben die Kollegen Schlapphüte in Pullach und in der Berliner BND-Dependance im Zehlendorfer Gardeschützenweg

Tätigkeit erinnerten. Das Buch erschien 2003 unter dem Titel »Kundschafter im Westen«. Der Vorgang war in mehrfacher Hinsicht bemerkenswert. Ein vergleichbares Buch gab es vorher nicht und wird es vermutlich auch nie wieder geben. Unvorstellbar, dass sich etwa so viele ehemalige CIA-Agenten oder BNDler zusammenfänden, um ein kollektives Werk dieses Charakters vorzulegen.

Offenkundig muss es doch etwas Grundsätzliches geben, was östliche von westlichen Nachrichtendienstlern unterscheidet, selbst wenn sich das Handwerk gleicht? Die Frage ist natürlich rhetorischer Natur, weil jeder politisch Denkende die Antwort weiß. Es ist dieses hohe Maß an Idealismus und die daraus resultierende Selbstlosigkeit. Man machte nicht einen »Job«, sondern engagierte sich für eine bessere, eine geordnete, eine friedlichere Welt. Und da man in den sozialistischen Staaten, etwa der DDR, deren Anwalt und Vorkämpfer sah, verbündete man sich mit diesen. Wissenschaftler, Politiker, Journalisten, Diplomaten, Verfassungsschützer und andere integre Bundesbürger beiderlei Geschlechts handelten als Überzeugungstäter. Ihnen standen DDR-Bürger zur Seite, die eine Entscheidung für eine Tätigkeit im gegnerischen Operationsgebiet getroffen hatten.

Klaus Eichner und Gotthold Schramm

---

* Der Bau der BND-Zentrale in der Berliner Chausseestraße ist im Jahr 2013 nicht, wie angekündigt, fertiggestellt und übergeben worden.

Was ist die »NSA«?

Die korrekte Bezeichnung lautet *National Security Agency/ Central Security Service* (NSA/CSS), umgangssprachlich NSA, es ist der zentrale Geheimdienst der USA für die fernmelde-/elektronische Aufklärung.

Die NSA wurde am 24. Oktober 1952 durch Präsidenten-Erlass (»Communications Intelligence Activities«) zunächst als Geheimdienst des Verteidigungsministeriums gebildet. Präzisierungen seiner Aufgaben erfolgten mittels mehrerer Direktiven des Nationalen Sicherheitsrates, des *National Security Council* (NSC), darunter jene vom 17. Februar 1972 für die elektronische Aufklärung *Signals Intelligence* (SIGINT), mit der die zweite Hauptrichtung des Einsatzes der NSA – die zentrale Verantwortung für die Sicherheit der Kommunikationslinien der Regierung durch die Errichtung des *Central Security Service* – festgelegt worden war.

Die NSA war in den ersten Jahrzehnten ihrer Existenz so geheim, dass Publizisten sarkastisch die Abkürzung NSA in *No Such Agency* (frei übersetzt: »Keine solche Behörde«) umdeuteten. Die Mitarbeiter selbst definierten das Kürzel NSA als »Never Say Anything« (»Sag nie irgendetwas«).

Der Direktor der NSA und Chef des CSS, Kürzel: DIRNSA/CHCSS, wurde dem Verteidigungsminister direkt unterstellt. In allen entscheidenden Fragen bestimmen die Organe des Nationalen Sicherheitsrates (NSC) und des Chefs aller US-Geheimdienste (Director of Central Intelligence, DCI) den Einsatz des Dienstes. Das Hauptquartier der NSA befindet sich in Fort George

Meade im US-Staat Maryland. Der Personalbestand wird mit rund 40.000 Mitarbeitern in der Zentrale und etwa 150.000 Mitarbeitern im weltweiten Einsatz angegeben; das Jahresbudget schätzen Experten auf rund zehn Milliarden US-Dollar.

Seit 2010 leitet der Direktor der NSA außerdem das *Cyber Command* der US-Streitkräfte, in welchem die elektronische Kriegführung des US-Militärs konzipiert und geleitet wird.

Für Zusammenfassung und Verarbeitung von Massendaten der US-Aufklärung wurde 2013 das Utah Data Center (im Original: *Comprehensive National Cybersecurity Initiative Data Center*) im Camp Williams bei Bluffdale im Utah eingeweiht. Geschätzte Baukosten: 1,7 Milliarden US-Dollar.

Die grundlegenden Aufgaben der NSA wurden in der zentralen Verwaltungsanordnung des Präsidenten der USA über die *Intelligence Community* (Executive Order 12333 vom 4. Dezember 1981) in 13 Punkten definiert. Darin aufgelistet sind die Zentralfunktion der NSA für einheitliche und effektive SIGINT-Aktivitäten, für Koordinierungsaufgaben, die Verantwortung für die Weiterleitung erarbeiteter Informationen an die Regierung und an andere Geheimdienste (etwa für die Aufgaben der Gegenspionage), für das Zusammenwirken der NSA mit militärischen Führungsstellen bei militärischen Handlungen, die Aufgaben bei der Sicherung der Kommunikationslinien der USA-Regierung und andere Verantwortlichkeiten.

Die NSA-Zentrale unterhält ein Europakommando NCEUR (NSA/CSS European Representative Office) mit einem Stab im Europakommando der U.S.-Streitkräfte (USEUCOM) in Stuttgart-Vaihingen. Außenstellen des Europakommandos des NCEUR operierten bis zum Beginn der 90er Jahre in den Großstationen in Augsburg-Gablingen und in Westberlin.

Geheimdienst-Strukturen der Teilstreitkräfte

Bis Mitte der 70er Jahre war die Army Security Agency (ASA) als Teilstruktur des Geheimdienstes der Landstreitkräfte für die fernmelde-/elektronische Spionage im Auftrag des US-Heeres zuständig. Danach erfolgte eine umfassende Umstrukturierung und Modernisierung des militärischen Geheimdienstes der Landstreitkräfte. Die Komponenten für elektronische Aufklärung *Signal Intelligence* (SIGINT), Aufklärung mit menschlichen Quellen *Human Intelligence* (HUMINT) und der Spionageabwehr wurden in einem zentralen Dienst *Intelligence and Security Command* (INSCOM) zusammengefasst.

INSCOM übernahm die Verantwortung für die großen Field Stations weltweit, insbesondere für die U.S. Army Field Station Augsburg (FSA), genauer: in Gablingen bei Augsburg, die Station in Bad Aibling und die U.S. Army Field Station Berlin (FSB)1 auf dem Teufelsberg in Westberlin.

Der spezielle Geheimdienstzweig der amerikanischen Luftwaffe für die fernmelde-/elektronische Aufklärung trug lange Zeit die Bezeichnung *Air Force Security Service* (AFSS) und wurde später in Electronic Security Command (ESC) umbenannt. Auch das ESC unterhielt in der BRD ein Europakommando, es arbeitet unverändert auf dem Flughafen Ramstein. Die in Berlin-Marienfelde im Diedersdorfer Weg tätige Einheit des AFSS/ESC (690th Electronic Security Wing) war bis weit in die 90er Jahre aktiv. Heute ist das Objekt verschwunden. Hingegen spielten und spielen Einheiten der fernmelde-/elektronischen Aufklärung der US-Marine Naval Security Group (NSG) in Deutschland eine geringe Rolle.

Zum System der Geheimdienststrukturen der technischen Spionage der USA gehört ferner das Nationale Büro für die Entwicklung und den Betrieb von Aufklärungssatelliten *National Reconnaissance Office* (NRO). Die Institution entstand bei den gemeinsamen Versuchen der CIA und der US-Luftwaffe in den späten 50er Jahren, ein Spionagesatelliten-Programm zu entwickeln. Die offizielle Gründung erfolgte 1961. Erst 1992 jedoch räumte das Pentagon öffentlich ein, dass das NRO zum US-Verteidigungsministerium gehört. Über dreißig Jahre, also während des Kalten Krieges, wurde die Tatsache verschleiert. Warum wohl?

Beziehungen der Geheimdienste der USA und der BRD

Die Geheimdienste der USA und der BRD kooperieren seit Beginn ihrer Existenz. Der Bundesnachrichtendienst, aus der Organisation Gehlen hervorgegangen und diese wiederum aus der Spionageorganisation der faschistischen deutschen Wehrmacht Fremde Heere Ost, ist Hauptpartner der amerikanischen Nachrichtendienste auf dem Kontinent. Das war im Kalten Krieg so, als es gegen den alten-neuen Feind im Osten ging. Und das ist auch heute noch so.

Über Jahre waren aber auch spezielle Einheiten aller Teilstreitkräfte der Bundeswehr in dieses System der Zusammenarbeit eingebunden.

Unmittelbar nach dem Ende des Zweiten Weltkrieges und bei Beginn des Kalten Krieges gegen die Sowjetunion liefen in den westlichen Besatzungszonen erste abgestimmte Maßnahmen der elektronischen Ausforschung der potentiellen Gegner an. Der amerikanische militärische Nachrichtendienst Counter Intelligence Corps (CIC) akquirierte 1946 Experten des Horchdienstes der faschistischen Wehrmacht. In Bad Vilbel ließen sich die Amerikaner beim Aufbau von Aufklärungsstationen vom einstigen Gegner beraten. Man kann sagen: Dieser machte nahezu bruchlos weiter, wo er im Vorjahr aufgehört hatte.

Im Jahre 1948 bekam im Zusammenhang mit der Berlin-Blockade diese Beziehung einen weiteren Schub. Die inzwischen von Alt-Nazis gebildete Organisation Gehlen installierte auf Schloss Kransberg im hessischen Hochtaunuskreis eine Station zur Erfassung der Sprechfunk-Verbindungen sowjetischer Truppen und lieferte die Roh-Informationen an US-General LeMay in Wiesbaden und US-General Hall in Westberlin. Diese Informationen bestärkten absichtsvoll Annahmen eines bevorstehenden Angriff sowjetischer Truppen, von dem insbesondere der US-Hochkommissar, General Lucius Clay, ausging.

1950 erarbeitete der Ex-Wehrmachtgeneral Adolf Heusinger, zu jener Zeit Leiter der Auswertung der Organisation Gehlen, ein Dokument unter dem Titel »Gedanken über eine zukünftige deutsche Funkaufklärung«. Darin machte er deutlich, dass die Frontstellung des im Vorjahr gegründeten westdeutschen Separatstaates an seiner Ostgrenze sowohl eine intensive Nahaufklärung der militärischen Komponenten der Sowjetunion und ihrer Verbündeten als auch strategische Aufklärung tief im Hinterland des potentiellen Gegners ermöglichte. Daran war die Hauptmacht des Westens, die USA, besonders interessiert. Und für die Bundesrepublik war dies eine Art Morgengabe für die angestrebte Aufnahme in den 1949 gegründeten Nordatlantikpakt (NATO).

Die im Laufe der Jahrzehnte in der Bundesrepublik installierten Einrichtungen der Funkaufklärung und deren Ausspähergebnis wurden gemeinsam vom Bundesnachrichtendienst und den westlichen Partnerdiensten genutzt. Auch wenn nach Herstellung der staatlichen deutschen Einheit, dem Ende des östlichen Verteidigungspaktes, dem Warschauer Vertrag, und dem Rückzug der Nachfolgetruppen der Sowjetarmee aus Zentraleuropa einige Anlagen stillgelegt oder demontiert wurden, änderte sich deren Auftrag kaum.

Unter den SPD-geführten Regierungen von Willy Brandt und Helmut Schmidt in den 70er Jahren nahm die nationale und internationale Kooperation des BND auf dem Gebiet der elektronischen Aufklärung, insbesondere unter BND-Präsident Gerhard Wessel (1968 bis 1979), einen großen Aufschwung. Am 18. Oktober 1969 wurden »Richtlinien für die Zusammenarbeit zwischen Bundeswehr und Bundesnachrichtendienst auf dem Gebiet der Fernmeldeaufklärung und Elektronischen Aufklärung« (intern als ZUGVOGEL-Vereinbarung bezeichnet) in Kraft gesetzt. Nach diesen Richtlinien war der Präsident des BND im nationalen Maßstab für die Gesamtplanung, die Aufgabenverteilung und die Koordinierung der fernmelde-/elektronischen Aufklärung zuständig. Damit hielt der BND alle wichtigen Fäden in der Hand, was in einer Vereinbarung vom August 1992 noch einmal bestätigt werden sollte. Neben der Koordinierung aller Aktivitäten war der BND alleinverantwortlich für die strategische Aufklärung. Die Aufklärung der Bundeswehr musste sich auf den operativen und taktischen Bereich beschränken.

In einer am 23. September 1993 mit Beteiligung des Bundeskanzleramtes, also im Auftrag der Bundesregierung, geschlossenen Vereinbarung wurde dem BND das ausschließliche Recht zum Informationsaustausch mit Nachrichtendiensten der Verbündeten zugestanden. Das war eine neue Qualität.

Dazu ein paar Blicke zurück und wieder nach vorn:

Drehpunkt-Vertrag

Im Frühsommer 1973 richtete der BND eine Anfrage an den CIA-Residenten in München, Arthur Stimson. Der BND äußerte darin den Wunsch, in der Field Station Augsburg-Gablingen der NSA etwa 70 Empfangsplätze und mehrere Peilplätze nutzen zu dürfen. Die Field Station trug im BND den Decknamen DREHPUNKT. Dem Ansinnen zum grenzüberschreitenden Mitschnüffeln und -spitzeln wurde stattgegeben, im Februar 1974 im Hauptquartier der NSA der sogenannte Drehpunkt-Vertrag feierlich unterzeichnet. Dieser ging über das ursprüngliche Ansinnen der Mitnutzung hinaus. Im Objekt Augsburg-Gablingen, nunmehr »Fernmeldestelle Süd« des BND und der Bundeswehr, waren mehrere Bauvorhaben vorgesehen.

Die »Mitnutzung« der technischen Anlagen zur Erfassung und Auswertung erfolgte allerdings nicht so zügig. Die Amerikaner hielten die deutschen Nachrichtendienstler an der kurzen Leine, wie wir bemerkten.

Field Station Bad Aibling

In Mietraching bei Bad Aibling, südlich von München gelegen, auf dem Gelände eines ehemaligen faschistischen Fliegerhorstes, errichteten 1952 die NSA eines der größten Zentren des SIGINT-Systems in Europa. 1988 entstand in nur wenigen hundert Metern Entfernung zu diesem Regional SIGINT Operation Center (RSOC), auch bekannt als Field Station F-81, in der Mangfall-Kaserne die »Fernmeldeleitverkehrsstelle der Bundeswehr«. Dahinter verbarg sich die getarnte SIGINT-Station (BND-interner Deckname: Objekt SEELAND). Von dort betrieb man neben anderem eine eigene Satellitenaufklärung. Vornehmlich aber wurde die Einrichtung zum ständigen Informationsaustausch mit der US-Station genutzt. 2004 begannen die Amerikaner mit dem Rückbau ihrer SIGINT-Anlagen in Bad Aibling, verlegten sie nach Menwith Hill in Großbritannien und vor allem in das neue NSA-Abhörzentrum bei Wiesbaden. Zwischenzeitlich machte man in Griesheim bei Darmstadt Quartier. Der Personalbestand, so hieß es, betrug in Wiesbaden zwischen 750 und 1.000 Mitarbeitern.

Von Menwith Hill aus, inzwischen die größte SIGINT-Station in Europa, werden – neben vielen anderen Überwachungsaufgaben – alle deutschen Fernmeldeverbindungen kontrolliert und ausgewertet.

Zur Field Station in Bad Aibling gehörte auch das 2001 eingerichtete automatische Dokument-Auswertungssystem DOCEX (Document Exploitation System), womit Texte aus Dokumenten und anderen Medien in 31 verschiedenen Sprachen übersetzt und ausgewertet wurden.

Auch dieser Komplex rechnet zu dem weltweiten Spionagenetz, das von Nachrichtendiensten der USA, Großbritanniens, Kanadas, Australiens und Neuseelands unter dem Namen »Echolon« betrieben wird. Das System dient zum Abhören bzw. zur Überwachung von über Satellit geleiteten privaten und geschäftlichen Telefongesprächen, Faxverbindungen und Internet-Daten. Die Auswertung der gewonnenen Daten erfolgt vollautomatisch in Rechenzentren. Die Existenz von »Echolon« wurde jahrelang bestritten, wurde aber durch eine Antwort der Bundesregierung von SPD und Grüne auf eine Kleine Anfrage der FDP vom 25. April 2000 (BT-DS 14/3224) publik. »Sieht die Bundesregierung eine Verletzung von Souveränitätsrechten, zumal Abhörgeräte auch von Deutschland aus betrieben werden?«, erkundigten sich die Parlamentarier aus der Opposition.

»Mit dieser Frage ist offenbar die amerikanische Station Bad Aibling angesprochen. Diese Station wird zur Erfassung militärischer Hochfrequenz- und Satellitenverkehre betrieben, die für die außen- und sicherheitspolitische Lage der Vereinigten Staaten von Amerika sowie ihrer europäischen Partner von Relevanz sind. Die dabei gewonnenen Erkenntnisse werden im Übrigen auch dem Bundesnachrichtendienst zu Verfügung gestellt.

Die von Bad Aibling ausgehende Aufklärung ist demnach grundsätzlich nicht auf private Telekommunikationsverkehre ausgerichtet. Die Arbeit der Station erfolgt auf der Grundlage des NATO-Truppenstatuts. Darin ist berücksichtigt, dass ein missbräuchliches Vorgehen gegen die Bundesrepublik Deutschland nicht stattfindet. Ein solcher Einsatz wäre daher unzulässig.

Von amerikanischer Seite ist mehrfach versichert worden, dass von Bad Aibling keine gegen die Interessen der BRD gerichteten Aktivitäten ausgehen. Die Bundesregierung hat keinen Anlass, an diesen Versicherungen zu zweifeln.«

Nun, entweder hatte man damals gelogen oder es nicht besser gewusst, was nun inzwischen die Spatzen von den Dächern pfeifen.

Im Laufe der Jahrzehnte war es wiederholt zu Veränderungen in der Struktur und bei den europäischen Standorten des Geheimdienstes der US-Landstreitkräfte Intelligence and Security Command (INSCOM) gekommen. INSCOM selbst entstand am 1. Januar 1977 aus einem Zusammenschluss der Militäraufklärung, der elektronischen Spionage und der Spionageabwehr in den Landstreitkräften der USA.

1999 unterhielt INSCOM rund 50 Einheiten und Dienststellen im sogenannten *Dagger Complex*. Mit einem Einsatz von 18 Millionen US-Dollar war im Raum Griesheim bei Darmstadt das deutsche Hauptquartier von INSCOM aufgebaut worden.

Auf den benachbarten August-Euler-Flugplatz verlegte das INSCOM im Jahr 2003 Antennenanlagen aus Bad Aibling (Projektbezeichnung ICEBOX). Die Anlagen wurden zwischen 2006 und 2008 von Wiesbaden aus gesteuert. Danach wurden sie wieder zurückgebaut. Gegenwärtig ist dort noch das European Cryptologic Center mit rund 1.100 Mitarbeitern tätig.

Gegenwärtig bereitet das INSCOM eine weitere Verlegung vor. Im Bereich des Europa-Hauptquartiers der US-Landstreitkräfte US-Army Europe (USAREUR), konkret in der Lucius D. Clay-Kaserne in Wiesbaden-Erbenheim, verbaut INSCOM bis 2015 etwa 124 Millionen US-Dollar für ein Consolidated Intelligence Center (CIC). Dieses neue Abhörzentrum für Europa wird ausgerüstet mit den modernsten Anlagen zur Erfassung von elektronischen Abstrahlungen aller Art und entsprechenden Kommunikationsanlagen.

Vordergründig soll das Zentrum Aufklärungsdaten beschaffen und auswerten für die Einsätze der dem Europakommando der US-Streitkräfte (USEUCOM), dem Afrika-Kommando der US-Streitkräfte (AFRICOM) und dem Europakommando der US-Landstreitkräfte (USA-REUR) unterstellten Einheiten. Das betrifft im Klartext Spionageinformationen aus über 50 Ländern – von Russland bis Israel.

Wie der BND-Präsident in einer Sondersitzung des Innenausschusses des Bundestages im Juli 2013 erklärte, ist die Bundesregierung über dieses Projekt ausreichend informiert. Im CIC werde die jahrzehntelange enge Zusammenarbeit der deutschen und US-Nachrichtendienste erfolgreich fortgesetzt.

Combined Group Germany

In der McGraw-Kaserne in München operierte über Jahre eine spezielle Verbindungsgruppe von CIA und BND, die *Combined Group Germany* (CGG). Sie belegte im obersten Stockwerk des Stabsgebäudes eine ganze Etage. Vertreter der amerikanischen und britischen Partnerdienste des BND auf dem Gebiet der fernmelde-/elektronischen Aufklärung waren dort unter der Leitung der Deutsch-Amerikaners Keller tätig. Nach dem Krieg war Keller für kurze Zeit der erste Bürgermeister von Bad Neuenahr-Ahrweiler.

In den 80er Jahren wurde die CGG in den Komplex der Field Station Augsburg verlegt. Ihr Pendant beim BND erhielt die nicht sonderlich originelle Tarnbezeichnung »Bundeswehr-Austauschgruppe«. Über diese Gruppen erfolgte der ständige Informationsaustausch zwischen dem BND und den Geheimdiensten der USA und Großbritanniens auf dem Gebiet der fernmelde-/elektronischen Aufklärung.

Nicht nur wir registrierten damals, dass diese Partnerdienstbeziehungen für den BND oft Einbahnstraßen waren. So erfuhren wir aus mehreren Partnerdienst-Gesprächen mit hochrangigen Delegationen von NSA und BND, dass der BND immer wieder die Forderung stellte, direkt an den insbesondere in Berlin gewonnenen Informationen partizipieren zu dürfen. Freundlich, aber bestimmt, lehnten die Amerikaner immer wieder ab. Daraufhin entschied sich die Führung des BND, mit Hilfe des französischen Geheimdienstes im Bereich der französischen Garnison »Cité Fochè« in Berlin-Reinickendorf ein eigenes Aufklärungsobjekt zu errichten. Strengste Geheimhaltung übte man in erster Linie gegenüber dem amerikanischen Partner, der es nicht gern sah, wenn ein Juniorpartner eigene Wege ging.

Das galt im Übrigen auch für ein Objekt in Spanien. Bereits seit 1975 zapfte der Bundesnachrichtendienst in Zusammenarbeit mit dem spanischen Geheimdienst Oberste Zentrale für Verteidigungsinformationen (CESID) in Conil de la Frontera an der Mittelmeerküste u. a. Überseekabel an. Unweit von Conil de la Forntera befindet sich der Knotenpunkt transatlantischer Unterseekabel, die Europa mit Afrika und dem amerikanischen Kontinent verbinden. Gleichzeitig betrieb dort die spanische Gesellschaft Telefónica eine Satelliten-Bodenstation. Conil war zudem als ein Ausweichquartier des BND im Spannungs- bzw. Kriegsfall vorgesehen.

Jedoch bestand die Hauptfunktion der Station »Eismeer« – so die Tarnbezeichnung im BND – in der Erfassung der Informationen, die über die transatlantischen Unterseekabel hin- und zurückflossen. Das Spionageprojekt trug im BND die Deckbezeichnung »Delikatesse«. Angeblich zog sich der BND 1992 aus Conil de la Frontera zurück, er habe die Verfügungsgwalt über das Objekt an den spanischen Geheimdienst übergeben. Man kann davon ausgehen, dass sich der BND die Mitnutzung der gewonnenen Informationen nachhaltig gesichert hat.

Die iberische Halbinsel wird seit jeher von ausländischen Nachrichtendiensten genutzt. Seit 1953 besteht ein spanisch-amerikanisches Abkommen, das den USA die Errichtung eigener Stützpunkte auf dem Territorium Spaniens gestattet. In der US-Luftwaffenbasis Rota bei Cadiz unterhält der Spionagedienst der US-Marine seit 1960 einen eigenen Stützpunkt mit einer Antennenanlage, die funkelektronische Abstrahlungen im Umkreis von 5.000 Kilometern erfasst. Eine weitere US-Anlage arbeitet in Moron de la Frontera.

Die britischen Dienste nutzen ihre Zugangsrechte in Gibraltar für Aktivitäten von zwei Geheimdienst-Stationen an den Endpunkten der Straße von Gibraltar.

Aus: Klaus Eichner, Imperium ohne Rätsel. Was bereits die DDR-Aufklärung über die NSA wusste, Berlin 2014

Von der elektronischen Aufklärung zum elektronischen Krieg

In den letzten Jahren hat es sprunghafte qualitative Entwicklungen bei den technischen Möglichkeiten der Aufklärung, Erfassung und Verarbeitung von elektronischen Informationen gegeben.

Die Veröffentlichungen über die sogenannte Ausspähaffäre machen nur einige Erscheinungen einer neuen Qualität des Informationskrieges (*Cyber Warfare*) zumindest oberflächlich sichtbar.

Der Begriff Cyber Warfare steht für »Kriegführung im virtuellen Raum« (*Cyber Space*). Damit wurde für die Kriegführung nach Land, Luft, See und Weltraum eine fünfte strategische Dimension eröffnet.

Als Cyber-Krieg sind die elektronischen Angriffe auf Netzwerke und Server der gegnerischen Seite bzw. potentieller Feinde zu verstehen, womit deren Informationsbeziehungen blockiert, ausgeschaltet oder manipuliert werden sollen.

Die modernen Industriegesellschaften sind abhängig von computergestützten Systemen. Die gesamte Infrastruktur, die Kommunikation und damit Wirtschaft, Verwaltung und öffentliches Leben basieren letztlich auf digitaler Vernetzung. Ein Eingriff (vulgo Angriff) in dieses Lebenssystem kann die Existenz ganzer Staaten untergraben und gefährden, diese vielleicht sogar vernichten.

Natürlich: Auch die Geheimdienste sind von der Informations-Technologie abhängig. Experten gehen z. B.

davon aus, dass etwa 25 Prozent des Informationsaufkommens der Geheimdienste aus geheimen Quellen stammt, wovon wiederum drei Viertel mit Hilfe der fernmelde-/elektronischen Aufklärung gewonnen werden. Die Menge der Informationen aber ist (wenn überhaupt) nur noch durch den Einsatz von Hochleistungscomputern beherrschbar.

Mit den elektronischen Informationen wachsen aber auch die Möglichkeiten der Täuschung und Desinformation der Nachrichtendienste untereinander, jeder ist Ziel elektronische Angriffs- oder Störmaßnahmen der Gegner.

Im Jahre 2009 erklärte Präsident Obama die digitale Infrastruktur der Vereinigten Staaten zur nationalen strategischen Angelegenheit. Im Mai 2010 kam es zur Etablierung des *Cyber Space Command* (US CYBERCOM) mit Sitz in Fort Meade/Maryland. Das Kommando ist unmittelbar dem zentralen Geheimdienst für elektronische Abwehr und Aufklärung, also der *National Security Agency* (NSA), unterstellt. Das US CYBERCOM ist vorrangig für die militärischen Komponenten der Cyber Warfare zuständig. Das Personal soll in den nächsten Jahren von 900 auf nahezu 5.000 Mitarbeiter aufgestockt werden.

Leon Panetta, von 2011 bis 2013 US-Verteidigungsminister, forderte im Oktober 2012 in einer Rede über das Schlachtfeld der Zukunft eine entsprechende Doktrin. Künftig würde der Krieg im Cyberspace ein normaler Bestandteil amerikanischer Militäroperationen sein.

Was Panetta vornehm verschwieg: Das *US Cyber Command* hatte bereits im Jahr 2011 mindestens 231 offensive Operationen realisiert, von denen 18.000 meist hochgesicherte Computer und Netzwerke betroffen waren. Keine Operation wurde öffentlich bekannt. Das

Cyber Command setzte in jenem Jahr rund 652 Millionen US-Dollar ein, um in weltweit genutzten Computersystemen Hintertüren einzubauen, die jederzeit von den USA für Angriffe genutzt werden konnten und können, wie Ende 2013 einige Medien berichteten. Wir befinden uns also bereits im Informationskrieg!

Parallel dazu werden unter der Führung des Department of Homeland Security die innenpolitischen, zivilen und vor allem repressiven Aspekte dieses Krieges erforscht und in die Praxis der Überwachung des ganzen Landes umgesetzt.

Außerdem installieren die großen Konzerne eigene Strukturen für Computersicherheit und virtuelle Angriffe auf Konkurrenten.

Eine der bekanntgewordenen aktuellen Operationen der virtuellen Kriegführung war der Einsatz des Computervirus »Stuxnet« gegen die Urananreicherungsanlagen im Iran. Präsident Barack Obama hatte diese Operation mit der Deckbezeichnung »Olympic Games« persönlich angeordnet. Mit Hilfe des installierten Virus »Stuxnet« wurden in der iranischen Atomfabrik Natanz rund 1.000 der 5.000 Zentrifugen zur Urananreicherung zeitweilig außer Betrieb gesetzt bzw. in ihrer Funktion manipuliert. Dieser Eingriff hätte die Zentrifugen bis zur Katastrophe treiben können, wenn denn die Computerfachleute im Iran den Virus nicht in relativ kurzer Zeit unschädlich gemacht hätten.

Es gibt Hinweise, dass dieser Virusangriff gegen den Iran eine gemeinsame Operation der US-amerikanischen Geheimdienste und des israelischen Mossad war.

Auf der anderen Seite: Auch das Führungszentrum für den Einsatz der als »Drohnen« verharmlosend umschriebenen Fliegenden Tötungsmaschinen (FTM) in der Luftwaffenbasis Creech war Ziel eines Cyberangriffs. Die *Los*

Angeles Times berichtete am 13. Oktober 2001, dass die Datenverbindungen des Kommandos lahmgelegt waren und die Experten zwei Wochen benötigten, um die Arbeitsfähigkeit der Systeme wieder herzustellen.

Europäische Union

Die *European Network and Information Security Agency* (ENISA) ist eine zentrale Einrichtung der EU. Diese Europäische Agentur für Netz- und Informationssicherheit, geleitet von Prof. Udo Helmbrecht, soll gemeinsam mit anderen EU-Institutionen und staatlichen Behörden der Mitgliedsländer eine »Sicherheitskultur für EU-weite Informationsnetze« entwickeln.

2013 veröffentlichte die Europäische Kommission eine neue Cybersicherheitsstrategie der EU für ein »offenes, freies und chancenreiches Internet«. In dem Strategiepapier heißt es: »Die EU wird mit internationalen Partnern und Organisationen, dem privaten Sektor und der Zivilgesellschaft zusammenarbeiten, um den Aufbau von Kapazitäten in Drittstaaten weltweit zu fördern. Dazu gehören ein verbesserter Zugang zu Informationen und einem offenen Internet sowie der Schutz vor Cyber-Bedrohungen.«

Im November 2011 spielten die Europäische Union und die USA im gemeinsamen Manöver *Cyber Atlantic 2011* den Ernstfall durch. Zum Übungs-Szenario gehörte eine »zielgerichtete verdeckte Cyber-Infiltration, um geheime Informationen aus den Rechnern der Cyber-Sicherheitsbehörden der EU-Staaten zu entwenden«.

Zur Verbesserung der öffentlichen Akzeptanz veranstaltete die ENISA im Oktober 2013 einen »Europäischen Cybersicherheitsmonat« in 22 EU-Mitgliedsstaaten und drei Partnerländern.

In der Bundesrepublik Deutschland spielen eigene Kapazitäten der Informations-Kriegführung eine wesentliche Rolle, federführend dabei ist das *Kommando Strategische Aufklärung der Bundeswehr* (KSA).

Offiziell wird für das KSA eine offensive militärische Funktion definiert, etwa das Eindringen in gegnerische Netzwerke, um die dortige Luftabwehr auszuschalten. So jedenfalls berichtete die *Berliner Zeitung* am 10. Mai 2013. Die volle Einsatzbereitschaft des KSA für den Cyber-Krieg wird für etwa 2016 erwartet. Derzeit fehlen angeblich noch geschützte Fahrzeuge für mobile Cyber-trupps.

Seit 2006 wird im KSA eine Abteilung Informations- und *Computer-Netzwerk-Operationen* (CNO) aufgebaut. CNO ist die offizielle Bezeichnung für alle Komponenten des Cyber War in der Bundeswehr.

CNO soll dem Vernehmen nach seit Ende 2011 einsatzbereit sein.

Der BND selbst baut eine eigene Abteilung zur Aufklärung und Abwehr von Angriffen im Internet auf. Das wird damit begründet, dass Hackerangriffe insbesondere aus China und Russland abgewehrt werden müssen, wie der *Spiegel* 13/2013 schrieb.

Neben BND und Bundeswehr nimmt sich auch das Bundesinnenministerium des Themas an. Es fordert den Aufbau von Kapazitäten für die Kriegführung im virtuellen Raum. In Seminaren der Bundesakademie für Sicherheitspolitik wurden Vorschläge an die Bundesregierung zur systematischen Vernetzung der Repressionsbehörden formuliert. Dazu gehören auch Forderungen nach Korrektur des internationalen Völkerrechts und der nationalen Rechtsordnung, um auf die »neuen Bedrohungen« wirksamer reagieren zu können. Der Hauptangriff zielt dabei auf die im Grundgesetz der BRD verankerte »Grenzziehung zwischen der Bundeswehr und den Sicherheitsbehörden«, wie es am 1. August 2012 auf *http://www.german-foreign-policy.com/* hieß.

Mitte 2011 wurde das erste *Nationale Cyber-Abwehrzentrum* (NCAZ) als Kommunikationsplattform der deutschen Sicherheitsbehörden gegründet. Es ist beim Bundesamt für Sicherheit in der Informationstechnik angesiedelt und kooperiert mit dem Verfassungsschutz, dem BND, dem Katastrophenschutz und diversen Internetanbietern.

Ohne Whisleblower Snowden wüsste die Welt vielleicht noch immer nicht, was die Geheimdienste der USA im Internet so treiben; Protest in Berlin am 27. Juli 2013

Alle genannten Organisationen und Strukturen sind letzten Endes Anhängsel der NSA, sie folgen deren operativer und technischer Führung. Damit sind sie auch von der NSA kontrollierbar und steuerbar. Ob EU-Organisationen oder Einrichtungen der Bundesrepublik – alle hängen am Ende im Netz der NSA!

Nachtrag

In den Räumen der Bundeszentrale für politische Bildung in der Berliner Friedrichstraße fand am 15. Mai 2014 ein Podiumsgespräch zur NSA-Überwachung deutscher Telekommunikation statt. Dazu eingeladen hatten die Wau

Treffen in Berlin: MdB Hans-Christian Ströbele, Mitglied des für die Geheimdienste zuständigen Parlamentarischen Kontrollgremiums, und der Journalist John Goetz (M.) sprachen am 31. Oktober 2013 mit Whistleblower Edward Snowden in Moskau. Klaus Eichner diskutierte mit ihnen und anderen Geheimdienstexperten, Mai 2014

Holland Stiftung und Reporter ohne Grenzen.

Im Zentrum stand bald die *National SIGINT Requirements List* (NSRL), das Programm der US-Führung zur systematischen Ausspähung und damit Beherrschung der Welt, das die DDR-Aufklärung Mitte der 80er Jahre entdeckt hatte. Der Washingtoner *Spiegel*-Korrespondent Holger Stark bestätigte, dass das Konzept unverändert das Arbeitsprogramm der US-Dienste sei und laufend aktualisiert werde.

Die Diskussion der Experten offenbarte: Die Überwachung der deutschen Telekommunikation durch die NSA ist nicht der Kern des Problems, sondern der imperiale Drang der Großmacht USA, ihren globalen Herrschaftsanspruch mit Hilfe der NSA im elektronischen Krieg gegen Feind wie Freund durchzusetzen.

Dieser Überzeugung war die DDR seinerzeit aus politischen Gründen und weil ihre Kundschafter die Beweise lieferten.

Heute kommt man zu gleichen Erkenntnissen mit Hilfe der Whistleblower.

Aus: Klaus Eichner, Imperium ohne Rätsel. Was bereits die DDR-Aufklärung über die NSA wusste, Berlin 2014

Verwendete Quellen

Persönliche Korresponz Klaus Eichner mit Gabriele Gast

Klaus Eichner/Gotthold Schramm (Hrsg.): Spionage für den Frieden. Eine Konferenz in Berlin am 7. Mai 2004. Alle Referate und Beiträge; edition ost, Berlin 2004

Klaus Eichner/Gotthold Schramm (Hrsg.): Hauptverwaltung A. Geschichte, Aufgaben, Einsichten. Referate und Diskussionsbeiträge der Konferenz am 17./18. November 2007 in Odense; edition ost, Berlin 2008

Klaus Eichner/Gotthold Schramm (Hrsg.): Top-Spione im Westen. Spitzenquellen der DDR-Aufklärung erinnern sich; edition ost, Berlin 2003

Klaus Eichner/Karl Rehbaum (Hrsg): Deckname Topas. Der Spion Rainer Rupp in Selbstzeugnissen; edition ost, Berlin 2013

Klaus Eichner/Gotthold Schramm (Hrsg.): Angriff und Abwehr. Die deutschen Geheimdienste nach 1945; edition ost, Berlin 2007

Klaus Eichner/Gotthold Schramm (Hrsg.): Konterspionage. Die DDR-Aufklärung in den Geheimdienstzentren. Bd. 5 der Geschichte der HV A; edition ost, Berlin 2010

Gabriele Gast: Kundschafterin des Friedens. Eichborn, Frankfurt am Main 1999

Werner Großmann: Bonn im Blick. Die DDR-Aufklärung aus der Sicht ihres letzten Chefs; Das Neue Berlin, Berlin 2001

Gotthold Schramm (Hrsg.): Der Botschaftsflüchtling und andere Agentengeschichten; edition ost, Berlin 2006

Gotthold Schramm: Die BND-Zentrale in Berlin. Beobachtungen; edition ost, Berlin 2012

Rudolf Steinhoff: Carl Steinhoff. Die Biografie; edition ost, Berlin 2012

Markus Wolf: In eigenem Auftrag – Bekenntnisse und Einsichten; Schneekluth-Verlag, München, 1991

Markus Wolf: Spionagechef im geheimen Krieg – Erinnerungen; List Verlag, München, 1997

Markus Wolf: Freunde sterben nicht. Das Neue Berlin, Berlin 2002

ANTIFASCHIST UND SPION
MIT BERÜHMTEN ELTERN

Peter Böhm
Im Schatten der
Roten Kapelle
Das unstete Leben des
Spions Hans Voelkner
256 S., brosch., mit Abb.
ISBN 978-3-360-01865-6
14,99 €

Auch als eBook erhältlich

Seine Eltern wurden als Mitglieder der Roten Kapelle von den Nazis in Paris verhaftet und ermordet. Hans Voelkner selbst saß bei den Faschisten ein, bekam von den Sowjets 25 Jahre als angeblicher französischer Spion und von den Franzosen zwölf, nachdem er in Paris als Agent der DDR-Aufklärung aufgeflogen war. Peter Böhm hat Voelkners ungewöhnliches Leben rekonstruiert.

EIN EDELSTEIN IN DER NATO-ZENTRALE

Klaus Eichner, Karl
Rehbaum, Rainer Rupp
Deckname Topas
Der Spion Rainer Rupp
in Selbstzeugnissen
256 S., brosch, mit Abb.
ISBN 978-3-360-01846-5
14,99 €

Auch als eBook erhältlich

Rainer Rupp verhinderte möglicherweise den Dritten Weltkrieg.
Als in den 80er Jahren sich die Raketenkrise zwischen West und
Ost zuspitzte und in der sowjetischen Führung bereits über einen
Präventivschlag nachgedacht wurde, gab »Topas« aus Brüssel das
Entwarnungssignal. Selbstzeugnisse und zeitgenössische Quellen
zeigen einen ungewöhnlichen Menschen, dessen Würdigung noch
aussteht.

www.eulenspiegel-verlagsgruppe.de

EINE FRAU IM VORZIMMER
DER BONNER MACHT

Günter Ebert
Die Topagentin
Johanna Olbrich alias
Sonja Lüneburg
256 S., brosch., mit Abb.
ISBN 978-3-360-01849-6
16,99 €

Auch als eBook erhältlich

In Bonn, als es noch BRD-Hauptstadt und Regierungssitz war, tummelten sich die Nachrichtendienste aus vielen Ländern. Eine der erfolgreichsten Spione am Rhein war Johanna Olbrich, die bei Generalsekretären, Bundesministern und schließlich EU-Kommissaren im Vorzimmer arbeitete. Sie war das, was die HV A eine Spitzenquelle nannte. Günter Ebert berichtet über sie.

www.eulenspiegel-verlagsgruppe.de